Née en 1935 à La Tour-d'Auvergne, institutrice puis directrice d'école au Mont-Dore, **Josette Boudou** *réside aujourd'hui dans son village d'origine. Elle est l'auteur de nombreux romans à succès comme* Le Printemps d'Antonia *et* Les Grillons du fournil. *Elle a reçu le prix Gandois pour son roman* Le Mur de la destinée.

La Maison d'école

Du même auteur

Chez De Borée

La Nuit des abeilles
La Ronde des saisons
Le Mur de la Destinée
Le Printemps d'Antonia
Les Chemins de toile
Les Feux de Bois-Colombes
Les Grillons du fournil
Marie, fille des montagnes

Imprimé en U.E. en août 2011
Dépôt légal : septembre 2011
ISBN : 978-2-8129-0398-4

Josette Boudou

La Maison d'école

De Borée
Terre de poche

« … et la voix des enfants est plus pure
que la voix du vent dans le calme de la vallée.
Et le regard des enfants est plus pur
que le bleu du ciel
et qu'un rayon d'étoiles dans la calme nuit. »

Charles Péguy

À tous ceux qui furent mes élèves

I

Un certain été

DANS L'ESPRIT DE JULIA, son père avait toujours vécu dans l'ignorance des sentiments, si propres aux humains, que sont la colère et la méchanceté. Dès sa toute petite enfance, un amour indéfectible l'avait attachée à lui. Et, pour cet homme simple et bon, sa fille était un rayon de soleil, un merveilleux cadeau de la vie. Julia vivait par et pour son père, uniquement.

Terrien dans l'âme, petit paysan d'un coin d'Auvergne pas très riche, Guillaume Freynial exploitait la modeste ferme héritée de son père, aux portes de la petite Limagne. Henriette, sa femme, lui avait toujours reproché son manque d'ambition, sa « petitesse », comme elle disait avec une moue de mépris.

Adolescente, Julia s'était souvent interrogée sur les motifs qui avaient pu réunir ses parents. Ils étaient absolument contraires, opposés en tout et, semblait-il à leur fille, parfaitement étrangers l'un à l'autre.

Au temps de leurs fiançailles, Guillaume, certes, était beau garçon. Une taille au-dessus de la moyenne, des cheveux châtains bouclés, un regard gris très doux en faisaient un cavalier agréable. Henriette et lui s'étaient connus aux noces d'un cousin de Guillaume, à Issoire. Meilleure amie de la mariée, Henriette, pour son malheur, disait-elle, s'était trouvée là. Et d'ajouter :

« Si seulement, ce jour-là, je m'étais cassé une jambe, il y a beau temps que j'en serais guérie, alors que… ! »

Orpheline à treize ans, elle avait été recueillie par une tante, avec son frère, Jérôme. Marceline, célibataire et mercière, s'était fait un devoir de se charger des malheureux petits de sa sœur. Pour toute famille, à part elle, il ne leur restait qu'un grand-père paternel gâteux, pensionnaire d'un hospice. Et Jérôme n'avait que deux ans.

Jeune fille, Henriette avait tout naturellement secondé la tante dans son commerce, tout en élevant Jérôme. Pour elle, son frère était un dieu. Depuis sa naissance, elle l'avait protégé, choyé, consolé. Bien qu'il ait atteint ses quatorze ans au moment des fiançailles de sa sœur, il restait toujours pour elle un bébé attendrissant. La tante Marceline s'était montrée chiche de cajoleries ; Henriette compensait, au centuple.

Avait-elle donné trop d'amour à ce frère, jouant davantage le rôle de mère que celui de sœur ? Peut-être. À la naissance de sa fille, Jérôme était parti poursuivre ses études à Clermont, sans grande conviction, il est vrai. Mais cela avait l'avantage de lui permettre de vivre en ville. Issoire n'était qu'une petite sous-préfecture ennuyeuse, tout le monde ou presque s'y connaissait. Contraint d'y passer ses vacances, le jeune homme en avait depuis longtemps fait le tour.

« Issoire, bon vin à boire, belles filles à voir ! », affirmait pourtant la tante Marceline. Jérôme n'osait pas répliquer que le dicton était suranné et absolument faux. Le vin n'était qu'une piquette tout juste bonne pour les gens du coin. Quant aux filles, elles étaient bien quelconques, ou alors trop bien gardées. À Clermont, c'était une autre histoire. Parfaitement inconnu, il y était libre de ses fréquentations, et ne s'en privait pas.

Mariée, les sentiments d'Henriette à l'égard de son frère n'avaient pas changé. Contrairement à la grande majorité des jeunes mères, elle n'eut pour sa fille aucun élan, aucune admiration, aucune tendresse. La petite, pourtant, était un amour. Ainsi disait Guillaume, en berçant maladroitement sa petite merveille.

Julia possédait la chevelure soyeuse de sa mère. Des petites boucles brunes encadraient son visage d'angelot et son teint de fraîche églantine faisait ressortir l'éclat de ses grands yeux noirs, remplis de candeur. Ces yeux-là, c'était ceux de la mère de Guillaume, dont elle portait le prénom. Partie pour l'autre monde depuis cinq ans déjà, son fils la pleurait intimement, comme au premier jour.

Très vite, il avait su qu'Henriette n'était pas celle qu'il croyait. Lors de leur première rencontre, aux noces du cousin, son bon cœur avait plaint l'orpheline. La maligne avait trop bien su l'apitoyer, et jouer de la compassion de son cavalier d'un jour.

Henriette était ce qu'il est convenu d'appeler une belle fille. Et puis, comme les demoiselles de la ville, elle était vêtue de manière élégante. Ses vêtements n'étaient certes pas luxueux, elle n'aurait pu se les offrir, mais sa longue robe cramoisie à manches gigot mettait en valeur une épaisse chevelure brune et bouclée, ramassée en un haut chignon. Et, comme le voulait la mode en cette fin d'année 1897, elle arborait avec un port de tête superbe un minuscule chapeau de velours noir à voilette, garni d'un bouquet de cerises du plus bel effet.

Près de coiffer Sainte-Catherine, la jeune fille avait eu, sans doute, l'envie de s'établir. Il faut avouer que sa vie à Issoire n'avait rien de très réjouissant. Si elle possédait un charme certain, Henriette avait jusqu'à ce jour découragé d'éventuels soupirants. Son air distant, dépourvu de toute aménité, les éloignait aussi sûrement qu'une disgrâce manifeste.

Elle s'était dit, et l'avenir ne l'avait pas démentie, que Guillaume deviendrait un mari conciliant, facile à mener à sa guise. Dans le couple, c'est elle, sûrement, qui porterait la culotte, comme on dit. Voilà qui lui plaisait tout à fait.

Le seul point noir, c'était le métier du jeune homme. Henriette n'avait nulle envie de jouer les fermières, surtout dans une petite exploitation où le nombre insignifiant de domestiques ne lui donnerait pas l'occasion d'affirmer son caractère dominateur. Partir vivre à Saint-Benoît était déjà un énorme sacrifice.

Par le plus grand des hasards se vendait alors dans le bourg un commerce de mercerie-bonneterie. Grâce à sa part sur l'héritage de ses parents, Henriette s'empressa d'acheter non seulement le fonds, mais aussi la maison. Elle n'avait pas demandé conseil à son fiancé, qu'elle mit, un beau jour, devant le fait accompli. Guillaume ne fit aucune réflexion.

Chaque matin, sa femme encore profondément endormie, il gagnait sa ferme et ne rentrait qu'aux repas. Au plein des travaux de l'été, il ne paraissait pas à l'heure de midi. Devant le refus d'Henriette de nourrir les ouvriers saisonniers, il continuait à payer une servante ; celle-ci préparait les repas, dans l'ancien logement des parents de Guillaume, attenant à la ferme. À ceux qui s'en étonnaient, la jeune femme répondait vertement :

« Vous ne croyez peut-être pas que je vais passer ma matinée aux fourneaux et négliger ma clientèle ? Le fermier, c'est lui, pas moi, qu'il s'arrange ! Avant notre mariage, il s'en débrouillait bien, qu'il continue donc ! »

Pendant les vacances d'été, Jérôme passait quelques semaines chez sa sœur, où il s'ennuyait ferme. Une autre aurait dit :

« Va donc un peu prêter la main à Guillaume, cela lui rendra service, et toi, cela t'occupera ! »

Henriette, elle, jugeait que son frère, un étudiant, pensez ! n'avait pas à se salir les mains dans le fumier. Et, naturellement, le jeune homme se gardait de contester l'opinion de sa sœur. Sa paresse y trouvait trop bien son compte.

À son habitude, Guillaume ne disait rien. Lorsque les congés scolaires ramenaient Jérôme à Saint-Benoît, il se contentait de demander :

« Alors, les études, ça va ? »

Le jeune homme répondait toujours affirmativement, et les deux beaux-frères en restaient là.

Julia grandissait. Elle aimait les visites de cet oncle qui, par désœuvrement, jouait parfois avec elle. Mais, bien que la compagnie de la tante Marceline n'ait rien de très gai, il préférait tout de même séjourner à Issoire. Les distractions y étaient certes restreintes, mais il lui restait quelques amis, là-bas. Dans ce trou perdu de Saint-Benoît, la seule chose à faire était de laisser couler les jours.

S'il l'avait pu, Jérôme n'aurait pas quitté Clermont, mais la question épineuse était celle du règlement de sa chambre d'hôtel. Sa sœur s'en chargeait, et il ne se serait pas risqué à lui demander une rallonge. Même pour faire plaisir à son petit frère chéri, Henriette n'aurait pu accepter. Elle était loin de rouler sur l'or. Et lui n'avait aucunement l'intention d'entamer sa part d'héritage, aussi longtemps que sa sœur ne lui couperait pas les vivres.

Le peu de temps qu'il accordait à Henriette, lui son chouchou, était pour elle une bénédiction, une période bienheureuse ; si bien que, parfois, elle en venait à regretter son mariage. Mais, elle en était certaine, Jérôme s'éloignerait d'elle, tôt ou tard. Une belle situation acquise, il s'installerait en ville, se marierait à son tour. Henriette n'aimait pas penser à cet avenir, plus proche peut-être qu'elle ne le croyait.

Julia eut cinq ans, six ans. Son grand ami, son confident, son dispensateur de joies et de tendresse, c'était son père. Elle le suivait à la ferme, toujours dans son ombre, se fâchait si, par hasard, il la laissait à la garde de Gaby, la servante.

« Alors, ce soir, tu me feras une poupée de fleurs, dis papa, tu m'en feras une, s'il te plaît ! »

Guillaume promettait la poupée, embrassait sa fille accrochée à son cou, la quittait à regret, toujours. Le père parti, la servante ordonnait :

« Vite, petite, change-toi ! Si tu te salis, ta mère… »

Elle n'achevait pas, mais roulait des yeux si expressifs que Julia s'empressait de troquer son tablier contre la blouse à toute épreuve confectionnée par Gaby. Elle enfilait ensuite des sabots de bois usagés et courait voir les bêtes.

Germain, déjà domestique du temps du vieux père Freynial, s'affairait en surveillant la petite. Guillaume, il l'avait vu naître, et il savait que sa fille lui était plus précieuse que la prunelle de ses yeux. Celui qui aurait osé toucher à un cheveu de Julia, Germain l'aurait écrasé de ses mains puissantes, larges comme des battoirs, fortes à assommer un bœuf.

Son père de retour, la petite prenait sa main, lui tendait un coquelicot fraîchement cueilli :

« Pour ma poupée, papa, mon petit papa… »

Avec un sourire à sa petite fée, Guillaume, assis sur le banc de pierre devant la porte, retroussait délicatement les pétales rouge sang, si beaux, si fragiles.

« Donne-moi quelques brins d'herbe, ma poulette. »

Attentive, la fillette suivait chacun de ses gestes avec dévotion. Un brin d'herbe liait les pétales vermeils, serrait une taille imaginaire ; alors se gonflait une robe délicate, un peu fripée. Une tige souple formait la seconde jambe, deux autres simulaient les bras.

« Regarde, disait Guillaume en riant, la poupée et toi, vous avez les mêmes cheveux ! »

Penchée sur la fragile merveille, Julia retenait son souffle. Les étamines noires, ébouriffées, couronnaient joliment la petite tête ronde. La poupée-coquelicot lui était d'autant plus précieuse que demain, malgré tous ses soins, l'éphémère princesse enjuponnée d'écarlate aurait perdu sa robe de bal. Flétris, desséchés, ses cheveux laisseraient sur les petits doigts un peu de poussière noirâtre. Julia, comme toujours, pleurerait. Alors Guillaume l'envelopperait de ses bras, la bercerait en caressant ses boucles.

« Ne pleure pas, ma petitoune, ce soir je t'en ferai une autre. »

La complicité parfaite du père et de la fille agaçait prodigieusement Henriette. Secrètement, elle aurait voulu que Guillaume, à son exemple, fît montre envers l'enfant d'un total désintérêt. Mais jamais, au grand jamais, elle n'aurait voulu s'avouer jalouse.

« Tu la gâtes trop, reprochait-elle avec aigreur, tu en feras une mijaurée, voilà tout ! »

Son mari haussait les épaules, ou bien, en l'absence de Julia, il rétorquait :

« Tu n'es tout de même pas jalouse de ta propre fille ? Si elle n'avait que ton affection à toi, la pauvre serait bien lotie ! »

Henriette pinçait les lèvres, évitait de répondre. Au fond d'elle-même, était-elle consciente de ce que son indifférence avait d'inacceptable, de blâmable, de dénaturé ? Sa mère à elle lui avait tellement manqué… Comment, alors, pouvait-elle traiter sa fille en étrangère ? Furieuse contre Guillaume, contre l'enfant, contre elle-même surtout sans jamais se l'avouer, ou bien elle s'emportait, ou bien elle s'enfermait pour plusieurs jours dans un mutisme têtu.

Sans savoir l'exprimer, sans le formuler, même en pensée, Julia percevait fort bien cette animosité inexplicable. Jamais elle n'avait recherché les caresses maternelles. Elle se contentait d'obéir, pour éviter punitions et taloches. Mais les gifles, assez occasionnelles, heureusement, Henriette se gardait bien de les décocher en présence de son mari. Et, confusément, la petite savait que, sous aucun prétexte, elle ne devait s'en plaindre à son père.

Vint le jour des sept ans de Julia. C'était à la fin juin, le temps était chaud, l'air suffocant. Depuis une semaine, Guillaume et ses aides fauchaient dès l'aube levée. Ils ne s'arrêtaient, harassés, qu'à la fin du jour, quand le soleil enfin s'abîmait dans une brume rose où se fondait l'horizon.

Ce soir-là, Henriette, pour une fois souriante, annonça :

« Jérôme m'a écrit, il arrivera samedi avec un camarade d'études, Richard Courcel, dont le père est avocat. La famille de ce garçon a reçu mon frère à plusieurs reprises, il est normal que je l'invite ici quelques jours. »

Guillaume ne s'était aucunement senti concerné. Un étudiant, fils d'avocat qui plus est, ne visiterait sans doute pas la ferme. Que Jérôme amène un ami lui était tout à fait indifférent.

Henriette, elle, craignait que son modeste intérieur ne fasse mauvais effet. Ce Richard était fils de bourgeois, et le petit appartement au-dessus de la boutique n'avait sûrement rien de comparable à celui de ses parents. L'orgueil de la mercière en souffrait mais, à part quelques napperons et bouquets ici ou là, elle ne put guère pallier la médiocrité des lieux.

Richard Courcel était un garçon assez mince, à la chevelure épaisse et rousse, au teint laiteux. Il avait le regard vert d'un félin, il en avait aussi la démarche souple. Sa voix était douce, presque féminine. Il se révéla un jeune homme affable et affirma adorer la campagne. Enfant, une grand-mère l'avait élevé dans un village des Combrailles, et il avait toujours gardé la nostalgie de ses jeux, en totale liberté, avec les gamins de l'endroit.

Jérôme et lui partaient pour de longues promenades. Souvent aussi, ils se baignaient dans la petite rivière, à un kilomètre environ de Saint-Benoît. Julia demandait à les suivre, mais son oncle ne voulait pas s'embarrasser de la gamine ; pour lui et son ami, il espérait quelque conquête facile parmi les jeunes filles du bourg. Mais les mères étaient attentives, et tromper leur vigilance relevait de l'exploit.

Visiblement, Richard subjuguait ces demoiselles : tout nouveau, tout beau. Sa chevelure flamboyante, peut-être, ou sa douceur, ou l'aura du citadin, ou toutes ces raisons à la fois en faisaient le soupirant le plus recherché du moment.

Si Jérôme n'obtenait que des œillades et de furtifs frôlements de mains, Noémie, la fille de l'épicière, accepta bientôt les rendez-vous de son ami, à la nuit tombée. Ses parents la croyaient couchée près de sa petite sœur. Mais une treille opportune lui servant de support d'escalade, la jeune fille sortait discrètement par la fenêtre pour aller retrouver Richard. Jusqu'au jour où sa mère la surprit.

« Je ne dirai rien à ton père, souffla-t-elle à l'oreille de sa fille terrorisée, il te tuerait ! Et moi avec parce que je n'ai pas su te tenir ! Mais si tu t'avises de recommencer, c'est la porte, tu m'entends ? »

Et Noémie avait bien dû s'exécuter. Le lendemain, elle confia un mot à sa sœur pour son beau soupirant, délaissé bien à contrecœur.

« Ne t'inquiète pas, dit Jérôme, nous nous rattraperons bientôt à Clermont. Ici, dans l'ensemble, les filles c'est presque des nonnes ! Quand tu as obtenu un regard à la messe, il faut t'estimer heureux ! »

Les deux garçons avaient ri. Alors, pour se distraire, ils organisèrent des parties de pêche aux écrevisses. À force d'insister, la petite Julia obtint enfin la permission de les accompagner.

Tandis que les jeunes gens posaient les balances dans l'eau noire, sous les grosses racines, la fillette cueillait des fleurs, pirouettait dans l'herbe ou chassait vainement les papillons. Vite lasse, elle jouait avec la poupée de chiffons offerte par son père, le jour de ses cinq ans.

Sa « fille », c'était son trésor. Elle lui parlait comme à une personne, et, malgré la défense de sa mère : « Tu vas l'abîmer ! », la prenait dans son lit dès qu'Henriette avait le dos tourné.

Elle adorait goûter au bord de l'eau avec les garçons, installés à l'ombre d'un saule. Jérôme taillait le pain et le fromage, ou le saucisson. Au dessert, on avait droit à une part de tarte ou de milhar aux cerises, cuits par Henriette en l'honneur de son invité. La bouche barbouillée de rouge, Julia léchait ses doigts en cachette, et son oncle disait :

« Oh ! les belles moustaches d'adjudant ! »

Richard, lui, souriait seulement, et son regard vert fixait la fillette avec une grande douceur.

Guillaume se plaignait de ne plus voir sa fille. Au souper, il la taquinait :

« Et moi, alors, je ne compte plus ?

– Si, mon petit papa, tu comptes beaucoup, mais les garçons ont besoin de moi pour porter le panier du casse-croûte ! »

Vint un jour, un jour terrible où le ciel était devenu subitement noir en plein après-midi, un jour où le monde de Julia allait basculer.

En proie à une fièvre inexplicable, plusieurs jours, plusieurs nuits, elle avait déliré, hurlé, supplié, avec des mots confus, incohérents. Le médecin avouait son impuissance.

« A-t-elle mangé quelque chose de nocif, des fruits sauvages peut-être ? Cette fièvre subite... Ou alors, elle a eu un choc, une grande frayeur, ce qui pourrait expliquer ses étranges divagations. »

Personne ne comprenait. Bouleversé, Guillaume ne quittait pas le chevet de sa fille. Enfin Julia, pâle et amaigrie, avait émergé de ses ténèbres. On la disait guérie ; son père en avait pleuré de joie.

Ensuite était venu le cauchemar. Le même, toujours, soir après soir, pendant des mois, des années. C'est à peine, durant le jour, si la petite fille s'en souvenait, mais l'approche de la nuit la terrorisait. Les soirs où sa mère lui arrachait sa poupée, elle se couchait tremblante, épouvantée, dans l'attente du mauvais rêve quotidien. Même à son père, elle ne se confiait pas.

II

Julia grandit

Le lendemain du jour où Julia était tombée malade, malgré les protestations d'Henriette, Jérôme regagnait Issoire. Richard Courcel repartait avec lui.

« Vous avez bien assez de soucis, avait dit le jeune homme en présence de son beau-frère, Richard refuse de s'imposer davantage. Moi, je finirai les vacances chez la tante. Soignez bien Julia, je prendrai bientôt de ses nouvelles. »

La fillette guérie, mais devenue taciturne, presque muette, Guillaume s'était vainement acharné à découvrir quel événement avait bien pu survenir le jour fatidique. En fin d'après-midi, alors qu'on la croyait en promenade avec les garçons, Julia s'était réfugiée à l'étable, près de Germain. Le domestique l'avait confiée blême et tremblante à Gaby. Gesticulante, les yeux exorbités, elle semblait en proie à des hallucinations.

La vieille servante n'avait pas réussi à lui faire avaler la moindre cuillerée de tisane calmante et, en l'absence de son père, on l'avait portée en hâte à la mercerie. En attendant l'arrivée du médecin, Henriette ne savait que penser. Le soir, elle avait longuement questionné Jérôme. Et si son frère avait émis quelque suggestion au sujet du malaise de Julia, elle n'en avait rien rapporté à son mari.

Très vite, par la suite, le jeune homme avait obtenu de sa sœur une location à l'année à Clermont. Dès lors, il ne fit plus que de brèves apparitions à Saint-Benoît.

« Il a vingt et un ans, se justifia Henriette, alors que son mari, comme toujours, ne lui demandait rien. La vie dans ce trou perdu ne peut pas lui convenir, tu comprends bien. À Clermont, il a tous ses amis… »

Avec un soupir amer, elle ajouta, la bouche dure, le regard, plein de rancœur :

« S'il n'y avait pas ta ferme, je pourrais aller vivre en ville, moi aussi, au lieu de croupir ici, au milieu de tous ces demeurés !

– Tu oublies que ces demeurés te font vivre », répondit calmement Guillaume.

Alors Henriette s'emporta, ses yeux lancèrent des éclairs de rage. Tremblante, sa poupée serrée sur son cœur, Julia se faisait toute petite, dans le coin le plus sombre de la cuisine.

« Vivre, s'indignait sa mère, tu appelles ça vivre ? Vivoter serait plus juste, et encore ! Si seulement tu avais eu un peu d'ambition, que tu aies vendu la ferme, on aurait pu partir travailler en ville, ouvrir un commerce, tenir un café, je ne sais pas, moi ! Au lieu de ça, tu as préféré le cul des vaches, et moi comme une gourde, je perds ma jeunesse ici, habillée en souillon ! »

Son fiel déversé, elle s'en prit à ses casseroles qu'elle malmenait en les essuyant, avant d'aller s'enfermer dans sa chambre en claquant la porte. Son mari aurait pu répondre :

« Vas-y donc, à la ville, si tu y tiens tellement ! »

Mais il savait qu'Henriette aurait été capable de le prendre au mot, et Julia n'aurait plus eu de mère. En réalité, elle en avait si peu, mais tout de même… Et puis il devait bien se l'avouer : malgré leurs différends, il aimait toujours sa femme, et ça, il n'y pouvait rien.

Guillaume prit sa fille sur ses genoux ; elle s'accrocha à lui en chuchotant :

« Ne me laisse pas, papa, garde-moi, garde-moi ! »

Un peu plus tard, il l'emporta dans son lit, l'aida à se déshabiller, à enfiler sa longue chemise de nuit. Blottie sous les couvertures, la petite serrait la main de sa poupée. Le père se pencha, l'embrassa sur le front.

« Dors maintenant, ne t'inquiète pas. Ta maman est vive, mais ça lui passe vite, tu sais bien. Allez, dors, demain il faudra te lever tôt pour l'école. Bonne nuit, ma poulette blanche, bonne nuit. »

La porte doucement refermée, Julia se raidit dans le noir. Elle étreignit plus fort sa poupée, pensa une fois de plus aux recommandations énigmatiques de sa mère, lorsque enfin elle avait émergé de sa fièvre et de son délire :

« Tu ne dis rien à ton père, tu m'entends, ni à lui ni à personne ! Jamais ! Jure ! »

Dire quoi ? Sans comprendre, devant l'air farouche de sa mère, elle avait juré. Mais qu'aurait-elle pu dire ?

Cet après-midi-là, elle gambadait dans le pré, au soleil. Jérôme et Richard se baignaient dans la rivière, mais à elle, on l'interdisait. Même au plein de l'été, l'eau était trop froide. Julia attendait les garçons pour goûter, en faisant des pirouettes et des roulades dans l'herbe accueillante. Quand il lui arrivait – c'était très rare – de songer à cette journée-là, la fillette revoyait seulement la petite libellule bleue.

Un souffle d'air, léger et tiède, avait déposé l'insecte sur le dos de sa main. Immobile, osant à peine respirer, Julia contemplait, incrédule et ravie, le petit corps laqué de saphir et de turquoise, brindille luisante et diaprée aux longues pattes filiformes. Les ailes arachnéennes, frissonnantes et nacrées, largement déployées, la demoiselle offrait au regard émerveillé de l'enfant les mille facettes des perles noires de ses yeux.

Puis, aussi soudainement qu'elle était apparue, la libellule avait repris son vol fantasque, d'une tige de jonc à l'autre, pour disparaître enfin dans un reflet moiré d'argent de la rivière.

Après, c'était le trou noir.

Julia ferma les yeux très fort, s'imposa une immobilité parfaite, en s'exhortant au sommeil de toute son énergie.

« Il faut que je dorme, il faut que je dorme, vite, il faut dormir… dormir… »

Mais, comme chaque soir, le sommeil la fuyait. Et, comme chaque soir, soudain il fut là. Tapi entre le mur et le panneau de noyer du lit, il pointait sa petite tête hideuse au-dessus du crâne de Julia. Épouvantée, elle croyait sentir son souffle fétide dans ses cheveux. La sueur dégoulinait le long de son dos. Malgré la nuit, pétrifiée, elle le voyait derrière elle, penché sur elle. C'était le diable. Sa peau brune de serpent rusé, maléfique, ses petites cornes pointues, ses yeux jaunes et cruels, son horrible sourire fielleux, tout cela, les yeux clos, elle le voyait. Vraiment.

Alors, lentement, il avançait une main minuscule et décharnée, aux longs doigts maigres, aux ongles effilés comme des serres d'oiseau. Et il tirait un cheveu, un seul, toujours au sommet de la tête de l'enfant. Baignée de sueur, paralysée, elle hurlait :

« Papa, papa ! »

Mais son cri était muet, et sa bouche restait close. Derrière elle, l'Autre enfin lâchait prise, abandonnait le cheveu, s'enfonçait peu à peu dans l'ombre, disparaissait.

Alors un puits sombre, insondable, s'ouvrait soudain au milieu de la chambre. Le lit de Julia s'y engageait, lentement, sans heurt, plongeait dans ce gouffre noir parfaitement rond. Bientôt pourtant montait d'en bas une clarté jaunâtre, d'abord indécise, puis de plus en plus violente, d'un jaune de soufre mêlé de lueurs bleutées. La lumière soudain aveuglante venait d'une galerie sur laquelle s'ouvrait le puits.

Avec soulagement, la petite fille attendait l'instant où son lit pénétrerait enfin dans ce corridor, vers l'intense lumière orangée salvatrice. Mais elle n'y parvenait jamais : au moment où allait s'achever sa chute au ralenti, épuisée de terreur elle s'endormait enfin.

Le jour revenu, le cauchemar n'était pas même un mauvais souvenir ; disparu, évanoui, il n'était plus, tout simplement. Si, exceptionnellement, lui en venait la pensée fugitive, Julia se disait que c'était la faute de sa mère et de Gaby.

Les deux femmes, en effet, comme toutes les mères et grand-mères du village, menaçaient les enfants de monstres divers pour les faire tenir tranquilles. L'une ou l'autre privilégiait plutôt le croque-mitaine, la galipote, l'ogre, le père Fouettard ou le diable lui-même. Ce dernier, affirmaient-elles, pouvait surgir d'une glace ou d'une nappe d'eau dans laquelle on se mirait trop longuement.

Julia, qui évitait soigneusement de s'arrêter devant l'armoire à glace de la chambre de ses parents, se demandait pourquoi le démon lui en voulait tellement. Certes, elle faisait bien des petites bêtises, de temps à autre. Mais, en classe, elle travaillait bien. Et, en famille, la crainte que lui inspirait sa mère l'empêchait de désobéir.

Dans sa petite enfance, elle vouait à sa génitrice, malgré ses continuelles rebuffades, un attachement désolé. Que n'aurait-elle fait pour lui plaire ! Mais les petites attentions de sa fille, Henriette les ignorait. Les fleurs que lui rapportait la petite partaient régulièrement à la poubelle.

« Comment faut-il te dire de ne plus m'en ramener ? C'est seulement bon à faire des saletés partout ! »

Parfois, les jours de pluie, Julia s'appliquait à réaliser de beaux dessins, certes maladroits mais où elle mettait tant d'amour. Guillaume prenait le papier, admirait, se récriait :

« Comme c'est beau ! Quel plaisir tu me fais, ma poulette ! »

Il embrassait tendrement la petite, persuadée d'avoir exécuté un chef-d'œuvre. Pour sa mère, c'était seulement « encore une feuille de papier gâchée ».

À l'école, où elle était entrée à cinq ans, Julia apprenait bien, et l'institutrice la complimentait. Son père l'encourageait, lui faisait répéter les leçons de lecture, l'aidait à compter des petits objets, à aligner les chiffres sur l'ardoise. Ostensiblement, Henriette les ignorait tous les deux. Assise à l'autre bout de la table, sous la lampe à pétrole, elle s'absorbait dans sa couture ou les comptes de son magasin. Exactement comme si les progrès de sa fille ne la concernaient pas.

Après l'anniversaire des sept ans de Julia et l'éloignement quasi définitif de Jérôme, Henriette devint plus indifférente encore envers sa fille, plus odieuse même en l'absence de son mari.

La petite ressentait ce surcroît d'animosité maternelle avec, bizarrement, une recrudescence d'affection mêlée de désespoir. Silencieuse, elle s'effaçait de son mieux, devançait les moindres désirs de sa mère. Toujours en vain. Alors, elle se rapprocha davantage encore de son père. L'amour de Guillaume pour sa fille était infini, Julia le savait. Aussi ne se sentait-elle pas trop malheureuse lorsque Henriette la brusquait. En réalité, par un réflexe de défense, elle refusait d'approfondir les sentiments de sa mère envers elle, et ceux qu'elle lui inspirait.

« Julia, affirma Mme Magnard, la directrice de l'école des filles, ne doit pas s'arrêter au certificat d'études. Croyez-moi, M. Freynial, cette petite est trop douée pour arrêter là sa scolarité. Savez-vous qu'elle m'a confié vouloir être institutrice ?

– Je sais, oui, madame, approuva Guillaume avec un sourire. À moi aussi, elle me l'a dit depuis longtemps. À huit ans, déjà, elle jouait à la maîtresse d'école avec sa poupée pour élève, et même, parfois, le chien ! Mais le certificat, Julia ne l'a pas encore, si elle venait à échouer…

– Échouer, votre fille ? C'est impossible, voyons ! Si elle échoue, mes six autres candidats échoueront tous, et c'est une hypothèse que je n'envisage même pas ! »

Mme Magnard était assise à son bureau, dans la classe des grands. La tour d'un haut chignon roux foncé mêlé de gris surmontait sa tête très droite. Pour une fois, une expression aimable atténuait un peu la sévérité habituelle de son visage taché de son. Derrière elle, le grand tableau noir où, sous la date du jour, la dernière leçon n'avait pas été effacée.

Mercredi 18 mars 1913
Récitation
« Demain, dès l'aube, à l'heure
où blanchit la campagne… »

Assise près de son père sur une chaise paillée devant le bureau magistral, Julia relisait silencieusement le poème de Victor Hugo qu'elle venait de recopier avec soin. Non qu'elle se désintéressât des propos de la directrice, au contraire ; c'était seulement pour elle une façon de calmer son angoisse. Son père, elle en était certaine, se rendrait aux raisons de Mme Magnard. Mais, ensuite, sa mère ? Sans doute dirait-elle, de son ton coupant qui n'admettait pas de réplique :

« Notre fille est bien assez savante pour être mercière… ou fermière ! Tu imagines ce que ça coûte, les études ? »

Et pourtant, Julia aurait tellement voulu suivre le cours supérieur. Devenir maîtresse d'école, voilà ce qu'elle avait toujours voulu, toujours, depuis son entrée dans la classe des petits. Aujourd'hui, elle avait treize ans et demi. Malgré une apparence frêle, elle savait se montrer volontaire. Quand elle avait entrepris quelque chose, elle n'abandonnait jamais, elle persévérait avec acharnement. Devant sa mère, seulement, elle cédait.

Guillaume Freynial se tourna vers sa fille pour la rassurer d'un sourire. Le visage de l'adolescente, aux traits encore un peu flous, lui rappelait tellement celui de sa mère. Dans les yeux noirs de Julia, le père vit une lueur tendre et inquiète à la fois. Alors, il lui prit la main :

« Tu veux vraiment être institutrice, tu es sûre ? »

Sa fille secoua énergiquement la tête, et ses boucles brunes volèrent sur ses épaules.

« Oui, oh ! oui, papa… si tu le veux bien, toi…

– Il me semble que Mme Freynial a une tante qui habite Issoire, non ? intervint Mme Magnard. Vous pourriez peut-être lui confier Julia. »

Le visage de Guillaume se rembrunit quand il conclut :

« Nous allons en parler, ma femme et moi. Vous aurez bientôt notre réponse madame. »

Et, devant la mine déçue de Julia, il s'empressa d'ajouter :

« Si c'est vraiment ce que veut notre fille, il n'y a aucune raison pour que sa mère s'y oppose. »

Là-dessus, tous deux saluèrent la directrice avant de prendre congé. Du seuil de sa classe, Mme Magnard suivit un instant des yeux le père et la fille qui traversaient la cour. La réputation de personne autoritaire, dominatrice, d'Henriette était connue de tout le village où elle n'était guère aimée, contrairement à son mari.

« Pourvu que Julia et son père obtiennent gain de cause… », songea Madame Magnard, avant de retourner s'asseoir à son bureau pour préparer les leçons du lendemain.

Comme l'avait affirmé sa directrice, Julia réussit brillamment son certificat d'études. Aussitôt, sa place déjà retenue à l'école primaire supérieure d'Issoire, Mme Magnard se chargea d'écrire pour confirmer son inscription.

Julia ignorait quels arguments avait bien pu employer son père pour convaincre sa femme. Toujours est-il qu'un matin il avait annoncé, triomphant :

« Tu peux dire à Mme Magnard qu'en octobre prochain tu iras au cours supérieur. La tante Marceline veut bien te prendre chez elle. Alors, tu es contente ? »

Sa fille lui avait sauté au cou. Puis, beaucoup plus timidement, elle avait remercié sa mère.

« Je n'y suis pour rien, jeta Henriette, sans même un regard à Julia. Ton père a décidé d'assumer la dépense, libre à lui ! »

La jeune fille ignorait que la tante demandait, c'était normal, une petite pension, moindre cependant que celle de l'école. La perspective d'habiter chez Marceline qu'elle connaissait à peine n'aurait pas tellement réjoui Julia, mais une seule chose importait : elle allait travailler d'arrache-pied pour rentrer à l'École normale d'institutrices de Clermont et réussir son brevet. Alors, chez la tante ou ailleurs…

Henriette daigna tout de même accompagner son mari et sa fille à Issoire, trois jours avant la rentrée. Julia fut habillée de neuf, et Guillaume acheta un flacon d'eau de lavande qu'elle offrit à la tante.

Marceline avait récemment vendu son fonds de commerce. Elle habitait, au-dessus du magasin, le logement où elle avait élevé Henriette et le petit Jérôme. Elle avait conservé une coquetterie surannée. Un large col de guipure blanche, fermé par une broche en plaqué or, égayait sa stricte robe noire, même en semaine. Ses cheveux gris, soigneusement nattés, se roulaient en chignon sur sa nuque. Comme elle le faisait quand elle trônait encore dans sa boutique, les tâches ménagères achevées, elle quittait toujours son tablier de cuisine ou sa blouse. Il lui arrivait, rarement, de visiter d'anciennes clientes qu'elle recevait plus rarement encore.

La jeune fille et la vieille demoiselle s'entendirent bien. Avec une mère comme la sienne, Julia était docile et peu envahissante. Elle était demi-pensionnaire et prenait son repas de midi à l'école. Le soir, après l'étude surveillée, elle rentrait à la nuit tombée.

Le dîner achevé, composé de soupe de légumes, de pain et de fromage, Julia essuyait et rangeait la vaisselle. Puis, sous la petite lampe à globe bleu surmontée du long tube de verre enfumé, elle installait ses livres pour étudier encore.

« Tu te crèveras les yeux, ma pauvre, à force ! soupirait Marceline. Deux heures et demie d'étude, ça ne t'a donc pas suffi ?

– Si… non, ma tante, enfin, je m'avance un peu. Et puis le calcul n'est toujours pas mon fort. J'ai demandé à Mme Terrange de me donner quelques problèmes en plus. »

Un jour, peu de temps après son arrivée à Issoire, Julia s'entendit confier des propos surprenants.

« Ah, toi, on peut dire que tu es sérieuse, au moins ! C'est pas comme ton oncle Jérôme, heureusement ! Il a quel âge maintenant ? Vingt-neuf, trente ans ?

– Vingt-neuf, ma tante, il a juste quinze ans de plus que moi.

– Vingt-neuf ans ! Quand je pense comme ta mère s'est saignée pour lui payer les études de droit à Clermont, la chambre, et tout et tout… La pauvre Henriette, il l'a toujours menée par le bout du nez ! Pourtant, ta mère, c'est un caractère, non ? »

Julia préféra ne pas répondre. C'était un dimanche après-midi. Les deux femmes faisaient une promenade sous le soleil d'automne. Des feuilles rousses, desséchées, craquaient sous leurs pas comme du vieux papier racorni. La jeune fille restait silencieuse. En réalité, elle ne savait rien des rapports d'argent, ni même des rapports tout court entre sa mère et son oncle.

« Henriette, poursuivit Marceline, il l'a toujours bernée, le gredin. Et dire qu'elle le voyait avocat ou juge, pas moins. Et maintenant, il est entretenu ! Oui, ma petite, tu entends bien : entretenu ! Quelle honte ! Je me demande si ta mère est au courant... »

Julia ignorait tout à fait le sens du mot « entretenu », mais elle n'osa pas questionner la tante. Le soir, dans son dictionnaire, elle trouva une définition qui la laissa perplexe : « Se dit d'une personne logée, nourrie, habillée, etc. par son amant ou sa maîtresse. »

Amant et maîtresse, Julia avait bien une vague idée du sens de ces mots-là. Elle avait un jour entendu sa mère et une cliente parler de Clémentine, la jeune femme du boucher.

« Vous êtes au courant, vous, que la Clémentine Berlande aurait un amant ?

– Pas du tout, avait répondu Henriette, et ça serait qui ?

– Ça, je peux pas bien vous dire. La Sidonie, qui habite juste à côté de la boucherie, dit qu'elle la voit sortir presque chaque soir à la nuit. D'après elle, la Clémentine irait rejoindre le fils Rabany, vous savez, l'aîné de Maisons-Basses. Il revient juste de l'armée. Mais y a rien de sûr, aussi ne le répétez surtout pas ! » Julia en avait alors déduit qu'un amant devait être un peu comme un bon ami, ainsi disaient les grandes filles de l'école. Mais elle ne voyait pas le rapport avec son oncle Jérôme. Amant, maîtresse, voilà qui n'avait rien d'un métier, comme juge ou avocat. Fallait-il ou non faire le rapprochement ?

Certaines de ses compagnes, les secondes années surtout, lisaient en cachette des romans à quatre sous qui circulaient sous le manteau. Là, une blanchisseuse était la maîtresse d'un duc, le palefrenier devenait l'amant de la riche marquise, sa patronne. Mais, pour Julia, ces situations n'avaient guère de réalité.

« Je demanderai à Pauline, conclut-elle en refermant son dictionnaire. Elle, elle saura. »

III

L'École normale

Les parents de Pauline Bruny tenaient une ferme près de Grandeyrolles, au-delà de Champeix. Elle venait d'entrer au cours supérieur, en même temps que Julia. Celle-ci s'était aussitôt sentie attirée par cette belle plante saine et blonde, enjouée, toujours prête à lancer quelque plaisanterie.

Pauline était pensionnaire. D'une intelligence vive, elle était douée d'une mémoire remarquable.

« Sais-tu ce que disait mon institutrice, Mme Robin ? demandait-elle en riant à Julia : “Tu n'as aucun mérite, ma fille, pour toi, ça rentre comme dans du beurre !” Et c'est ma foi vrai. »

Fine mouche, Pauline avait deviné bien des choses, avant même que Julia ne se soit confiée. À demi-mot, la jeune fille avait compris que, si Guillaume Freynial se montrait le plus affectueux des pères, sa femme était bien loin de l'égaler. Aussi prenait-elle Julia sous son aile, le temps des récréations. Une vive amitié était donc née entre ces deux adolescentes aux caractères si opposés.

Pauline, elle, avait une mère aimante, du moins le croyait-elle. Certes, les câlineries n'étaient pas de mise alors, à la campagne surtout. Mais l'affection des siens, c'est une chose que l'on sent, dès la plus petite enfance. Alfred Bruny, le père, n'était guère causant, pas plus avec sa fille qu'avec les autres. Pourtant, il avait souvent pour Pauline un regard bienveillant, une caresse de la main sur les cheveux.

Relativement aisés, fiers d'avoir une fille reçue première au certificat d'études, les Bruny n'avaient pas hésité à mettre Pauline en pension à Issoire.

Julia s'était si bien attachée à la jeune fille qu'elle regrettait de ne pas être interne, elle aussi. Au cours des promenades, le jeudi et le dimanche, Pauline et elle auraient pu bavarder, se faire davantage de confidences. Son grand espoir, c'était qu'elles entreraient ensemble à l'École normale. Ainsi, elles ne se quitteraient plus.

De toutes les filles de l'école, Pauline, qui avait quatorze ans et demi, se montrait la plus avertie des mystères de l'amour. Julia n'avait jamais songé à lui demander d'où lui venait cette science. À l'école et dans les familles, le sujet était tabou. En quelques phrases, son amie lui expliqua ce qui l'intriguait tellement.

« Avec un amant ou une maîtresse, on fait ce que font les gens mariés, tu comprends ?

– Oui, un peu. Mais c'est interdit par la religion !

– Oh ! la religion... C'est bon pour les enfants et les vieilles menettes comme ta tante Marceline. Nous, les jeunes filles, nous sommes plus préoccupées par nos amoureux, tu ne crois pas ?

– Nos amoureux ? s'étonna Julia. Tu en as donc un ?

– Pas encore, enfin pas tout à fait, avoua Pauline. Avec le certificat à préparer, je n'avais pas le temps de courir les garçons, évidemment. Et puis mon père m'aurait trouvée bien trop jeune pour me permettre d'aller danser. Mais j'aurai quinze ans en février prochain, et je compte bien me rattraper pendant les vacances ! »

Les yeux gris de Pauline riaient à cette perspective, et leur éclat pailleté de vert en disait long sur son impatience.

« Ma petite, les études c'est bien beau, et je n'ai pas du tout l'intention de les négliger, mais notre jeunesse ne sera pas éternelle, crois-moi ! Aussi, je te jure bien que, le moment venu, j'en profiterai. »

Grâce à Pauline, Julia avait enfin compris que son oncle ne travaillait pas, mais qu'il tirait sa subsistance de ses relations coupables avec quelque riche bourgeoise de Clermont. Peut-être même, avait ajouté Pauline, que cette dame était mariée à un vieux bonhomme riche à millions, auprès de qui elle s'ennuyait à périr. Cette supposition expliquait de manière irréfutable que la bourgeoise en question ait décidé d'entretenir un jeune amant.

Cependant, Julia n'avait pas osé confier qu'il s'agissait de Jérôme, son oncle. Sa tante, avait-elle dit, parlait d'une de ses connaissances clermontoises. Et Pauline n'avait pas tenté d'en savoir davantage au sujet du jeune homme « entretenu ».

Un mois suivant l'autre, l'année scolaire arriva à son terme. Aux petites vacances, Julia avait retrouvé son père avec joie. Elle passait de longs moments à la ferme, près de Gaby, toujours affairée au milieu de la volaille ou de ses marmites.

« Maintenant que tu es grande, ta mère t'oblige pas à lui donner la main dans sa boutique ? demandait la servante.

– Heureusement non ! D'ailleurs, quand j'ai fini le ménage, je passe le reste de la matinée à étudier, tu sais, Gaby. Et aussi le soir, après souper.

– Ah ! je me demande bien ce que vous pouvez y trouver, à vos livres », s'étonnait Gaby en secouant sa tête grise. Elle-même n'avait jamais appris à lire et ne s'en trouvait pas plus mal.

Quand arrivèrent les grandes vacances, le 13 juillet 1914, Julia trouva son père préoccupé. Les menaces de guerre, depuis l'assassinat de Sarajevo, en juin, paraissaient se préciser. Et, le 1er août, la mobilisation prouva que Guillaume ne s'était pas trompé, hélas.

« Qu'est-ce que cela veut dire, papa ? questionna Julia, inquiète surtout de constater l'anxiété des adultes.

– Cela veut dire, ma poulette blanche, que ton papa et bien d'autres vont devoir partir faire la guerre.

– Mais où, mais pourquoi ? », s'affola l'adolescente.

Guillaume soupira, rejeta son journal sur la table d'un geste impuissant, le regard plein d'âpreté.

« C'est compliqué, ma pauvre petite. Les Français doivent voler au secours de la Belgique que les Allemands viennent d'envahir. D'autres pays s'en mêlent également. Moi-même, je n'ai pas tout saisi, je t'avoue. Notre gouvernement en a décidé, il faut bien obéir. Jaurès, lui, aurait pu nous éviter ça, mais on vient de l'assassiner, alors… »

Le père de Julia se souciait pour sa petite ferme, son bétail, ses quelques cultures. La bonne volonté du vieux Germain ne suffirait certes pas. Mais seuls resteraient les éclopés et les vieillards. Les jeunes, eux, n'avaient plus la pioche ou la fourche dans les mains, mais le fusil.

Lorsque Julia, en larmes, vit partir son père et les hommes du village pour gagner le carrefour des Trois Frênes où ils prendraient la diligence, un pressentiment lui étreignit le cœur. Reverrait-elle jamais son père chéri ? Lui parti, le seul qui l'aimât, son protecteur, son allié de toujours contre l'animosité de sa mère, il lui semblait qu'elle n'aurait plus qu'à mourir.

Elle se réfugia à la ferme, près de Gaby, qui pleurait. Elle l'embrassa, oublia un peu sa peine pour la consoler. Dans l'étable, Germain pansait les vaches, les gestes mal assurés, les yeux pleins de larmes. Julia serra contre elle le vieil homme, prit ses grandes mains durcies par les travaux des champs.

« Il reviendra, il me l'a promis ! Aie confiance, Germain, aie confiance. Moi, je vais t'aider ! »

Malgré son inexpérience, Julia fit de son mieux. De son côté, Gaby accomplit des tâches jusque-là réservées aux hommes. Mais les deux femmes, l'une trop jeune, l'autre trop âgée, n'avaient guère d'avance.

À Saint-Benoît, comme partout, les vieillards, les femmes, les jeunes filles travaillaient sans relâche pour pallier le manque de bras.

« Je vais m'installer près de Gaby jusqu'à la fin des vacances et l'aider un peu, annonça Julia à sa mère en préparant un petit sac de linge.

– Libre à toi, jeta Henriette. Si tu en es capable ! »

Un sourire méprisant aux lèvres, elle entreprit de laver des pommes de terre avant de les mettre à bouillir. Soudain, elle releva la tête.

« Mais, au fait, qui va payer les deux vieux ?

– Ils ne demandent rien ! répliqua Julia avec force. Eux, c'est pour mon père qu'ils font ce qu'ils font ! »

Sans un mot, Henriette eut pour sa fille un regard stupéfait. Julia, de son côté, s'étonnait de sa propre audace irréfléchie ; jamais, au grand jamais, elle n'avait osé répliquer à sa mère sur un tel ton. Sans rien ajouter, elle saisit un châle et, son sac de voyage à la main, quitta la maison avec soulagement.

Durant sa seconde année à l'école primaire supérieure, Julia travailla avec acharnement en vue du brevet. Pauline, dont le père, lui aussi, était au front, lui apportait beaucoup de réconfort. Lorsque les lettres de Guillaume tardaient à venir, elle faisait diversion, trouvant sans cesse une raison de redonner espoir à Julia. Celle-ci attendait des nouvelles dans l'angoisse, et les encouragements affectueux de sa fidèle amie lui mettaient un peu de baume au cœur.

Lors de ses permissions – il en avait eu deux depuis le début des combats –, Guillaume s'était efforcé de rassurer sa fille. La guerre, disait-il, ne pouvait pas durer bien longtemps. Julia n'avait aucune idée des conditions de vie des soldats dans les tranchées, et son père se gardait bien de les lui rapporter.

Ses lettres, toujours pleines d'affection, disaient seulement sa préoccupation de sa fille et de la ferme. Il avait fallu laisser la plupart des champs en friche. Le bétail, le fourrage, quelques cultures, suffisaient amplement à occuper Germain et la servante. Julia avait proposé à son père d'abandonner provisoirement ses études, mais il le lui avait formellement interdit.

« Dis à Germain de vendre quelques bêtes, les plus âgées s'il le faut, avait-il écrit, mais toi, ne sacrifie surtout pas ton avenir, à aucun prix. »

Après un été de travail à la ferme, Pauline avec sa mère et son grand-père, Julia avec ses fidèles vieux domestiques, les deux jeunes filles étaient enfin entrées à l'École normale.

À Clermont, ni l'une ni l'autre n'avaient de correspondant. Elles n'en étaient que plus proches. Si Julia avait grandi et forci un peu, son corps, à seize ans, était celui d'une adolescente. Pauline, elle, était presque une femme. Sa taille au-dessus de la moyenne, ses formes épanouies, son visage avenant, lumineux, toujours prompt au sourire, la faisaient aussitôt remarquer.

« Quel dommage ! avait-elle confié à Julia le jour de la rentrée des classes. Chez moi, il ne reste pour ainsi dire plus de garçons. Quelques soutiens de famille ou des malades, c'est tout… Et ils ont tant d'ouvrage qu'ils ne perdent pas de temps à rechercher la compagnie des filles ! »

Puis, à son habitude, elle avait ri de sa boutade.

La guerre, pendant ce temps, durait. Les terribles offensives de Verdun, ajoutées aux autres affrontements, avaient causé des milliers de morts. Julia ne vivait plus. Dès qu'elle émergeait de ses cahiers et de ses livres, une crainte lancinante l'habitait.

Elle relisait les lettres de son père ; alors, il lui semblait plus proche, et son anxiété se dissipait un peu. Elle croyait l'entendre lui dire :

« *N'aie pas de souci, ma poulette blanche, je pense à toi sans cesse, bientôt je reviendrai, bientôt !* »

On rationnait à présent un grand nombre de denrées. À l'internat, les jeunes filles, comme beaucoup, commençaient à souffrir de la faim. Peu de sucre, peu de pain par ailleurs innommable, des matières grasses quasi inexistantes, des légumes parfois avariés, de la viande filandreuse rarissime, tout cela n'améliorait pas l'ordinaire du réfectoire de l'école.

Au cœur de l'hiver, dans leur étude glaciale, élèves et surveillante gardaient frileusement écharpes et manteaux. Et le soir, dans leur lit, elles grelottaient sans parvenir à réchauffer leurs pieds engourdis de froid, malgré les épaisses chaussettes de laine qu'elles ne quittaient pas.

Mais toutes ces misères n'étaient rien en regard de celles que subissaient les soldats. Ils vivaient leur troisième hiver dans la boue mêlée de sang, la vermine, la saleté la plus immonde. Les plus optimistes n'osaient pas croire à la fin proche des combats.

On avait appelé en renfort les pères de famille nombreuse, les réservistes, certains réformés. Il fallait bien remplacer les morts qui parsemaient les champs de bataille, les grands blessés, et, bientôt, les victimes des gaz asphyxiants.

À Saint-Benoît, Julia croisait parfois des hommes au regard sombre, permissionnaires ou blessés, fantômes hagards qui avaient perdu un bras, une jambe, ou même un morceau du visage. Tremblante, le cœur serré, elle remerciait alors le ciel : son père était passé au travers de ces horreurs, mais pour combien de temps ?

Le 1er octobre 1917, Pauline et Julia entraient en troisième année. Ensuite, leur temps d'école normale achevé, elles seraient nommées institutrices pour la rentrée suivante.

Si les normaliens de dernière année avaient la liberté de sortir seuls en ville, le jeudi et le dimanche, il n'en était pas de même pour les filles. Un correspondant ou une surveillante accompagnait obligatoirement leurs promenades.

On faisait tout pour éviter les rencontres. Chaque mois, la directrice des normaliennes envoyait à son homologue de l'école des garçons la liste des sorties de groupe envisagées. À lui d'établir un programme différent.

Ainsi, lorsque les jeunes filles, en uniforme et en rangs impeccables, tenue bleu marine et chapeau breton, se dirigeaient vers la châtaigneraie de Beaumont, les garçons partaient pour Montferrand. Et si les demoiselles gagnaient les côtes de Chanturgue où s'étageait le vignoble, on conduisait les normaliens à Durtol ou au Mont-Rognon.

Pour plus de sûreté, on devait suivre des itinéraires différents durant la traversée de la ville. Pauline enrageait :

« Et même si on les croise, ils ne vont pas nous sauter dessus ! »

Puis son heureux caractère tempérait aussitôt sa rancœur, et elle ajoutait en riant :

« Bah, quand nous serons enfin sorties de prison, nous nous rattraperons, pas vrai ? »

Depuis le début de la guerre, on avait supprimé les fêtes de fin d'année. La jeune fille, comme nombre de ses compagnes, le déplorait infiniment.

« Déjà que notre vie est triste à mourir, on ne peut même pas danser, ni connaître nos "maris !" » disait-elle, bougonne.

Le mari et la femme étaient ceux qui, dans la même promotion, avaient obtenu un rang égal au concours d'entrée à l'école. Par ce biais, l'Administration espérait former pour l'avenir des couples d'enseignants. Ainsi, en poste double dans un village, ils en seraient plus forts pour affronter les difficultés et défendre l'école de la République. Les fêtes entre écoles avaient surtout pour but de rapprocher garçons et filles, sous l'autorité des professeurs bien entendu.

« Tu oublies la représentation théâtrale ? demandait Julia. Les normaliens seront invités à venir nous applaudir, tu sais bien.

– Peuh, le théâtre, déclarait Pauline, boudeuse, ce n'est pas mon fort. Moi, c'est la danse que j'aime. »

Le dimanche, après la promenade, une élève se mettait parfois au piano. Pendant une petite heure, sous l'œil attentif d'une surveillante, les jeunes filles avaient l'autorisation de danser. Il avait été difficile de convaincre Madame (ainsi nommait-on avec déférence la directrice). En temps de guerre, disait-elle, les distractions n'étaient pas de mise... Pourtant, elle avait cédé, consciente que le quotidien de ses élèves, leur jeunesse étaient gâchés par une situation dont elles ne pâtissaient que trop, déjà. Les aînées, qui avaient fréquenté les bals de leur village, apprenaient les pas aux plus jeunes.

Pauline entraînait son amie, réticente, dans la valse, la mazurka, ou une marche dont les filles chantaient le refrain. Julia se laissait emporter pour plaire à celle qui, en l'absence de son père, restait l'une des rares personnes à lui témoigner de l'affection. Son souci permanent revenait sans cesse : la guerre, les morts, les blessés, son père, seul au milieu de cette incroyable tuerie. Et si, lui aussi…

Alors, Julia avait hâte de retrouver l'étude, de se plonger dans ses livres. Là seulement, elle parvenait à oublier un peu que Guillaume, son père chéri, était à chaque instant confronté à l'impitoyable Faucheuse.

L'après-midi de cette dernière rentrée, l'installation au dortoir sitôt terminée, Pauline prit Julia à part. Elle rayonnait, et son amie devina qu'elle allait lui confier un grand bonheur.

« J'ai voulu te l'écrire, mais j'ai craint de ne pas trouver les mots… Julia, je suis amoureuse, pour de bon, depuis près d'un mois. Il s'appelle Damien, il est sublime, il m'aime autant que je l'aime. Depuis notre rencontre, je vis sur un nuage, comme en rêve, et pourtant c'est bien vrai ! La vie est merveilleuse ! »

Là-dessus, toute rose d'excitation, elle embrassa Julia avec fougue avant de poursuivre ses confidences.

« À Noël, Damien aura une autre permission, nous nous reverrons, il me l'a juré ! »

Le beau visage de Pauline se rembrunit un peu.

« Oui, cinq jours après notre rencontre, il repartait au front. Mais il m'a confié que la guerre, c'était maintenant l'affaire de cinq ou six mois, tout au plus. Après, nous nous marierons, tu peux imaginer ça ? »

Julia lui sourit sans répondre. Pauline et ce garçon, après cinq jours, s'étaient engagés au mariage. Elle ne savait trop que penser. Son amie l'étonnerait toujours. Le mariage, c'était pour la vie. Peut-être aurait-elle dû réfléchir encore ?

IV

La guerre, mangeuse d'hommes

Au fil des jours, Pauline raconta dans le détail à Julia les circonstances qui, tout à fait fortuitement, l'avaient mise en présence de Damien.

Elle partait rendre visite à Mme Robin, la directrice de l'école primaire de son village. Comme elle passait le portail de la cour, un jeune officier descendait les quelques marches du perron.

Leur rencontre eut lieu à mi-chemin. Le jeune homme salua Pauline qui lui rendit son bonjour. Elle ne baissa pas modestement les yeux, cela ne lui ressemblait en aucune façon ; au contraire, elle dévisagea hardiment l'officier. Leurs regards s'accrochèrent, ce fut le coup de foudre.

Pauline avait dix-huit ans, elle était belle. Secrètement, elle se félicita d'avoir mis sa robe du dimanche. Lui était magnifique, aussi brun qu'elle était blonde, d'une prestance assez rare, distingué. Bref, de cet instant les dés étaient jetés. En continuant leur chemin, l'un et l'autre savaient que leurs destins étaient liés, à jamais.

« Tu as dû croiser mon filleul ? demanda Mme Robin en embrassant Pauline. Il vient de sortir à l'instant. »

Et, après quelques questions sur les études de son ancienne élève, elle commença à parler de Damien. Depuis plusieurs années, le jeune homme n'avait plus de parents. Aussi s'était-il rapproché de sa marraine qu'il visitait chaque été et, depuis son incorporation, à chacune de ses permissions.

Pauline écoutait attentivement, s'étonnait de n'avoir jamais rencontré le jeune homme auparavant. Mais la ferme de ses parents se trouvait à plus de deux kilomètres du village, et elle ne venait pas tous les jours à Grandeyrolles.

« Damien, lui aussi, sort de l'École normale. Hélas ! il n'a même pas exercé une année entière, seulement trois mois. En janvier 1915, il a été appelé. Depuis je vis dans l'angoisse. Il n'a plus que moi, comprends-tu ? »

Pauline comprenait. Elle se dit que, si Damien le voulait, il l'aurait, elle aussi, pour l'aimer, pour l'attendre. Mais le reverrait-elle ?

Il faut croire que la providence veillait particulièrement, ce jour-là, sur les amours naissantes. Pauline n'avait pas encore pris congé de son ancienne directrice que le bel officier fut de retour. Mme Robin fit les présentations.

Damien s'offrit avec empressement à raccompagner la normalienne pour, dit-il, « parler un peu plus longuement de ces chères vieilles boîtes qu'étaient les deux écoles normales clermontoises ».

À peine arrivés à la ferme des parents de Pauline, les jeunes gens s'étaient déjà juré de s'aimer toujours. Et des baisers pleins de passion avaient scellé ce serment, avant qu'ils puissent se résoudre à s'arracher l'un à l'autre.

Quatre jours durant, ils se retrouvèrent dans la campagne lorsque Pauline, la journée de travail finie, pouvait enfin s'échapper un peu.

« Avant son départ, déclara-t-elle pour conclure, Damien a mis sa marraine au courant de nos relations. Puisque nous nous marierons après la guerre, a-t-il dit, je ne veux pas d'équivoque. Julia, ma Julia, tu ne peux pas imaginer mon bonheur ! Certes, je tremble parfois pour celui que j'aime, mais notre rencontre est si miraculeuse, je me refuse à croire que nous puissions être séparés. Oui, je le refuse, de toute mon âme ! »

Julia était heureuse pour son amie qu'elle voyait tellement éprise, tellement transportée. L'amour la rendait plus belle encore. Il émanait d'elle une aura de félicité si évidente, si absolue, qu'instinctivement le cœur de la jeune fille se serra.

« Oh ! toi, jeta Pauline en lui prenant affectueusement le bras, tu broies du noir, hein ? Allons, souris-moi, essaie de partager mon bonheur. Toi aussi, bientôt, tu rencontreras l'amour, c'est certain ! »

La mère de Pauline avait écrit à la directrice de l'École normale pour autoriser sa fille à recevoir des lettres de son fiancé. Si toutes les pensionnaires attendaient le courrier avec impatience, celles surtout qui avaient au front un être cher, Pauline guettait fébrilement l'arrivée du concierge à la porte du réfectoire.

La directrice censurait les missives douteuses qu'elle « épluchait » consciencieusement durant la matinée.

« Cette pimbêche est bien capable de lire nos lettres, même si l'expéditeur a eu l'accord de nos parents ! s'exclama un jour Pauline.

– Comment ferait-elle ? s'étonna Julia, les enveloppes ne sont jamais ouvertes, pas plus celles de ton père que du mien.

– Que tu es naïve, ma pauvre petite ! Figure-toi qu'une enveloppe, ça se décachette à la vapeur en un clin d'œil. Après, un peu de colle et le tour est joué ! »

Avec le printemps 1918, les attaques allemandes dans la Somme firent craindre une marche des ennemis sur la capitale. L'espoir toujours déçu de voir enfin débarquer les Américains générait dans la population une anxiété grandissante.

Les troupes françaises sans cesse déplacées sur le front, on dut attendre le courrier des semaines durant. Si Pauline avait de récentes nouvelles de son père, le silence de Damien la torturait. De son côté, Guillaume Freynial, lui non plus, ne donnait pas signe de vie. Pour se rassurer elle-même, Julia tentait de son mieux de rasséréner sa fidèle amie.

L'une et l'autre se plongeaient intensément dans leurs manuels. Elles accueillaient avec soulagement les stages en classes d'application. Confrontées aux enfants, les élèves maîtresses devaient prendre sur elles, s'oublier, pour leur apporter, en même temps que le savoir, sérénité et constante bonne humeur.

Enfin, les lettres tant attendues arrivèrent, avec une double merveilleuse surprise : pour les fêtes de Pâques, l'amoureux de Pauline et le père de Julia bénéficieraient d'une courte permission.

De retour à l'École normale pour leur dernier trimestre d'études, les deux amies avaient retrouvé l'espoir. Avec le mois d'avril, une douceur nouvelle imprégnait l'air plus léger. Les bourgeons libéraient leurs feuilles fragiles, d'un incroyable vert brillant. Même en ville régnait un printemps prometteur.

Puis mai arriva, beau et chaud. Au cours des promenades autour de Clermont, les jeunes filles cueillaient les premières fleurs : anémones, pervenches, pâquerettes bordées d'une pointe de rose, violettes minuscules, d'un bleu-mauve étonnant, satiné. Les oiseaux s'appelaient gaiement dans les jardins où le vent berçait les cerisiers en fleurs, s'affairaient autour des nids de mousse où pépiaient les oisillons.

Le 5 juin, Pauline reçut une lettre de sa mère. Elle déplia la feuille, tout en continuant à bavarder avec Julia et deux autres camarades. Les jeunes filles étaient assises sur un banc de pierre, dans un coin de la cour ensoleillée. Un quart d'heure de récréation les séparait de la reprise des cours de l'après-midi.

Au fur et à mesure qu'elle lisait, Pauline devenait d'une pâleur de cire. Une expression de stupeur effrayée figeait son visage, ses mains se crispaient sur le papier. Soudain, elle leva vers Julia un regard fou, cria : « Il est mort ! » et tomba à la renverse, évanouie.

À l'infirmerie où on l'avait transportée en toute hâte, Pauline ne paraissait pas voir sa meilleure amie penchée sur elle. Grelottante, elle jetait partout des regards effarés, sans un mot, sans une larme. Enfin, le calmant fit son effet, la plongeant dans un sommeil agité de spasmes inconscients.

Julia avait obtenu la permission de passer la nuit auprès d'elle. Sa main dans la main de Pauline, elle somnolait, s'éveillait en sursaut, et des pensées incohérentes se bousculaient dans sa tête douloureuse.

Par Mme Robin, la mère de Pauline avait appris le malheur. La jeune vie de Damien venait de s'achever dans une offensive, entre Soissons et Dormans. Comme les jeunes gens étaient promis, presque fiancés, la marraine du malheureux officier mort au combat demandait que Pauline soit prévenue sans tarder.

Compréhensive, la directrice de l'École normale permit à la jeune fille de quitter l'établissement pour prendre un peu de repos. Atterrée, Julia vit partir une Pauline inconnue, qui agissait en automate, indifférente à tout.

Deux semaines plus tard, elle serrait dans ses bras son amie encore un peu hagarde, terriblement amaigrie. Elles pleurèrent ensemble, longtemps, sans trouver de mots pour exprimer leur désarroi.

Le soir, avant de gagner leur box au dortoir, Pauline, les pommettes rouges, le regard fiévreux, se tourna vers Julia et dit d'une voix sans timbre :

« Je suis enceinte, de deux mois et demi. »

D'un élan, Julia lui prit les mains.

« Ta mère le sait ? »

Les mâchoires serrées, le regard fixe, Pauline secoua la tête :

« Personne encore, seulement toi. »

Elle se détourna, les yeux dans le vague, eut un pauvre sourire en regardant à nouveau Julia.

« Nous allions bientôt nous marier, tu comprends ? À l'idée de repartir, Damien était si malheureux… Voilà, je suis sa femme, mais personne ne voudra le reconnaître. Tant pis, je lutterai seule, en souvenir de lui.

– Seule ? Non ! dit Julia avec force. Tu es ma sœur, je lutterai avec toi, toujours ! »

L'année scolaire finie, les jeunes filles eurent du mal à se séparer. L'été passé à la ferme familiale, où seraient-elles nommées en octobre ? Si seulement la chance les rapprochait… Mais il ne fallait pas trop y croire.

Dès son retour à Grandeyrolles, Pauline s'empressa de rendre visite à la marraine de Damien. Bouleversée à l'annonce de l'état de la jeune fille, Mme Robin s'alarma :

« Si tu ne dis rien d'ici à septembre, l'académie va bien sûr te donner un poste. Mais, après la naissance, et même avant, imagines-tu le scandale, ma pauvre petite ? Tu risques d'être rayée de l'enseignement ! Tes parents devront rembourser tes études à l'Administration. Et toi, sans métier, avec l'enfant, que deviendras-tu ? »

Pauline n'avait pas envisagé un avenir aussi sombre. La douleur d'avoir perdu Damien creusait toujours en elle un abîme de détresse, mais, pour cette nouvelle vie qui s'annonçait, elle se sentait prête à tout. Volontaire, courageuse, elle était tout cela, et se savait de taille à surmonter les difficultés. Mais perdre son métier, son gagne-pain… Atterrée, elle demanda :

« N'y a-t-il vraiment rien à faire pour apitoyer mes supérieurs ?

– Je crains bien que non, hélas !

– Mais, insista Pauline, s'ils savaient que Damien et moi étions fiancés, que seule la guerre retardait notre mariage, qu'il est mort pour la patrie…

– Écoute, dit Mme Robin, émue de la détresse de son ancienne élève, je vais demander conseil à mon inspecteur primaire. C'est un homme très bon, très compréhensif. Il me dira la conduite à tenir. »

Et, les larmes aux yeux en songeant à son filleul, elle embrassa avec affection celle qui portait l'enfant de Damien.

« Prends soin de toi, ma petite Pauline, essaie de te ménager, enfin, si tu le peux… Je sais que ton grand-père a beaucoup vieilli, et que ta pauvre mère ne suffit plus à l'ouvrage. Allons, au revoir, je te tiendrai au courant. Et si tu as besoin de quelque chose, n'hésite pas, reviens me voir. »

Vaillamment, Pauline prit sa part des travaux de la ferme. Et lorsque sa mère risquait : « Ne va pas faire d'imprudence, surtout ! », elle répondait en se forçant à sourire :

« Mais non, ne te soucie pas. Je suis robuste, tu le sais bien. »

À Saint-Benoît, depuis la mobilisation de son père, Julia ne faisait que passer à la mercerie au premier jour des vacances. Sans plaisir, par pure forme, elle embrassait sa mère puis, aussitôt, gagnait la ferme, à dix minutes seulement. Là-bas, c'était son chez-elle. Dans la petite maison où Germain et Gaby l'attendaient, elle retrouvait un peu son père.

Sur chaque meuble, sur chaque objet, il avait laissé son empreinte, un peu de lui-même. Guillaume était né là, et il y avait toujours vécu.

Julia caressait le manche des outils, croyait y retrouver le contact de la grande main tiède qui, enfant, la rassurait si bien. Ses pensées s'envolaient vers les deux personnes qu'elle chérissait le plus : son père et Pauline. Cette dernière lui adressait des lettres pleines de détermination. Et, dans ses réponses, Julia l'assurait de son soutien indéfectible.

L'arrivée de l'armée américaine avait conforté l'assurance de voir bientôt la fin des combats. Quatre ans, déjà, que les morts succédaient aux morts, fauchés dans les deux camps par un sort impitoyable. Les premières semaines d'août, les journaux rapportaient avec optimisme les attaques victorieuses du maréchal Foch.

Chaque soir, au repas, Julia commentait les nouvelles du front pour ses vieux amis, analphabètes, tendus vers le retour de Guillaume comme vers leur propre salut.

Un jour du début septembre, un peu après cinq heures, la jeune fille travaillait à l'étable avec Germain. La porte restait ouverte sur une chaleur encore lourde. Soudain parut Gaby. Son visage, ridé comme un vieux parchemin, reflétait une crainte confuse quand elle dit, la voix mal assurée :

« Le Milou Dabert veut te voir, c'est ta mère qui l'envoie. »

Derrière Gaby, Julia aperçut le garçon qui, l'air embarrassé, se dandinait gauchement d'un pied sur l'autre. Milou était le fils du boulanger, voisin de la mercerie d'Henriette. Il aurait ses dix-huit ans à Noël et espérait bien que l'armistice serait signé d'ici là.

« Le maire est venu tout à l'heure à la mercerie, dit-il en hésitant. Il avait son écharpe tricolore… Il a dit à ta mère que… »

Julia n'écoutait plus : déjà, elle savait. Le seau de fer-blanc qu'elle tenait lui tomba des mains, roula sur le dallage avec un bruit qui parut insolite, déplacé. Le cri de Gaby parvint à la jeune fille à travers un brouillard opaque :

« Oh ! non ! Seigneur, non ! »

Puis elle sentit deux bras robustes l'étreindre, et la voix de Germain à son oreille :

« Ma petitoune, ma petitoune… »

Le vieil homme pleurait en la serrant contre lui, et soudain, la terre s'écroula.

Guillaume Freynial était tombé quelque part en Flandre. Deux jours auparavant, sa fille avait reçu une lettre brève mais optimiste. Ses phrases, malgré la bonne humeur qu'il affichait, étaient celles d'un homme las. Mais, comme toujours, aucune plainte. Il s'oubliait pour se soucier uniquement de sa Julia.

« Tu dois avoir encore grandi depuis avril dernier. Te voilà une jeune fille, et je crois bien que je n'oserai plus t'appeler ma poulette blanche… »

Le décès de Guillaume aurait dû rapprocher sa femme et sa fille. Il n'en fut rien. Lorsque Julia, soutenue par la vieille Gaby, rejoignit sa mère, Henriette n'eut vers elle aucun élan. Et la jeune fille n'éprouva nul besoin d'embrasser celle qui lui avait toujours témoigné la plus parfaite indifférence.

Si Julia n'avait été aussi choquée de la mort de son père, sans doute se serait-elle demandé ce que pouvait bien éprouver sa mère. Muette, les yeux rougis, un mouchoir roulé en boule au creux de sa main, Henriette se contentait de saluer les voisins venus offrir leurs condoléances.

Quand, trois semaines plus tard, le corps du caporal chef Freynial fut rapatrié, la tante Marceline et Jérôme arrivèrent à Saint-Benoît pour les obsèques. Devant le cercueil recouvert d'un drapeau tricolore, Julia n'éprouvait qu'une sorte d'étonnement hébété. Elle était comme morte, elle aussi. Elle refusait de croire que son père fût couché là, froid et absent pour toujours. Il tenait sa main, lui parlait comme dans son enfance, avec une douceur constante et irréelle. Les gens endeuillés qui s'affairaient autour d'elle, elle les percevait seulement comme les fantômes flous d'un rêve imprécis.

Lorsque, enfin, elle émergea de cette torpeur douloureuse, septembre s'achevait. Sa nomination arriva de l'inspection académique. Contre toute attente, sans qu'elle l'ait demandé, on l'envoyait à Issoire. Elle aurait en charge une classe de petits dans une école de la ville. Elle prépara ses bagages avec soulagement.

Mais, quand elle embrassa Gaby et Germain, effondrés, quelque chose en elle craqua soudain. Longuement, elle pleura auprès d'eux. La tante exceptée, ils étaient à présent la seule famille qu'elle voulait avoir.

V

Première nomination

À SON ARRIVÉE À ISSOIRE, Julia déposa ses bagages chez la tante Marceline. La vieille demoiselle remerciait le hasard qui lui envoyait à nouveau sa petite-nièce. Puis la jeune institutrice partit sans tarder se présenter à sa directrice.

Elle s'arrêta un instant devant le grand bâtiment gris et morne où elle allait débuter. Un mur d'environ trois mètres de haut séparait les cours de récréation, plantées chacune de deux gros tilleuls. La partie droite de l'école était réservée aux garçons. Avec un peu d'appréhension, Julia leva les yeux vers les fenêtres de l'étage.

Malgré ses résolutions, la jeune fille avait les mains moites. Elle se demandait quelle sorte d'accueil on lui réservait. Beaucoup de ses compagnes devaient lui envier cette nomination en ville ; pour sa part, elle aurait préféré un poste de village où, lui semblait-il, elle se serait intégrée plus rapidement.

L'usage voulait que les élèves débutants, de cinq à sept ans en général, soient regroupés dans une seule classe mixte. On confiait ce petit monde à une normalienne sortante. Les maîtres chevronnés, eux, se voyaient attribuer les autres classes. Celle du certificat d'études restait toujours l'apanage du directeur.

Mme Boissière, qui accueillit Julia, semblait une personne affable. Sa voix très douce cachait en réalité un caractère énergique. Mais celui-ci ne se manifestait jamais en présence de son mari qu'elle redoutait presque autant que ses élèves.

Directeur des garçons, M. Boissière impressionna fortement la jeune débutante. Elle avait beau se morigéner, s'exhorter intérieurement à montrer davantage d'assurance, l'homme en complet-veston qui lui faisait face l'intimidait.

Presque chauve, d'une taille bien en dessous de la moyenne qui l'avait toujours complexé, le directeur était craint. Ses collègues pensaient, à juste titre, que son comportement agressif lui venait d'une infériorité supposée. Il manquait de prestance et en souffrait. Sa place dans la hiérarchie lui permettait de s'en affranchir en faisant pâtir ses subordonnés.

Dans sa classe, il terrorisait ses élèves. Nul besoin de châtiments corporels : baguette en main, il régnait en despote sur sa classe où l'on entendait voler les mouches. Mais les gaillards de quatorze ans qu'il menait au certificat d'études devaient justement leur succès à sa perpétuelle exigence. Impitoyable, M. Boissière était un excellent maître d'école.

Après de multiples questions sur ses condisciples, ses professeurs, sa famille, son deuil visiblement récent, le directeur lança d'un ton abrupt :

« Et, à propos de religion, quelles sont vos idées ? Vous êtes pratiquante ?

– Voyons, mon ami ! », fit Mme Boissière, très gênée de l'indiscrétion de son époux.

Sur le moment, Julia fut décontenancée. Mais, très vite, elle se reprit et répliqua, indignée :

« Il me semble, monsieur, que vous outrepassez vos droits, je n'ai aucun compte à vous rendre de mes idées, comme vous dites ! On m'a toujours affirmé que l'école de la République était tolérante. Laïcité et anticléricalisme sont deux choses différentes, si je ne m'abuse ?

– Sans doute, jeta M. Boissière, furieux de voir que cette jeune fille insignifiante, presque une gamine, osait lui tenir tête. Peut-être, dans votre village, est-ce sans importance. Ici, nous sommes en ville, des écoles confessionnelles nous font une concurrence acharnée. Aussi est-il indispensable que les maîtres des écoles publiques demeurent à leur place. Je pense que je me suis bien fait comprendre. »

Depuis plusieurs années, déjà, Julia ne pratiquait plus. Ses parents n'étaient pas de fervents catholiques. Si Henriette assistait à la grand'messe du dimanche, c'était davantage par routine que par conviction. Et elle n'avait endoctriné sa fille ni par l'exemple ni par la persuasion. Julia avait fait sa première communion, comme tous les enfants de Saint-Benoît. Puis, peu à peu, sans raison précise, elle avait abandonné toute pratique religieuse.

Mais l'insistance inadmissible de M. Boissière la révoltait tellement qu'elle lança, d'un ton frisant l'effronterie :

« Sachez bien, monsieur, que si je veux me rendre à la messe, je ne vous demanderai pas la permission ! Je suis libre ! Mais peut-être n'avez-vous jamais entendu parler de la liberté de conscience ? »

Et, se tournant vers Mme Boissière qui, les yeux baissés, ne soufflait mot, elle ajouta :

« Pourrais-je voir ma classe, s'il vous plaît, madame, j'aimerais y travailler demain, avant la rentrée. »

Elle salua sèchement le directeur. À présent, il ne l'intimidait plus du tout. Ensuite, elle refusa le logement de deux pièces qu'on lui offrait dans l'école. Elle préférait mille fois habiter chez sa tante. L'idée de vivre sous le même toit que le directeur la rebutait trop. Elle viendrait travailler à l'école, un point c'est tout. Ainsi, les jours de congé, elle ne risquerait pas de le rencontrer. Et puis la compagnie de Marceline effacerait un peu sa solitude, si redoutable depuis le décès de son père, loin de sa chère amie Pauline.

Lorsqu'elle se coucha, ce premier soir, l'assurance de Julia fondit brusquement. Elle céda à une crise de larmes, en s'adressant d'amers reproches. Ainsi, dès le premier jour, elle s'était fait un ennemi. Et sa directrice, solidaire de son mari sans nul doute, lui en tiendrait certainement rigueur.

Pourtant, elle ne parvenait pas à regretter ses paroles. M. Boissière avait attaqué traîtreusement, il avait eu la riposte méritée. Tant pis. Julia était bien décidée, si besoin, à se tenir le plus possible à l'écart de ses collègues. Comme Pauline lui manquait !

Elle se calma peu à peu, pour retrouver, déchirant et apaisant à la fois, le souvenir de son père. Dans ses songes éveillés, aux portes du sommeil, elle revivait les instants où, complices, ils étaient si heureux, si proches.

Julia entendait la voix de Guillaume quand, le dimanche matin, elle assistait, un peu inquiète, à la séance de rasage hebdomadaire. Saisissant le blaireau, Guillaume se barbouillait la figure de mousse neigeuse. Puis, longuement, il aiguisait la lame. Son pouce éprouvait le fil du rasoir. Enfin, il commençait précautionneusement à racler les poils de barbe. D'un doigt de la main gauche, il tendait légèrement la peau, repoussait à petits coups l'épais nuage blanc, laissant le visage net et lisse.

Julia retenait son souffle, tremblait parfois de voir une goutte rouge perler sur une infime coupure. Enfin, son père tapotait légèrement ses joues avec une serviette, avant de demander, rieur :

« Qui va étrenner ma barbe, aujourd'hui ?

– Moi, moi ! », criait la petite en se suspendant à son cou.

Maintenant encore, elle sentait sous ses lèvres le contact de la joue fraîche, elle retrouvait l'odeur discrètement parfumée du savon. Soulevée dans les bras robustes, rassurants, elle tournoyait soudain dans un léger vertige. Et, lorsque son père la remettait sur ses pieds, une ivresse exquise persistait un moment encore, pour son plus grand bonheur.

Puis s'imposa la pensée de Pauline ; son image désolée vint se superposer à l'image du père à jamais absent. Julia attendait avec impatience de savoir où l'on avait exilé son amie.

Comme elle l'avait promis, la marraine de Damien avait plaidé en faveur de la jeune institutrice. Sur les conseils de son inspecteur primaire qui l'accompagnait, Mme Robin avait obtenu une audience auprès de l'inspecteur d'académie. Celui-ci avait été formel : vu les circonstances, il voulait bien faire preuve de mansuétude, mais

Pauline aurait un poste éloigné le plus possible de son village.

Là, elle deviendrait simplement une veuve de guerre. Ainsi, la naissance de son enfant ne serait pas l'objet d'un scandale, susceptible de ternir l'honorabilité de l'École tout entière. Au contraire, orphelin d'un père mort au front en héros, il ne pourrait jouir, avec sa mère, que de l'estime de tous.

« A-t-elle donc commis un crime ? », se disait Julia, révoltée.

Le bébé devait naître à la mi-décembre, à la ferme de ses grands-parents. Il fallait espérer qu'aux vacances de fin d'année les routes seraient praticables, permettant ainsi à Julia de visiter Pauline. Elle avait accepté d'être la marraine de l'enfant. Et, elle le savait, son amie aurait tellement besoin de son affectueuse présence…

Au soir de la rentrée des classes, Julia poussa un soupir de soulagement. La directrice et son adjointe, une mère de famille dont le mari avait été démobilisé après une grave blessure, s'étaient montrées bienveillantes. M. Boissière et un jeune remplaçant se partageaient les garçons, sauf les petits, réunis dans la classe de Julia. Si elle avait, aux récréations, entendu les cris dans l'autre cour, la jeune fille n'avait pas aperçu ses collègues masculins.

Quand elle avait refermé la porte de sa classe sur ses trente-neuf élèves, subitement elle s'était sentie détendue et heureuse. Il lui fallut essuyer quelques larmes chez les petits nouveaux. À cinq ans, ils découvraient l'ambiance de l'école ; les maîtresses, l'environnement les intimidaient. La plupart quittaient leur mère pour la première fois.

Alors, Julia commença la journée par l'étude d'une courte poésie. Seuls les grands de six ans répétaient ses paroles mais, peu à peu, les petits se calmaient, d'abord curieux, puis subjugués par la musique des mots :

« La nuit est bleue comme une prune,
Sur un nuage danse la lune.
Dans leurs pétales repliés,
Les fleurs commencent à rêver… »

Ensuite, seulement, Julia entreprit une leçon d'écriture. Elle se penchait tour à tour sur chacun des petits. Prenant leurs mains maladroites, elle les guidait pour tracer sur l'ardoise des bâtons un peu tremblés. Pendant ce temps, leurs aînés recopiaient, en tirant parfois un petit bout de langue, signe d'intense application, les voyelles calligraphiées au tableau.

Derrière les vitres, le soleil jouait dans la chevelure dorée des tilleuls. Les craies grinçaient un peu sur les ardoises, un petit reniflait en s'essuyant le nez d'un revers de manche. Julia en profita pour placer la première leçon de morale : propreté corporelle, toilette quotidienne.

Elle inspecta les mains, certaines plus que douteuses, fit le compte des mouchoirs blottis au fond de la poche d'une blouse souvent rapiécée aux coudes, luisante d'usure. Sur trente-neuf écoliers, douze seulement en brandirent fièrement un.

Les élèves libérés par la cloche de seize heures trente, énergiquement agitée par un grand dans la cour mitoyenne, Julia travailla dans sa classe jusqu'à la nuit tombée. Quand le soir, d'un violet d'encre, obstrua les fenêtres sans rideau, elle réunit quelques livres dans son sac et gagna la place de l'Église, où habitait sa tante.

De ce jour, plus rien ne compta que ses petits élèves. Certains, elle s'en doutait, ne mangeaient pas toujours à leur faim. En ville, on souffrait davantage des restrictions. Il était difficile aux citadins de se procurer des laitages. Mais, à la périphérie de la ville, les femmes cultivaient de minuscules potagers. Et, dans les courettes, derrière les maisons, une cabane en planches abritait poules et lapins.

Le premier dimanche, par défi, Julia avait accompagné Marceline à la messe. Dans l'austère et splendide église Saint-Austremoine, une foule endeuillée, femmes, vieillards, enfants, suivait l'office. Après quatre années de guerre, chaque famille ou presque avait perdu au front l'un des siens, au moins.

« Les études t'ont donc donné de la piété ? », demanda la tante.

Julia préféra ne pas répondre. Aussitôt, la vieille femme se fit des reproches ; sa petite-nièce reprenait certainement la pratique religieuse pour y trouver quelque réconfort. Son père lui manquait tellement…

« Pauvre petite ! », s'apitoya intérieurement Marceline. Elle ignorait l'importance du dissentiment qui opposait Julia et Henriette. Pourtant, sans deviner jusqu'où elle pouvait atteindre, elle ne doutait pas de la mésentente de la mère et de la fille.

Lorsque, le 11 novembre à midi, les cloches des églises d'Issoire annoncèrent joyeusement l'armistice, que la foule envahit les rues en chantant *La Marseillaise*, Julia ne put retenir ses larmes. Elle se reprocha pourtant son égoïsme. Les survivants allaient rentrer chez eux, des femmes au comble du bonheur retrouveraient un fils, un mari, un père, un fiancé. Guillaume Freynial, lui aussi, aurait dû rentrer bientôt…

Puis la jeune fille songea à Pauline. Son père allait regagner sa ferme. Le bébé de son amie naîtrait près de grands-parents affectueux. Un enfant à aimer, des parents unis, attentifs, adouciraient un peu le sort de Pauline, inconsolable de la mort de Damien.

Bien rodée à présent, la classe de Julia était son refuge. La plupart de ses petits élèves progressaient régulièrement. Cinq ou six, pourtant, malgré les efforts de leur jeune institutrice, n'assimilaient pas les rudiments de la lecture et du calcul.

« Ne vous inquiétez pas trop. Sur le nombre, hélas, il y a toujours quelques enfants à la traîne. Sans doute leur faut-il davantage de temps qu'à leurs camarades pour apprendre. Ils redoubleront, et, l'année prochaine, il n'y paraîtra plus. »

C'est ainsi que Mme Boissière et son autre collègue tentaient de consoler Julia. Un jour où celle-ci se montrait particulièrement découragée, la directrice, qui semblait apprécier le sérieux de sa jeune adjointe, dit en plaisantant :

« Vous savez, dans ma classe aussi il y a des retardataires. Nous ne faisons pas de miracles ! »

Julia lui lança un coup d'œil perplexe.

« Nous y voilà, se dit-elle, aussitôt sur ses gardes. La messe va revenir sur le tapis… »

Mais non. Les semaines passaient, et Julia se demandait si quelqu'un, un jour, lui reprocherait sa présence à l'église, le dimanche matin.

M. Boissière, qu'elle rencontrait très rarement, se contentait de la saluer avec froideur. À la sortie de la messe, Julia reconnaissait souvent certains de ses petits élèves, et leurs mères lui souriaient.

Il fallait croire qu'aucune n'avait jugé bon d'émettre une critique. Les gens, se disait-elle, ne sont pas forcément malveillants...

Les derniers jours de novembre, une lettre de Pauline laissa Julia atterrée. Le père de son amie, rentré depuis peu de la guerre, aigri, plein de rancœur envers le monde entier, refusait de recevoir sa fille. Il lui avait formellement interdit d'oser à nouveau se montrer devant lui. Et, qui plus est, sa femme s'était ralliée à ses raisons : Pauline était la honte de la famille. Après avoir réconforté sa fille, voilà qu'elle aussi la rejetait.

Mme Robin, mise au courant par la malheureuse jeune femme, se heurta à l'incompréhension de son mari.

« Moi, je suis d'accord avec les parents de cette gourgandine ! Si elle était ma fille, j'agirais comme eux ! avait-il affirmé.

– Mais, plaidait sa femme, tu sais bien que, sans la guerre, elle et Damien se seraient mariés, et leur enfant...

– Leur enfant ? coupa M. Robin, ironique. Ma pauvre, ton affection t'égare ! Qui nous prouvera que le petit de Pauline est bien celui de ton filleul ? Naturellement, elle préfère affirmer cette paternité plutôt que celle d'un quelconque valet de ferme ! Et comme personne ne peut donner le démenti... Il faut que tu sois bien naïve pour croire que ton ancienne élève était fidèle à Damien. Ils se sont si peu connus ! Jolie comme elle est, les soupirants ne devaient pas lui manquer !

– Tu es odieux, s'exclama sa femme, outrée… odieux et inutilement méchant ! »

Ainsi, malgré son bon vouloir, son ancienne institutrice ne put, comme elle se le proposait, accueillir Pauline sous son toit. Elle lui écrivit pour lui dire combien elle en était désolée. En cachette de son mari, après la naissance, elle envoya un mandat. Ses ressources étaient modestes mais, par la suite, elle continua ses envois, de temps à autre, en souvenir de Damien.

Le bébé de Pauline, qui accoucha dans son petit logement de fonction, assistée de deux voisines compatissantes, vit le jour le 6 décembre, avec deux semaines d'avance. Lorsque Julia ouvrit le télégramme lui annonçant l'arrivée du petit Pierre-Damien, elle se réjouit et, en même temps, pleura. Dieu, que de malheurs avait engendré cette guerre ! Le courage de Pauline et tout l'amour qu'elle donnerait à son petit ne remplaceraient pas le père que la folie des hommes lui avait arraché. Le télégramme se terminait par ces mots :

« Nous t'attendons. »

Le soir même, Julia rédigea une longue lettre pleine d'affection. Et, l'avant-veille de Noël, les vacances données, elle partit pour Saint-Clément-de-Valorgue. Pas très loin du village, en bordure de forêt, Pauline l'attendait, fébrile, au hameau de Chavassol, où l'avait reléguée l'Administration.

Soir après soir, Julia avait cousu des chemises, des brassières, un bonnet de piqué, un petit manteau de drap de laine. En songeant que ce serait là les seuls cadeaux que recevrait le bébé de Pauline, elle éprouva à nouveau un sentiment de révolte impuissante.

Elle avait acheté deux peignes d'écaille, une petite broche et un flacon d'eau de violette. Pauline, sa Pauline, méritait bien quelques privations. Julia vivait chichement. Ses bottines commençaient à être bien fatiguées, mais qu'importe ? Beaucoup, même en ville, étaient encore plus mal loties. Si besoin, elle aussi porterait des galoches pour finir l'hiver.

VI

Maurice

À LA RENTRÉE DE JANVIER 1919, le jeune remplaçant, adjoint de M. Boissière, ne reprit pas son poste : il venait d'être appelé au service militaire.

L'académie avait nommé à sa place un instituteur envoyé au front dès l'automne 1914. Après quatre ans dans les tranchées, il réintégrait enfin l'enseignement.

Grand et brun, mûri par les terribles épreuves vécues dernièrement, Maurice Grégoire avait vingt-sept ans. C'était un fils de petits-bourgeois dont les parents possédaient, à Clermont, une fabrique de vêtements masculins. Les affaires ne reprenaient pas aussi vite qu'ils l'auraient souhaité, mais, comme tous les commerçants, ils espéraient voir revenir bientôt une époque plus florissante.

Leur fils, lui, comptait bien rattraper le temps perdu, et profiter d'une jeunesse dont on lui avait volé quelques belles années. Lorsque Mme Boissière le présenta à ses deux adjointes, il sut aussitôt que Julia ne serait pas insensible à son charme.

Quelques jours seulement après sa nomination, Maurice s'offrit, un soir, à aider sa jeune collègue. Par souci d'économie, dès la sortie, on éteignait les lampes des classes. Julia emportait alors chez sa tante un sac volumineux, rempli de livres et des cahiers de ses élèves.

Outre les corrections du travail de la journée, il lui fallait, chaque soir, tracer les modèles d'écriture. De plus, elle devait prévoir les exercices de calcul des débutants ; trop malhabiles encore, ses élèves de petite section ne copiaient pas sur le grand tableau noir.

« Vous permettez ? » demanda Maurice. Déjà, il lui prenait le sac des mains.

« Eh bien, dites-moi, c'est du plomb que vous transportez ! »

Rieur, il la dévisageait hardiment, et elle ne put faire à moins que rire aussi. Pourtant, cette façon assez cavalière de l'aborder la gênait un peu. Ils n'étaient qu'à quelques mètres du portail. Qu'allaient penser ses collègues, le directeur surtout, s'ils les voyaient partir ensemble ?

Sans paraître remarquer l'embarras de la jeune fille, Maurice commença à bavarder :

« Vous n'avez donc pas eu droit à un logement de fonction ?

– Si, mais j'ai décliné l'offre.

– Il était donc si délabré ? Le mien est petit, mais convenable.

– Je ne l'ai même pas visité. Je loge chez la tante de ma mère, nous nous tenons mutuellement compagnie.

– Ah ! je vois… »

Ils marchèrent un moment en silence. Julia s'irritait de se sentir troublée par cette présence si proche. Le jeune homme leva sur elle un regard bleu inquisiteur :

« Comme vous semblez jeune, malgré votre air sérieux !

– J'ai vingt ans, répondit Julia, vaguement irritée, et je ne me sens pas tellement jeune. »

Il se reprocha sa maladresse. Un voile noir cousu au chapeau s'enroulait autour du cou de sa jeune collègue. Son deuil était récent : un père ? un frère ? Visiblement, il laissait une blessure encore douloureuse.

« Suis-je indiscret ? demanda-t-il.

– Indiscret ? Non, je n'ai rien à cacher. Mon père est resté dans une offensive, les derniers jours d'août, je ne m'entends pas du tout avec ma mère, ma meilleure amie a été nommée au-delà d'Ambert, au bout du monde. Voilà, vous savez tout. »

Maurice se taisait. Julia, elle, se demandait pourquoi elle s'était aussi facilement confiée à lui. Il la quitta sur une poignée de main, devant la maison de la tante. Elle reprit son sac, remercia. Sûr de la séduction de son sourire, il eut un regard appuyé.

« Bonne soirée, à demain. »

Sa main, douce et chaude, avait retenu celle de sa collègue un peu trop longtemps peut-être. En se détournant pour pousser la porte, Julia s'irrita de sentir le rouge lui monter aux joues.

De ce jour, la jeune fille dut bien s'avouer qu'à l'approche de Maurice, son cœur se mettait à battre inconsidérément. Peu à peu, sa compagnie lui devint non seulement agréable, mais également nécessaire. Durant la journée, ils se rencontraient rarement. Mais, les élèves partis, il l'attendait toujours pour porter son sac.

Très vite, le trajet de l'école à la maison de Marceline leur parut de plus en plus court. Parfois, pourtant, ils parlaient peu. Mais, pour Julia, marcher côte à côte était devenu un réel bonheur. Maurice s'étonnait :

« Voilà que j'en pince pour cette petite ! Faut-il être niais… Mais elle a tant de charme ! »

Julia, elle, ne s'étonnait nullement. Le jeune homme peuplait ses rêveries. À sa vue, une onde chaude, délicieuse, l'envahissait tout entière. Un soir, dès qu'il l'eut quittée, elle pensa, éblouie :

« Je l'aime ! J'en suis sûre ! »

Subitement, elle eut envie de chanter. Le bonheur lui allait bien. Un rose léger rehaussa son teint trop pâle, l'éclat de ses yeux noirs en fut ravivé. Et, de ses cheveux sagement noués sur la nuque s'échappaient des bouclettes folles, vivantes, légères. Son visage, radieux, en devenait aérien, presque sublime.

Un soir, Maurice proposa une promenade pour le lendemain, un jeudi. Julia s'empressa d'accepter. Malgré le froid, ils firent une longue marche dans la campagne déserte.

Leurs pas sonnaient sur la terre encore durcie par le gel. Un pâle soleil allumait les minuscules breloques de givre qui ourlaient les branches nues. Quand ils parlaient, un fin nuage sorti de leur bouche stagnait un instant, avant de se diluer dans l'air glacé, limpide comme un cristal.

Quittant soudain la route, Maurice s'engagea dans un petit chemin de terre, le long d'une haie noirâtre où s'accrochaient encore des feuilles brunes, parcheminées. Julia le suivit.

Bientôt, il se retourna, l'étreignit, chercha sa bouche, fruit rouge glacé. Elle ne le repoussa pas, au contraire. Sous les baisers tièdes, les lèvres de la jeune fille s'animèrent. Elle ferma les yeux. Quand elle les rouvrit, le soleil, d'un blanc métallique, tournait à folle allure dans un ciel laiteux, complice. Les arbres de dentelle noire basculaient contre l'horizon. En elle chantait un hymne de joie, suave, illimité.

Comme Julia s'y attendait, sa tante s'étonna bien vite de ces promenades rituelles du jeudi avec un soi-disant collègue. Sa petite-nièce ne savait pas dissimuler ; elle avoua que ce collègue était devenu un bon, un très bon ami.

« Tu vas faire jaser, reprocha Marceline. Issoire est une très petite ville, et vous croisez forcément des connaissances. D'ici à ce qu'un parent d'élève bien intentionné en touche un mot à ta directrice…

– Mais nous ne faisons rien de mal !

– Je l'espère bien ! N'empêche que tu devrais me présenter ce jeune homme, ce serait plus convenable ! »

Présenter Maurice à la tante ? Alors, seulement, Julia prit conscience du caractère de leurs relations : malgré ses baisers passionnés, le jeune homme n'avait jamais dit « Je vous aime ».

Transportée par un premier amour ébloui, elle ne s'était jamais interrogée. Ce jour-là, dès qu'elle fut seule dans sa chambre, les questions se bousculèrent. Insidieux, le doute commençait à ébranler sa confiance puérile. Comme une gamine de quinze ans, elle avait entrevu un avenir merveilleux auprès de celui qu'elle avait choisi. Mais lui, que pensait-il au juste ?

Il n'avait fallu à Damien que deux ou trois rencontres pour parler mariage à Pauline. Maurice et elle se connaissaient depuis près de trois mois.

Jamais il n'avait fait allusion à une future vie commune.

« Damien et Pauline étaient dans l'urgence de la guerre, se consola-t-elle. Maurice ne risque plus rien, il se donne le temps, il a raison… »

Mais, tout au fond d'elle-même, une petite voix ironique murmurait :

« Tu te fais des fables, ma fille ! Réagis, fais taire ton imagination. Quelques baisers, pour un homme, voilà sans doute qui ne tire pas à conséquence… »

Mais il ne s'agissait pas de manifestations imaginaires. Elle aimait bel et bien Maurice, elle en était certaine, elle n'aimerait jamais que lui.

Peu après arriva une lettre d'Henriette. Julia avait passé les fêtes de fin d'année près de Pauline et de son fils. Elle s'était fait violence pour écrire à sa mère et lui offrir des vœux bien conventionnels. Le contenu de la courte missive ne la surprit pas vraiment :

« Je viens t'informer que j'ai enfin un acquéreur pour la mercerie et la maison. J'ai trouvé une place de vendeuse à Clermont, dans un magasin de lingerie. J'y ai également pris un logement en location. À présent que ton père n'est plus là pour m'en faire reproche, je quitterai sans regret ce village attardé qui sue l'ennui. Vivre en ville a toujours été mon rêve, à quarante-six ans, il est grand temps que je le réalise. Voici mon adresse, à partir du 15 avril : 53, rue Fontgiève. Je t'embrasse.

Henriette Freynial-Bourdier »

Julia se demanda ce qu'elle éprouvait à cette lecture : rien, seulement de l'indifférence. La signature, cependant, lui fit un peu mal. Sa mère s'affirmait en étrangère ; elle l'était, en effet.

La jeune fille tendit la lettre à la tante. Marceline la lui rendit avec un sourire désabusé.

« Pas un mot pour moi, naturellement ! Vois-tu, ma petite, j'ai élevé deux ingrats. »

À part elle, Julia se disait que Guillaume n'avait certainement pas reproché grand-chose à sa femme, pas assez peut-être. Mais qu'importait, à présent ?

« Ta mère, reprit la tante, ne m'a pas pardonné d'avoir déshérité son cher Jérôme à ton profit. Pourtant, après ma mort, elle sera bien contente de vendre ma maison et d'empocher les sous ! Mais il n'est pas dit que je ne changerai pas d'avis pour te donner tout mon bien. »

Malgré le refus de Julia, Marceline avait tenu à lui léguer son magasin. Le testament déposé chez son notaire, elle en avait informé Henriette, furieuse de voir son frère ainsi évincé.

À la Toussaint suivant la mort de Guillaume, Julia avait rejoint sa mère à l'office notarial de Saint-Benoît. Henriette avait alors abandonné ses droits d'usufruit sur la petite ferme qui, en fait, ne rapportait plus rien.

Les terres mises en vente, il restait seulement quelques prés, susceptibles de nourrir quatre ou cinq vaches et un bois qui, avant-guerre, était d'un bon rapport. Julia n'avait pu se résoudre à vendre la petite maison que son père aimait tellement. Et puis, elle le savait, Germain n'aurait pu vivre ailleurs. Gaby prenait toujours soin de son petit ménage. Lors de ses rares séjours dans son village natal, la ferme était le refuge de la jeune institutrice, ses habitants, sa famille.

Pâques viendrait tard, cette année-là, et les vacances seraient données dans la seconde quinzaine d'avril. Sur la proposition de Julia, Pauline avait accepté de venir les passer auprès de son amie avec le bébé.

« Le logement est petit, avait écrit Julia, mais nous nous serrerons, n'est-ce pas ? Pierre-Damien pourra alors faire le voyage : à quatre mois et demi, ce sera presque un jeune homme ! La belle saison sera là. À Saint-Benoît, le printemps est généralement doux. Tu verras comme nous serons bien, tous les trois… »

En attendant cette joie, il restait trois semaines de classe. Malgré l'insistance de Maurice, Julia avait un peu espacé leurs rencontres.

« Aurait-elle eu vent de quelque chose ? se demandait le jeune instituteur. Non, c'est impossible, elle ne sort jamais : ses élèves, sa tante, voilà tout son univers ! »

Si Julia avait appris que Maurice donnait en ville des rendez-vous galants – les jeunes veuves, ici comme ailleurs, n'étaient pas éternellement fidèles au souvenir de leur époux disparu dans la tourmente de 14-18, certaines du moins – elle aurait rompu définitivement.

Un jeudi de printemps, ils marchaient l'un près de l'autre dans la campagne. Une mousse d'un vert rougeâtre couronnait les arbres, signe de la récente apparition des bourgeons. Encore un peu acide, le vent effleurait l'herbe neuve, et les oiseaux menaient grand tapage, d'une branche à l'autre, de la haie au buisson.

Ce jour-là, Maurice se fit plus pressant. Il sentait, dans les baisers de Julia, une réticence qu'il ne s'expliquait pas. Alors, pour la première fois, les doigts du jeune homme glissèrent fermement sur la poitrine, puis sur les hanches de sa compagne qui se raidissait. Quand la caresse des mains impatientes se précisa sur son ventre, Julia se débattit, soudain terrorisée. La bouche de Maurice écrasait la sienne, l'empêchait de crier, son bras l'enlaçait si fort qu'il lui faisait mal, et sa main, sa main…

Comme au temps de son enfance lointaine, elle vit le ciel noir, béant, redoutable. Prise d'un grand tremblement, chancelante au bord d'un abîme, elle perdit connaissance.

Lorsqu'elle ouvrit les yeux, elle était à demi allongée dans l'herbe rase, le dos appuyé au tronc d'un frêne. Debout à quelques pas, Maurice la dévisageait, l'œil sombre, l'air dépité, un peu inquiet aussi.

« Ça va mieux ? Qu'est-ce qui vous a pris ? »

Le ton était abrupt, contrarié. Mais, très vite, il se radoucit en lui tendant la main.

« Allons, venez ! Après ce malaise, il faut rentrer, vous allonger. Vous pouvez marcher ? »

Il lui donnait le bras, avançait lentement. Elle marchait en somnambule ; aucun mot ne pouvait franchir ses lèvres, sa tête paraissait sur le point d'éclater.

La nuit suivante, les cauchemars revinrent, pas ceux qui avaient suivi le décès de son père, ni son horrible rêve d'enfant qui l'avait obsédée jusqu'à sa douzième année. Non, c'était, sur elle, un poids oppressant dont, malgré ses efforts désespérés, elle ne parvenait pas à se défaire. La poitrine en feu, écrasée, elle cherchait son souffle. Les ténèbres épaisses, presque palpables, où elle était plongée ajoutaient encore à son épouvante.

Plusieurs fois, elle s'éveilla en nage, tenta de se rassurer, se rendormit enfin pour voir revenir sans cesse la même obsession récurrente qui l'épuisait.

Le lendemain soir, à la sortie des classes, Maurice ne se montra pas. Cela arrivait rarement. Mais, les jours suivants, il ne parut pas davantage. Inexplicablement, Julia en était à la fois soulagée et terriblement malheureuse.

Au fil des jours, elle se fit d'amers reproches. Par son comportement de petite fille effarouchée, elle avait éloigné d'elle, pour toujours sans doute, celui qu'elle persistait à aimer. Alors, pour tenter d'oublier, elle se réfugiait dans son travail, s'absorbait farouchement dans ses livres.

Puis le manque devint tel que brusquement, elle n'y tint plus. Il lui fallait au plus tôt revoir Maurice. Elle lui demanderait pardon de sa sottise, invoquerait un problème de santé passager et, au besoin, lui céderait pour le reconquérir.

« Tout, se disait-elle avec rage, tout plutôt que de le perdre ! »

Cette idée seule la jetait dans un désarroi insupportable. Le lendemain de cette décision, elle n'osa pas, à cause de M. Boissière, attendre le jeune homme au portail de la cour des garçons. Alors, elle décida de lui écrire ; ce serait difficile sans doute, mais il le fallait. Elle avait perdu appétit et sommeil et, déjà, sa tante s'alarmait.

Elle se détourna de son chemin habituel pour aller acheter quelques feuilles de papier à lettres. Au sortir de la boutique, elle arriva bientôt en vue du café de l'Univers. L'air était si doux que l'on avait disposé des tables sur le trottoir. Plusieurs consommateurs y étaient installés.

Julia s'arrêta, soudain clouée au sol. À deux mains, elle s'accrochait à son sac dont elle ne sentait plus le poids. Là, à trois mètres d'elle, c'était Maurice. Il lui tournait le dos ; près de lui, un homme vêtu avec recherche s'exclama bruyamment :

« Quel heureux hasard, mon vieux Maurice ! Je suis en ville pour mes affaires depuis ce midi seulement, et là, je tombe sur toi, un copain des tranchées ! C'est à peine croyable ! Dis-moi, y a-t-il à Issoire autant de belles filles que l'affirme le dicton ?

– Ma foi, j'en ai rencontré plusieurs déjà, certaines d'assez près, si tu vois ce que je veux dire… J'ai même failli me fiancer, figure-toi ! Une collègue, une petite gourde. Mais tout bien réfléchi… Tu sais, moi, les oies blanches !… Bref, je garde ma liberté, j'y tiens plus qu'à tout, n'ai-je pas raison ? »

Tandis que les deux hommes s'esclaffaient, Julia fit précipitamment demi-tour ; le sang battait à ses tempes, un léger vertige lui brouillait la vue. Elle aurait voulu fuir au bout du monde.

Le lendemain, elle adressa une demande de mutation à l'inspection académique. Elle sollicitait, pour la rentrée d'octobre, un poste en classe unique, peu lui importait où.

Seule la pensée de revoir Pauline et son fils l'aidèrent à terminer cette année scolaire, si près de celui que, maintenant, elle haïssait. Quand par hasard elle le croisait, elle se détournait sans paraître le voir. Maurice ne fit jamais aucune tentative de rapprochement.

Julia espérait que l'affection de Pauline et le regard innocent du petit Pierre-Damien l'aideraient peu à peu à guérir. Car, malgré ses efforts, la blessure avait bien du mal à se refermer.

VII

Le hameau sous les montagnes

LA PLUIE AVAIT CESSÉ un peu avant midi, mais un petit vent aigre jetait méchamment au visage des gifles humides et déplaisantes.

Le chapeau enfoncé jusqu'au col relevé de sa veste de velours, l'homme avançait dans la boue du chemin abrupt, aux côtés de son cheval que, de temps à autre, il encourageait de la voix :

« Hue, Bayard ! Hue, mon gars, hardi, avance ! »

Chargé de deux sacs de voyage fixés de part et d'autre de la selle, Bayard faisait de son mieux. Des pierres roulaient parfois sous ses larges pattes, ses fers cognaient quelque caillou et, seul, ce cliquetis répondait aux croassements d'une bande de corbeaux tournoyante et lugubre.

Derrière l'homme et la bête, Julia évitait soigneusement les flaques noirâtres, s'efforçait de ne pas glisser dans la boue où s'enfonçaient ses bottines neuves, de ne pas éclabousser son manteau de drap noir. À son bras, son petit sac de cuir se balançait au gré de sa marche.

La jeune fille leva les yeux vers les montagnes dressées sur un ciel chaotique, où d'épais nuages d'un gris-violet sinistre couraient éperdument. L'un d'eux, énorme, boursouflé, accrochait son ventre rebondi à un pic rocheux, s'effilochait, impitoyablement pourchassé par le vent d'en haut. À mesure que les voyageurs montaient vers le hameau caché dans le repli d'un haut talus, l'air fraîchissait, et, malgré ses gants, Julia sentait ses doigts gourds.

Sa nomination pour l'école de Granges-Vieilles était arrivée deux jours auparavant. Depuis longtemps, sa malle était prête. Elle était partie aussitôt, sans avoir revu sa mère installée à Clermont. Elle lui avait adressé une simple carte, lui annonçant son départ pour la commune de Rochessagne, au pied des monts Dore. Puis elle avait quitté la petite ferme de Saint-Benoît pour prendre la diligence matinale.

Elle en était descendue un peu avant onze heures, sous une pluie battante. Tandis que la patache s'éloignait dans une gerbe d'eau sale, son parapluie déjà dégoulinant, Julia s'était réfugiée à l'hôtel de la Poste. Du seuil, elle se retourna pour jeter un regard désappointé à la grosse bourgade grise ; les toits ruisselants se tassaient autour d'une très ancienne église, et la petite place était déserte sous le déluge ininterrompu. Rochessagne parut peu engageant à la voyageuse, mais elle n'avait pas le choix et, de plus, son hameau lui réservait certainement pire encore.

L'aubergiste, un gros homme ventru, jovial, aux longues moustaches noires, la renseigna avec empressement : non, il n'y avait rien pour se rendre à Granges-Vieilles, distant de près de quatre kilomètres. Mais elle pouvait toujours demander à Martial Brugière, le roulier, de la mener là-haut avec sa carriole. De son bras tendu, il indiqua une ruelle, au fond de la place.

Julia remercia, repartit sous la pluie. Une vaste écurie, sur sa gauche, ne pouvait qu'être celle du transporteur. Dans la petite maison attenante, enfumée et sombre, une femme entre deux âges l'accueillit ; elle s'essuyait vigoureusement les mains à un torchon de vaisselle.

« Oui ? C'est pourquoi ? »

Julia expliqua que, renseignements pris, le roulier pourrait sans doute la mener à Granges-Vieilles. Elle était la nouvelle institutrice, sa malle et son sac de voyage l'attendaient à l'auberge.

« Ah, je vois ! fit la femme, seulement mon homme est parti chercher un chargement de bois chez le scieur de Nadeil. Il sera guère là avant les une heure, après, il faudra qu'il mange, comprenez-vous ? »

Julia comprenait tout à fait. Une odeur de choux bouillis lui rappela qu'elle avait seulement bu un peu de lait, à six heures, avant son départ.

« Je vais attendre à l'hôtel de la Poste où je déjeunerai, dit-elle. Si vous voulez bien, je reviendrai voir M. Brugière en début d'après-midi.

– Ça sera bien le mieux, ma pauvre demoiselle. Je lui dirai, à mon homme, qu'il a une cliente pour Granges-Vieilles. À tout à l'heure, donc. »

Elle eut pour Julia et ses vêtements de deuil un sourire de commisération. Une jeunesse toute en noire, et jolie qui plus est, c'était attendrissant. La nouvelle institutrice n'allait pas se distraire beaucoup de son chagrin dans un hameau d'une dizaine de maisons, perché à plus de mille mètres sous les montagnes. Mais, autour, s'élevaient de nombreuses fermes éparpillées dans les pacages. Il fallait bien que les gamins, là comme ailleurs, puissent s'instruire un peu… La femme du roulier suivit un moment du regard la jeune fille qui pataugeait dans la ruelle, puis, avec un soupir, elle retourna à ses marmites.

Martial Brugière refusa de sortir sa carriole. Repoussant son chapeau, il se gratta la tête, passa une main sur sa barbe grisonnante, hésita :

« On voit que vous connaissez pas le chemin de Granges-Vieilles, ma pauvre demoiselle. D'accord, la pluie s'est arrêtée, mais depuis deux semaines on a eu un vrai déluge. Je peux pas risquer de casser un essieu dans les ornières. Mais je veux bien vous rendre service. Avec le cheval, je vous emmènerai votre sac et, dans quelques jours, quand ça aura séché un peu, je prendrai la carriole pour vous monter votre malle. Voilà, je peux pas vous dire mieux. »

Julia accepta. Que faire d'autre ?

« Si je peux me permettre, intervint la femme du roulier, vous devez pas avoir prévu de provisions, n'est-ce pas ?

– Non, avoua Julia, je pensais…

– Oh ! vous verrez, là-haut, c'est rien que des fermes. Alors, moi, je vous conseille d'aller chez l'Adeline, l'épicière. Elle tient boutique juste à côté de l'auberge, vous prendrez un sac, de quoi vous dépanner. C'est pas qu'elle a bien grand-chose, surtout depuis la guerre, mais bon, c'est toujours ça, pas vrai ?

– Je vous remercie, dit Julia, j'y vais tout de suite. Mais après, l'hiver surtout, comment me ravitailler ?

– Vous en faites donc pas, les gens de là-haut sont de bon service, dans l'ensemble. L'un ou l'autre vous rapportera vos courses, ils descendent au moins une fois la semaine, le samedi en général. Les marchés ont guère repris depuis 14, enfin on trouve bien quelques bricoles à acheter. Si la neige bouche le chemin, ils sont trois à avoir un traîneau.

Vous faites pas de souci, je vous dis. Et si vous descendez, le jeudi ou le dimanche, venez me faire visite. Tenez, voilà trois œufs de mes poules, je vous les offre, ça sera toujours ça. Je m'appelle Louise. »

Julia prit les œufs, remercia encore la brave femme. Malgré le flot de paroles dont elle venait de l'inonder, Louise paraissait une bonne personne. Son discours apaisant et son cadeau réconfortaient un peu la jeune fille. Sa solitude, le temps maussade, tout concourait à la rendre triste. Heureusement, vingt-sept élèves, de six à quatorze ans, l'attendaient. Elle aurait assez de travail pour meubler ses journées et laisser de côté ses soucis.

À présent, elle suivait son guide de son mieux. Le pas lent, mais régulier, de Martial Brugière avait quelque chose de rassurant.

Bientôt, sur la droite du chemin, apparut une maison couverte en chaume d'un brun sale. Au bruit des pas du cheval, une femme et deux gamins parurent sur le seuil, le regard à la fois timide et curieux.

« C'est Combe-Noire, dit le roulier, on a fait un peu plus de la moitié du chemin. Maintenant on va prendre le raccourci, avec la carriole on n'aurait pas pu. Tâchez de vous en souvenir, vous le prendrez pour descendre à Rochessagne, ça gagne un bon bout de temps. »

Parvenu à sa hauteur, il salua la femme et Julia fit écho :

« Bonjour Ernestine, ça va ? »

Les petits se cachèrent derrière leur mère qui rendit le bonjour. Une autre chaumière, bâtie en retrait, mal entretenue, gardait sa porte close. Sur la gauche, les voyageurs prirent un étroit sentier qui sinuait dans l'herbe détrempée. La pente s'accentua. L'air sentait les feuilles moisies, la mousse pourrissante.

« Je ne pensais pas que Granges-Vieilles se trouvait aussi près des montagnes », remarqua la jeune institutrice.

Le roulier se retourna vers elle :

« Ainsi donc, vous venez d'où, exactement ?

– De Saint-Benoît.

– Saint-Benoît en allant sur Issoire ? Oh ! c'est pas le bout du monde, mais c'est vrai que ça tire sur la plaine. J'ai bien eu l'occasion d'y aller, une fois ou l'autre. »

Là-dessus, il repartit. À force de grimper, ils atteignirent enfin le hameau.

Quelques fermes se faisaient face, de chaque côté du chemin. Julia tentait de deviner où se trouvait l'école.

« Il faut monter encore un peu, dit son guide, la maison d'école est là-haut, sur votre gauche. Mais on va d'abord s'arrêter chez la Marthe Rouvel, c'est à elle que le maire confie la clé. »

Il frappa à la dernière chaumière du hameau où nul ne se montrait.

« À cette heure, ils sont sûrement à l'écurie en train de traire, et les gosses doivent garder les veaux dans les pacages », fit Martial.

Une gamine d'une dizaine d'années montra soudain son museau à la porte. Les cheveux blonds nattés, les joues rouges, elle était vêtue d'un grand tablier de cotonnade grise et chaussée de sabots. Sans timidité aucune, elle dévisagea l'étrangère.

« Bonjour, madame, bonjour, monsieur Brugière, bougez pas, j'appelle ma mère ! »

Le roulier la suivit jusqu'à l'étable. Indécise, Julia resta sur place. Le fumier liquide, partout étalé, était peu engageant. Bientôt parut une petite femme blonde, assez replète, aux cheveux ramassés en chignon. Elle essuyait ses mains au « devantier » qui protégeait sa blouse noire. Derrière elle, la gamine détaillait Julia sans vergogne.

« Faites excuse, Martial, j'étais à traire avec Simon. Mademoiselle... »

Marthe Rouvel sourit, faillit tendre la main, se ravisa. Elle avait l'air aimable. Julia se força à parler :

« Bonjour, madame, je vois que je vous dérange, excusez-moi. Je suis la nouvelle institutrice, Julia Freynial. M. Brugière a bien voulu me conduire. Si vous voulez bien me donner la clé de l'école...

– Eh ! c'est que le maire habite loin, à la ferme de Montauvert. Alors, la clé, il la laisse chez moi, c'est plus pratique. Mais attendez donc une minute, je dis à Simon de finir tout seul et je monte avec vous. »

La clé en poche, Marthe avait emboîté le pas à Julia. Bayard et son maître allaient devant. La gamine renvoya le chien qui donnait de la voix :

« Couché, Faraud ! Allons, couché ! »

Ensuite, elle se joignit au petit groupe. Julia se retourna pour l'attendre :

« Tu vas être une de mes élèves, je suppose ? »

Rosée de plaisir, la petite acquiesça :

« Oui M'zelle ! Je m'appelle Jeanne, on me dit Janoune, j'ai dix ans et demi et je rentre au cours moyen, en deuxième année.

– Eh bien, Jeanne, je suis heureuse que nous ayons fait connaissance. »

Déjà, une ferme solitaire apparaissait. Un peu à gauche de la porte de l'étable, grande ouverte, un énorme tas de fumier. Au-dessus de la maison s'élevait au loin la montagne, massive et imposante. Vers le sommet, ses pentes herbues cédaient la place à un amoncellement de rocs gris et tourmentés. Le ciel bas, encore chargé de pluie, se confondait presque avec le rocher. Marthe Rouvel avait suivi le regard de Julia.

« C'est les premiers contreforts de la chaîne du Sancy, dit-elle, là-haut, il y fait pas bon ! »

Les yeux de Julia revinrent à la ferme entrevue ; basse comme toutes celles de Granges-Vieilles, elle était d'une longueur insolite pour l'endroit. Soudain, la jeune fille s'arrêta, incrédule. Au-dessus de la porte du logis, des lettres peintes en noir sur un écriteau de bois annonçaient :

ÉCOLE ANNEXE DE LA COMMUNE
DE ROCHESSAGNE

Sans paraître remarquer son étonnement, Marthe s'approcha du bâtiment. Déjà, Martial déchargeait les sacs. La porte ouvrait directement sur la salle de classe, meublée de pupitres noirs aux bancs sans dossier. Julia suivit la fermière à l'intérieur. Elle n'osait pas demander :

« Et le logement ? »

Elle remercia le roulier qui refusa son argent :

« Vous me paierez quand je vous monterai la malle. Allez, bonne installation et à un de ces jours, promis ! »

Janoune, elle aussi, pénétra dans l'école. Elle tendit le bras pour désigner une porte rudimentaire, percée dans la cloison en planches :

« Là, derrière, c'est votre salle à vous, M'zelle ! »

Déjà, sa mère tournait la clé dans la serrure. Empoignant les sacs de Julia, elle entra, les posa sur la table. La pièce, minuscule, était sommairement meublée : armoire paysanne, trois chaises autour d'une table de bois grossier. Contre le mur du fond, la cheminée avec, sous le manteau, un petit poêle noir. À côté, l'évier de pierre. Derrière un rideau de cretonne jaune à fleurs, un peu fanée, un lit et une table de toilette. C'était tout.

Marthe avait noté l'air déçu de Julia.

« C'est propre, dit-elle, j'ai nettoyé moi-même quand M. Pacaux est parti, en juillet. Sûr, c'est pas très grand, mais pour une personne seule… »

Julia se reprit, s'efforça de montrer un air détaché :

« Pour le logement, cela n'a pas d'importance. Mais l'étable, elle est occupée ?

– Ça oui ! C'est l'Anselme, un domestique de l'Émile Blanchet, qui est chargé des bêtes. Fin mai, elles gagnent l'estive avec les autres. Là, on vient juste de les rentrer pour l'hiver. Mais faut pas vous inquiéter : l'Anselme, c'est plus une jeunesse, mais ça sera un bon voisin.

– Parce qu'il habite ici ? demanda Julia en s'efforçant de dissimuler son déplaisir.

– Non, il descend manger et dormir au hameau, chez des cousins de l'Émile.

– Et… qui est cet Émile Blanchet ?

– Le maire, pardi !

– Alors, cette étable, cette maison, l'école je veux dire, c'est à lui ?

– Bien sûr. Vous êtes sa locataire ! Mais vous en faites pas, c'est la mairie qui prend tout en charge. Venez, que je vous montre où puiser l'eau et la réserve à bois. »

En contrebas de la maison d'école, au flanc d'un pacage pentu, était installé un abreuvoir pour le bétail. C'était un énorme tronc d'arbre évidé d'où l'eau débordait de toutes parts. Un tuyau fiché profondément dans le sol captait une source pour alimenter le bac. Marthe et Julia y remplirent les deux seaux trouvés dans l'appentis où s'empilaient bûches et fagots de branchettes. Derrière la porte attendaient le billot, la hache et la scie.

« C'est que vous aurez deux poêles à allumer, le vôtre et celui de la classe, dit la fermière.

– Mais, pour couper le bois ? »

Marthe observa la silhouette de l'institutrice, hocha la tête avant de s'exclamer :

« Pardi, vous avez pas l'air bien costaude ! Sans doute que personne vous a jamais appris à fendre les bûches. Je me trompe ? »

Et, sans attendre de réponse, elle ajouta :

« Demain, je vous enverrai la Janoune avec Simon, il vous fera une petite provision. Après, vous aurez qu'à demander. Mercredi, ça sera le 1er octobre, vous commencerez l'école, il faut que tout soit prêt avant, pas vrai ? Et pour manger, vous avez ce qu'il faut ?

– J'ai acheté le principal à l'épicerie de Rochessagne.

– Bon. La petite va vous remonter du lait, tout à l'heure. Si vous voulez le prendre tous les soirs, je vous ferai un prix. Pareil pour le beurre, les œufs et des fois quelques légumes. M. Pacaux les prenait chez moi, il avait l'air de s'en trouver bien. »

Julia s'empressa de remercier. La mère et la fille parties, elle entreprit de ranger ses provisions, de vider son sac de voyage, de placer quelques vêtements dans l'armoire. Il lui tardait de récupérer sa malle, ses livres surtout.

Ensuite, elle fit le tour de la salle de classe. Serrés devant la table-bureau perchée sur une petite estrade, les pupitres offraient une trentaine de places. Un placard de bois blanc contenait quelques livres défraîchis, une boîte de craie, des poids en laiton, une dizaine d'ardoises usagées, des crayons à papier. Une misère…

Avant de s'enfermer dans son logement pour un souper frugal, Julia se promit de demander au maire, dès que possible, un complément de fournitures indispensables. Elle n'avait pas aperçu le domestique, mais la porte de l'étable était close. Un silence absolu régnait sur le hameau.

Déjà le soir tombait, insidieux et maussade. Une pluie fine commençait à emprisonner la maison d'école dans ses stries opiniâtres et luisantes. Résolue à rédiger une lettre pour son amie Pauline,

Julia alluma la petite lampe à pétrole, installa sur la table bloc et encrier.

Soudain, elle pensa à Maurice, et un aiguillon douloureux lui piqua la poitrine. Une vague d'amertume la submergea, et elle ferma un instant les yeux. Enfin, elle se ressaisit, chassa fermement les idées noires, et sa plume d'acier commença à courir sur la feuille blanche :

« *Granges-Vieilles, le 29 septembre 1919…* »

VIII

Jour de rentrée

JULIA OUVRIT LES YEUX. Une lumière jaune filtrait à travers les volets de planches mal jointes. Il était six heures et demie. Longtemps, le sommeil avait fui la jeune fille. Dans l'étable proche, les bêtes, parfois, heurtaient leur crèche du sabot. Dans le silence de la nuit, on percevait aussi un bruit de chaînes remuées. Enfin, peu à peu apaisée par ces sons familiers, Julia avait cédé à la fatigue.

Rapidement, elle s'apprêta, alluma le petit poêle, réchauffa du lait. En entendant les vaches sortir de l'étable, elle s'empressa d'aller à la rencontre du domestique d'Émile Blanchet.

Bâton en main, Anselme menait le bétail à l'abreuvoir. Munie d'un seau, Julia le suivit. Le domestique accusait une cinquantaine largement dépassée. Il boitait légèrement. Soulevant son chapeau d'un geste emprunté, il salua timidement la jeune fille.

« Bonjour, monsieur, dit-elle en tendant la main. Je vois avec plaisir que le soleil est de retour. Nous allons devenir de bons voisins, j'espère. »

Dans sa main rude, Anselme serra la main de Julia, avec une grimace qui était sa façon à lui de sourire.

« Pour sûr, oui, oui... Bien le bonjour, mademoiselle. »

Il restait sur place et, déjà, les vaches s'engageaient dans la pente, suivies d'un chien noir qui avait flairé Julia avec deux jappements sonores.

« Je vous suis, dit-elle en montrant son seau.

– La prochaine fois, vaudra mieux vous servir la première. Les bêtes en ont pour un petit moment, et elles laissent de la mousse sur l'eau, c'est pas bien propre.

– Ce n'est pas pressé, je reviendrai plus tard. Je voulais surtout que nous fassions connaissance. »

Anselme eut à nouveau le rictus qui lui servait de sourire. Il hocha la tête en guise d'approbation.

« À bientôt donc, monsieur.

– Faut m'appeler Anselme, comme tout le monde. C'est mon nom de baptême, vous savez !

– Entendu ! Eh bien, au revoir, Anselme, et bonne journée. »

Laissant la porte de son petit logement ouverte pour ne pas avoir à allumer le poêle de la classe, Julia s'installa à la table-bureau. De l'unique tiroir, elle sortit le registre matricule d'où dépassait légèrement une feuille de papier quadrillé. Elle était couverte de grands jambages violets.

« De la part de René Pacaux, instituteur à Granges-Vieilles, le 17 juillet 1919. À l'intention de mon remplaçant (ou de ma remplaçante). »

Suivait le nom des quatre nouveaux élèves qui entreraient à l'école le 1er octobre. Tous étaient nés en 1913. La scolarité devenait obligatoire au cours de l'année où les enfants atteignaient leurs six ans.

« D'ici deux à trois ans, il y aura bien peu de petits pour le cours préparatoire, songea Julia. Les années de guerre, les pères absents... »

Elle soupira à la pensée cruelle de son propre père, parcourut rapidement le registre matricule où figuraient, avec les noms et prénoms de chaque enfant, leur date de naissance, le nom et l'adresse des parents.

Elle remarqua qu'une fillette, Rose-Marie Laget, portait le nom de sa mère. La case où s'imprimait la mention » nom et prénom du père » restait vide. Julia se promit de s'en souvenir, afin de ne pas commettre d'impair lorsqu'elle questionnerait la fillette pour faire connaissance.

Venaient ensuite les autres cours de l'école, ainsi répartis : cours élémentaire première année, trois élèves, deuxième année, six ; cours moyen première année, trois, seconde année (dont Jeanne Rouvel), cinq ; classe de fin d'études, trois. Enfin, trois « grands » de quatorze ans redoubleraient cette classe ; pour eux, le certificat aurait lieu fin mars, pour les autres, la première semaine de juillet seulement.

Julia fut assez contrariée. Ces trois élèves l'obligeraient à accélérer le programme pour qu'il soit terminé à temps. Resteraient ensuite deux mois et demi de révisions pour les candidats atteignant l'âge normal en 1920.

Elle se saisit du registre d'appel et commença à recopier la liste de noms pour le mois d'octobre. On frappa soudain trois coups à la porte. Julia se leva pour ouvrir et se trouva nez à nez avec la petite Jeanne Rouvel.

« Bonjour M'zelle ! J'amène Simon pour le bois. »

Derrière la fillette se tenait un grand gaillard au crâne rasé qui lui jeta un regard en dessous. Il triturait son béret entre ses mains rougeaudes. Ses poignets dépassaient des manches trop courtes d'une veste de velours toute déformée. Il était pieds nus dans des sabots de bois remplis de paille.

« Dis bonjour ! ordonna Janoune.

– Bonjour, Mameselle ! dit Simon en rougissant.

– Bonjour, Simon, je suis heureuse de vous rencontrer. »

Julia tendait la main. Écarlate, les yeux baissés, le frère de Jeanne se balançait d'un pied sur l'autre, ignorait le geste amical de l'institutrice.

« Faites pas attention, M'zelle, il est simple. Mais il ferait pas de mal à une mouche ! Pensez, c'est ma mère qui tue les lapins et les poules. Simon, lui, le jour de la tuaille[1], il se bouche les oreilles et court se cacher dans la grange ! Ce qui fait qu'on ne peut pas du tout compter sur lui. Mais à part ça, il travaille comme deux hommes ! Vous pouvez lui dire « tu », il a que dix-huit ans. »

Amusée, Julia installa Simon devant l'appentis où s'entassaient les bûches. Aussitôt, il posa sa veste, soigneusement pliée sur un tas de fagots. Puis, crachant dans ses mains, il saisit la hache et commença à fendre le bois avec une belle énergie.

« Ah ! M'zelle, j'allais oublier ! Ma mère a dit que vous descendiez la voir avant dix heures avec votre papier pour l'académie. Gust Levadoux, le facteur, s'en chargera.

– Eh bien, allons-y tout de suite, alors ! »

Bien plus hardie que son frère, Janoune prit la main de Julia. Elles descendirent allègrement le chemin vers Granges-Vieilles. Simon n'avait pas levé les yeux de son ouvrage ; les éclats de bois volaient sous ses coups acharnés et précis.

Marthe Rouvel s'affairait à presser les fromages de Saint-Nectaire.

---

1. La tuaille est la mise à mort du cochon élevé dans chaque ferme pour la consommation familiale.

« Vous voilà devenues bonnes amies, on dirait ! Mais attention, mademoiselle Freynial, la Janoune est une petite rouée. Il faudra vous gendarmer et punir au besoin. Ma fille est une brave petite, je dis pas, franche et tout, mais bavarde comme une pie et jamais en place.

– Rassurez-vous, dit Julia avec un sourire, je saurai être sévère s'il le faut. »

Janoune baissait la tête en faisant la moue, et elle lançait des regards furibonds à sa mère.

« J'ai pensé, reprit la fermière, que vous deviez avoir un papier d'installation à faire signer par le maire. Montauvert est à deux bonnes heures d'ici. Alors, je me suis dit que le facteur pourrait le lui emporter en faisant sa tournée. Si vous lui donnez l'enveloppe, en rentrant à la poste de Rochessagne, ce soir, il vous la mettra au courrier. Ça vous évitera des aller et retour qui vous prendraient une bonne demi-journée. »

Julia remercia avec chaleur, remit sa lettre à la brave Marthe, sans se douter un instant que le maire en prendrait ombrage. Elle lui confia aussi la missive destinée à Pauline.

« Simon est à l'ouvrage ? demanda la fermière.

– Oui ! Merci de me l'avoir envoyé.

– Oh ! il n'y a pas de quoi… Il faut bien s'entraider un peu. Ainsi, moi, quand le père de Janoune et de Simon est parti, en 14, sans les voisins j'aurais eu qu'une seule chose à faire : vendre ma ferme.

Et après ? Mais les voisins, c'était que des vieux, et, chez eux, ils ne manquaient pas d'ouvrage. Il nous restait un domestique, réformé parce qu'il avait perdu un œil en ferrant un cheval. Et puis il s'est marié et il est parti gendre. Simon allait sur ses quinze ans, et il m'a secondée aussi bien qu'un homme, je vous l'assure ! Après, en juin 2017, j'ai appris la mort de mon pauvre Édouard… »

Le visage poupin de Marthe s'était brusquement assombri. Julia se rapprocha, posa sur son épaule une main compatissante. Elle sut trouver des paroles de réconfort.

« Mon père que j'adorais, dit-elle, est resté dans les tranchées deux mois et demi avant l'armistice. Je comprends tellement votre peine. »

Alors, les deux femmes s'embrassèrent avec amitié.

« Ainsi, votre deuil, c'est pour votre père. Je n'avais pas osé vous demander… Ah ! pauvre demoiselle, combien de femmes comme nous, à cette heure ? »

Julia ne répondit pas, un nœud serrait sa gorge.

« La vie est dure, reprit Marthe. Même si je montre de la bonne humeur, ça m'arrive bien souvent d'être découragée. Enfin, je tiens pour ma petite. Simon, lui, le pauvre, ne me quittera pas. Mais après moi, qu'est-ce qu'il va devenir ? J'espère que sa sœur l'abandonnera pas, mais allez donc savoir… »

Janoune, qui avait écouté en silence, prit la main de sa mère :

« Simon, je le laisserai jamais, maman, jamais ! »

Sa mère lui caressa les cheveux :

« Je sais ma Janoune, merci ! »

Julia remonta en hâte vers la maison d'école ; elle n'aurait pas trop de sa journée pour prévoir les leçons des différents cours et préparer les tableaux noirs. Elle se félicitait d'avoir déjà, dans ce hameau inconnu, une amie simple et bonne, et souhaita trouver le même accueil auprès des autres villageois.

Elle trouva Simon en train de ranger les bûches fendues dans l'appentis. Puis, soigneusement, il ramassa tous les éclats de bois éparpillés autour du billot, les entassa près des fagots de genêts.

« Pour allumer, dit-il timidement, ça sera plus pratique… »

Il ne levait pas les yeux vers Julia, restait debout, gauchement, sans se décider à partir.

« Merci, merci beaucoup Simon. Vous… tu as travaillé vite et bien. À présent, dis-moi combien je te dois. »

Le garçon la fixa, les yeux ronds.

« Je te dois ? répéta-t-il, perplexe.

– Oui, je te dois de l'argent pour ton travail, tu comprends ? Combien ?

– Non, pas de l'argent, moi, c'est pour rendre service. Quand y aura plus de bois cassé, je reviendrai, faudra seulement y demander à la Janoune. »

Il avait l'air heureux et offrait à Julia un sourire satisfait. Elle craignit de le vexer en lui donnant de l'argent.

« Bon, dit-elle en se promettant de lui offrir un jour quelque petit cadeau. Alors, merci beaucoup, Simon, et à bientôt. »

Il sourit encore, enfonça son béret jusqu'aux yeux et commença à descendre d'un pas lourd vers le hameau. Avant de rentrer s'enfermer dans sa classe, Julia regarda en direction des montagnes.

Le soleil avait transformé le paysage triste et gris de la veille. L'herbe un peu flétrie luisait sous un ciel bleu vif où couraient des petits nuages presque transparents. Au pied des amas de roches sombres, les sapinières étalaient leur pelage fourré, d'un vert profond. Au-dessous, les bois de hêtres brillaient en larges flaques brunes, tavelées de cuivre et de jaune éclatants. Enfin, les pacages, où l'on avait encore mené les troupeaux, descendaient en courbes douces jusqu'à la maison d'école, jusqu'au hameau dont les toits de chaume verdi fumaient bleu, tout droit, dans l'air immobile.

Le lendemain, jour de rentrée, Julia, qui avait très peu dormi, se leva tôt. Une flambée allumée dans la classe réchauffa vite la grande pièce un peu humide. Malgré l'ombre encore fraîche dans les creux, la jeune fille se réjouit de voir sur les montagnes briller un soleil généreux.

Tout était en place bien avant l'heure. Un peu fébrile, les mains moites, Julia jetait des coups d'œil incessants vers la fenêtre pour guetter les premiers arrivants.

En familière des lieux, Jeanne Rouvel se montra en tête d'une petite troupe de gamins plus jeunes qu'elle. Julia sortit pour les accueillir.

« Bonjour, M'zelle ! », lança la fillette en se rengorgeant. La plupart des enfants baissaient timidement la tête ; deux ou trois seulement fixaient curieusement leur nouvelle institutrice.

Les garçons avaient le crâne rasé, des blouses noires usagées, des culottes courtes, des galoches montantes sur de hautes chaussettes de laine brute. Les longs cheveux des filles étaient nattés. De grands tabliers gris ou à rayures, rarement égayés par un col de piqué blanc, les enveloppaient jusqu'à mi-jambe. Les plus grands des élèves seulement portaient en bandoulière un sac de toile ou de carton bouilli qui, visiblement, avait déjà passé dans de nombreuses mains.

Janoune tendit à Julia un petit bouquet de centaurées ; les fleurs avaient souffert de la pluie. Sous leur tête en pompon rose-mauve, les sépales rouillés, un peu racornis, se recroquevillaient en minuscules doigts de sorcière.

« C'est pour décorer votre bureau ! dit fièrement la fillette. Je vais les mettre dans l'eau, vous voulez bien, M'zelle ? »

Sans plus de façons, elle pénétra dans la classe. Julia questionnait les enfants ; en rougissant, ils se nommaient un à un. Tous habitaient Granges-Vieilles. Deux gamins surgirent tout à coup sur le chemin du haut. Le plus âgé donnait la main au petit qui traînait sans conviction ses galoches sur la pierraille.

« Moi, c'est Louis Estrade, lui, mon petit frère, rentre au CE1. Il s'appelle Henri, il voulait pas venir, je l'ai tiré tout du long ! »

Du haut de ses neuf ans, tout imbu de son importance d'aîné, Louis regardait hardiment Julia. L'institutrice prit les mains du petit pour tenter de l'amadouer.

« Tu dois savoir lire, Henri, n'est-ce pas ? demanda-t-elle en souriant. Où habitez-vous, Louis et toi ?

– On habite Les Mortes, souffla le gamin sans relever la tête, toujours cramponné à la main de son frère.

– Est-ce que c'est très loin ?

– Ça, oui ! répondit l'aîné. Faut traverser le bois de fayards, c'est juste derrière, tout là-haut. »

De son bras tendu, il montrait la forêt, rutilante sous ses dorures éphémères où jouait le soleil d'arrière-saison.

« On a porté la gamelle, dit encore Louis. Mais comme ma mère savait pas s'il y aurait de quoi réchauffer, elle a pas mis de soupe.

– Que mangerez-vous, alors ? demanda Julia.

– Du pain et du fromage, et aussi une pomme.

– Dis à ta mère que dorénavant elle peut vous donner de la soupe, je la réchaufferai.

– Merci, M'zelle ! », dit Louis, à tout hasard.

Vint ensuite une fillette d'une dizaine d'années, flanquée de deux garçons plus petits.

« Voilà l'Amélie Gaydier, ma meilleure amie, avec Jean et Marien Souchal, cria gaiement Janoune, toute réjouie. Ils arrivent de Combe-Sourde. »

Julia accueillit les trois enfants, rassura Marien qui rentrait au cours préparatoire et semblait plein d'appréhension, au bord des larmes. Les deux petits garçons étaient encore plus pauvrement vêtus que les autres élèves.

Après un timide sourire de Marien, Julia prit Janoune à part :

« Qui est donc cette petite blonde arrivée avec toi ? Je ne peux rien lui arracher, pas même son nom.

– Pas étonnant, M'zelle, Rose-Marie parle pas, pas un mot, rien… enfin, aux étrangers. À moi, elle me parle. »

Prenant la fillette par le cou, elle l'attira près de la maîtresse :

« N'aie pas peur, la demoiselle est très gentille, elle va t'apprendre des jolies choses, tu verras ! »

Julia revoyait le registre matricule : Rose-Marie Laget, la petite sans père… Elle songea à Pierre-Damien, le fils de Pauline, prit doucement dans ses mains le menton de l'enfant :

« Ne crains rien, Rose-Marie, tu vas voir comme nous serons bien en classe, Janoune, toi, moi, et tous les enfants que voici…

– Rose-Marie, c'est la fille du Boche ! », lança une voix moqueuse.

Julia leva les yeux pour croiser le regard narquois d'un nouvel arrivant planté un peu à l'écart du groupe, jambes écartées, mains dans les poches.

« L'écoutez pas, M'zelle ! cria Janoune, indignée. Il dit n'importe quoi ! Le père de Rose-Marie est mort qu'elle était même pas née, pas vrai, Amélie ? »

Amélie approuva de la tête. Visiblement, elle était à la dévotion de son amie Janoune, prête à se rallier à tous ses dires, en toutes circonstances.

« Qui es-tu ? demanda Julia au garçon qui, l'air goguenard, haussait les épaules.

– Paul Barbat, le fils du premier adjoint ! », lança-t-il en se rengorgeant. Ses yeux défiaient l'institutrice.

« Une forte tête, déjà ! », pensa Julia, en se promettant de surveiller de près le fils de l'adjoint, si fier de l'être. L'arrivée d'une jeune femme qui donnait la main à deux petits garçons fit alors diversion. La jeune fille reconnut celle que le roulier avait saluée du nom d'Ernestine en passant à Combe-Noire, le jour de son arrivée.

« Bonjour, mademoiselle, je suis Ernestine Foury, je vous amène Joseph, mon grand, M. Pacaux l'a inscrit pour le cours préparatoire. Le petit, c'est Charles, il a que quatre ans et demi, mais il a voulu suivre… À midi, Joseph mangera chez Marthe Rouvel, ça lui évitera du chemin, Jeanne s'en chargera. »

Julia souriait aux deux frimousses aux yeux vifs, presque des visages de bébé, aux bonnes joues rouges. Elle se dit soudain qu'il devait être l'heure de rentrer en classe. Frappant dans ses mains, elle fit aligner les enfants deux par deux, les plus petits devant. Puis elle compta son monde : dix-neuf élèves seulement !

« Où sont tous les autres ? demanda-t-elle.

– Ben, fit Janoune, alors que nul autre ne soufflait mot, ils rentreront pas avant la Toussaint. »

Au ton de la fillette, cette absence était naturelle, coutumière, donc admise à chaque rentrée sans doute.

« Mais, insista Julia, l'école, le certificat…

– Oh ! reprit la gamine, les grands, on a besoin d'eux. Faut ramasser les pommes de terre, faire les litières, rentrer et casser le bois, et encore plein de choses. Ils aident leurs mères et les vieux, faut bien, M'zelle ! »

Julia comprit brusquement. La guerre était finie depuis bientôt un an, mais les pères n'étaient pas tous revenus. Et ceux qui avaient échappé à l'enfer étaient parfois infirmes, gazés, inutiles bien souvent. Et le travail devait se faire.

Le cœur serré, elle fit entrer les enfants. Tandis qu'ils s'installaient, elle se demanda quelles misères elle allait découvrir peu à peu, derrière ces regards qui attendaient d'elle non seulement le savoir, mais aussi, innocemment, un monde inconnu, une échappée sur la vie, loin de leur minuscule hameau.

IX

Les confidences de Janoune

LE LENDEMAIN DE LA RENTRÉE, un jeudi, Julia décida de consacrer son après-midi à une répartition des leçons d'octobre, en fonction des élèves présents. Inutile de préparer les cours pour les fin d'études, aucun des enfants ne se présenterait avant le 3 novembre.

Les cours moyens étaient certes incomplets, mais elle devait néanmoins commencer les programmes. Après la Toussaint, elle ferait du rattrapage pour les nouveaux venus aux récréations et, en espérant l'accord des familles, le soir après la classe.

Le matin même, Martial Brugière lui avait rapporté sa malle. Quelques livres scolaires, acquis pendant ses études, seraient les bienvenus. Si les quatre petits possédaient un syllabaire, les grands ne disposaient que d'un livre de lecture. Ces manuels étaient usagés, salis, les pages cornées, maintes fois recollées ou même cousues avec du gros fil. Frères et sœurs ou voisins, d'année en année, se passaient l'un à l'autre ces livres si précieux. Durant la guerre, ils étaient devenus introuvables, mais très rares étaient les familles qui auraient pu acheter un manuel neuf.

« Pour les cahiers, avait affirmé Jeanne Rouvel, M. Pacaux s'arrangeait avec les maîtres de Rochessagne. »

Julia s'était promis de faire une visite à l'école de la commune le dimanche suivant. De toute façon, elle désirait se présenter à ses collègues, en espérant être bien accueillie. Sa récente expérience à Issoire l'avait rendue méfiante.

Une silhouette s'encadra soudain dans la porte restée ouverte sur le seuil ensoleillé. Un homme endimanché, de taille moyenne, toucha d'un doigt son chapeau et jeta d'un ton légèrement bourru :

« Alors, c'est vous, la nouvelle institutrice ? »

Julia se leva, fit quelques pas vers l'arrivant :

« C'est moi, oui, et vous, monsieur, vous êtes… ?

– Émile Blanchet, maire de Rochessagne, et propriétaire de ce bâtiment où vous voilà. »

Le ton un peu agressif déplut à la jeune fille, aussitôt sur ses gardes. Le maire devait avoir une bonne soixantaine. Dans son visage rougeaud aux sourcils grisonnants en broussaille, le nez proéminent semblait occuper tout l'espace. Émile Blanchet s'était rasé de près pour cette visite ; son costume de velours côtelé brun paraissait neuf. Il s'appuyait sur un robuste bâton à bout ferré.

« Ainsi, vous n'avez pas jugé bon de venir vous présenter et m'apporter vous-même votre papier d'installation… »

Julia reconnut le bien-fondé de cette remarque. Elle se reprocha cette omission qui était, en effet, une entorse à la politesse.

« Veuillez m'excuser, monsieur le Maire, j'aurais dû venir vous voir, c'est vrai. Mais j'avais beaucoup à faire et bien peu de temps pour installer ma classe. Vous habitez loin, m'a-t-on dit. Je me promettais de vous rendre visite jeudi prochain. »

Radouci, Émile Blanchet prit le temps de détailler la jeune institutrice. Jeune en effet, beaucoup trop, et jolie. Pas très grande, plutôt menue, résisterait-elle au rude climat des montagnes auvergnates ? Saurait-elle faire face à l'hiver, à la solitude ? Il en doutait.

« J'avais demandé un garçon à l'inspecteur d'académie, je vois que je n'ai pas été servi dans les premiers, dommage ! C'est vrai que les garçons, depuis la guerre…

– Êtes-vous donc misogyne ? questionna Julia avec un peu d'impertinence.

– Misogyne ? répéta le maire qui, visiblement, ignorait le mot.

– Oui, si je comprends bien, une femme institutrice ne vous convient pas ! »

Piquée au vif, Julia se redressait, faisait son possible pour paraître imposante, sûre d'elle. Le maire semblait quelque peu décontenancé.

« Non, non, je n'ai pas voulu dire ça ! Mais il faut me comprendre. Cette école a été ouverte voici neuf ans, en 1910. À part M. Pacaux qui est resté deux années, les maîtres changent tous les ans. Enfin, il y a eu la guerre, et ça a compliqué les choses. En 1916, trois jeunes filles sont passées à Granges-Vieilles en une seule année scolaire. Je sais que vous venez d'Issoire. Ici, ce n'est pas la ville, vous aurez sûrement du mal à vous habituer. Pendant trois bons mois. à part l'Anselme et vos élèves, et encore pas tous, vous n'aurez guère d'autre compagnie que celle des corbeaux !

– Écoutez, monsieur le Maire, j'ai moi-même sollicité une classe unique, je savais plus ou moins ce qui m'attendait. De plus, j'ai toujours vécu à Saint-Benoît, un petit bourg pas plus grand que Rochessagne. Mon père était cultivateur. Vous voyez donc que je ne suis pas dépaysée. À part l'altitude, le reste m'est familier, croyez-moi. »

Durant ce discours, Émile Blanchet se disait que la petite institutrice devait être de la trempe des obstinés. Elle saurait sans doute faire face ; il voulait le croire. Cette jeune personne ne paraissait pas avoir froid aux yeux. Il ne pouvait que s'en réjouir et attendrait qu'elle fasse ses preuves.

« Je ne doute pas que vous vous adaptiez rapidement ici, mademoiselle, et je le souhaite, croyez-le, pour le bien des enfants.

– Justement, monsieur le Maire, pour le bien des enfants… Il n'y a ici qu'un matériel très insuffisant, pas de livres, pas de boulier, une carte de France incomplète, et même déchirée…

– Oh ! coupa le maire, je m'attendais à ça, figurez-vous. Les jeunes normaliens n'ont aucune idée du budget d'une petite commune comme la mienne. Et avec deux écoles, qui plus est !

– Je comprends fort bien que vos moyens soient limités. Mais l'école de Rochessagne est mieux dotée, tout de même ?

– Sans doute, oui, vu le nombre d'élèves. Mais allez donc voir vos collègues de ma part. Demandez-leur de vous donner le matériel qui, peut-être, ne sert plus là-bas.

– En somme, fit Julia, ironique, les enfants qui ont la malchance de fréquenter l'école de Granges-Vieilles doivent se contenter des rebuts de leurs camarades du bourg !

– Allons, allons, ne le prenez pas ainsi ! Je fais pour le mieux, croyez-moi. Mais vous verrez, M. et Mme Duffaud ont toujours agi en bien pour cette école annexe. Chaque année, ils prévoient ce genre de problèmes et tâchent d'y pourvoir. Moi, je leur fais confiance, d'ailleurs, je n'y connais rien, je l'avoue. »

Désarmée, Julia sourit à Émile Blanchet. Il n'était sûrement pas un mauvais homme, elle le devinait. Pour lui non plus, ce ne devait pas être facile.

« Entendu, j'irai à l'école de Rochessagne. Une dernière chose : je suppose que l'on ne peut rien faire contre l'absentéisme ? Les grands élèves ne reprendront l'école qu'en novembre, paraît-il. Je comprends bien que l'on ait besoin d'eux pour les travaux d'automne, mais leurs études, le certificat…

– Oui, hélas ! soupira le maire. Tant d'hommes manquent pour toujours, ou bien sont maintenant incapables de travailler. À Rochessagne, les enfants du bourg fréquentent régulièrement l'école, mais ceux des fermes, comme ici, ne rentrent qu'après la Toussaint. L'inspecteur primaire est au courant, mais comme nous tous il ferme les yeux. Et, pour tout arranger, on signale quelques cas de fièvre aphteuse dans le bas de la commune. Déjà que la plupart des familles vivotent, si les gens perdent leur cheptel, ici dans une région d'élevage, je ne vois pas ce qu'ils vont devenir… »

Émile Blanchet avait l'air sombre, soucieux pour ses administrés. Julia revit les pauvres vêtements de la plupart de ses élèves, leurs galoches râpées, leurs sabots parfois fendus. Elle revit les misérables portions du repas de midi des petits Estrade. Et leurs familles seraient encore plus dans la gêne si l'épidémie venait à s'étendre jusqu'à Granges-Vieilles.

Levant les yeux vers son interlocuteur, elle comprit que lui aussi remuait d'amères pensées. Mais qu'y pouvaient-ils, l'un et l'autre ?

« Je vais vous laisser travailler, mademoiselle. J'espère que tout ira bien pour vous. Marthe Rouvel est une brave femme qui a bien du mérite, comme tant d'autres. Vous savez qu'elle est veuve de guerre ? Vous pouvez compter sur elle. D'ailleurs, vous ne les connaissez pas encore, mais vous verrez vite que les gens d'ici, même s'ils sont peu causants dans l'ensemble, seront toujours prêts à vous rendre service. »

Julia tendit la main, remercia. Quand le maire eut disparu au tournant du chemin, elle se dit que leur discussion avait été bénéfique. L'un et l'autre maintenant s'appréciaient. Pour la jeune fille, un peu désemparée bien qu'elle refusât farouchement de l'admettre, c'était important.

Janoune arriva sur les cinq heures et demie, avec le pot de lait.

« Vous avez préparé quoi pour demain, M'zelle, une dictée je parie !

– Pourquoi, demanda Julia, amusée, tu n'aimes pas les dictées ?

– Oh ! si. Moi, c'est les problèmes qui m'en font voir. Mais je disais ça parce qu'on aura une dictée tous les jours, comme avant ?

– Oui, tous les jours. Et des problèmes aussi.

– Je sais, soupira la fillette en tortillant le bout d'une de ses nattes. Quand même, il y en a que j'aime bien : les pourcentages, par exemple, ou les règles de trois. Par contre, les trains qui se croisent ou ne peuvent pas s'attraper, je déteste, et encore plus les bassins qui se vident ou se remplissent tout le temps sans qu'on sache trop pourquoi… »

Julia rit de bon cœur de la mine déconfite de Janoune. Contrairement aux autres filles de l'école, trop timides et réservées, celle-là l'amusait par sa franchise et son bavardage spontané. Elle semblait d'intelligence vive, curieuse de tout. La jeune institutrice appréciait déjà son heureux caractère et son perpétuel entrain.

« Dis-moi, Jeanne, à propos de la petite Rose-Marie, pourquoi as-tu dit… ce que tu as dit, lorsque Paul Barbat a affirmé : c'est la fille du Boche ?

– Ben, M'zelle, voilà, c'est que la mère de Rose-Marie elle a personne pour l'aider, avec ses six vaches, ses cochons, sa volaille, et tout. Y avait bien son père, mais d'abord il était vieux et méchant, et l'année dernière il est mort de la grippe espagnole, comme la petite sœur de Jean Vayssaire et celle d'Albert Prugne, et bien d'autres gens par chez nous. Alors, Hélène Laget a eu droit à un prisonnier allemand comme domestique. Y en a quelques autres, dans les fermes sans hommes ou avec des grands blessés de guerre. Ils sont arrivés au printemps. Alors, y a pas de danger que celui d'Hélène soit le père de Rose-Marie, vous voyez bien !

– En effet, dit Julia, songeuse. En somme, Paul a dit n'importe quoi, par étourderie, sans doute.

– Oh la, non ! affirma Janoune avec véhémence, les yeux brillants, l'air indigné. Je vais vous dire, M'zelle, le Paul, c'est une teigne, un sournois si vous préférez, pareil que son père, tout pareil !

– Jeanne ! coupa sévèrement Julia. On ne porte pas de tels jugements sur un camarade, encore moins sur un adulte, voyons ! »

Janoune baissa les yeux en se mordant la lèvre inférieure. Cependant, elle ne voulut pas s'avouer vaincue.

« Mais, M'zelle, c'est pas des jugements, c'est ce que tout le monde dit ! Le premier adjoint, à Granges-Vieilles, il est pas aimé, pas du tout ! J'entends bien parler les gens, moi !

– Eh bien, dit Julia en fronçant les sourcils, si tu ne peux t'empêcher d'entendre les réflexions des grandes personnes, tu ne dois pas les répéter, tu m'entends ? D'ailleurs, ce sont peut-être des calomnies…

– C'est quoi, des calomnies ?

– Des méchancetés fausses sur l'un ou sur l'autre. Et même si, par hasard, ces choses-là sont vraies, on ne doit pas faire du mal en les répétant.

– Oh ! M'zelle, vous parlez comme le curé au catéchisme. Il nous prend le dimanche, avant la grand-messe, pour être sûr de nous attraper, parce qu'il faut bien dire que le jeudi matin, il a pas grand monde à l'église. »

Julia avait du mal à cacher son amusement. Ainsi, elle raisonnait comme le curé. La petite ne le lui avait pas envoyé dire… Mais il lui fallait bien admettre que, chrétienne ou non, la morale est la morale.

« Oublions cela, tu veux bien ? dit-elle. Dis-moi plutôt comment je dois m'y prendre pour que Rose-Marie accepte de me parler. Sinon, je ne pourrai jamais lui apprendre à lire, comprends-tu ?

– Oui, M'zelle, fit la gamine, qui avait retrouvé tout son aplomb. À moi et aux autres filles, elle parle, vous savez, à ma mère aussi, mais pas à Simon. Pareil pour les garçons du hameau. Elle a peur des hommes, quoi ! Enfin, c'est ce que dit sa mère. En voilà une qui est que gentillesse, par contre.

– Et l'on sait pourquoi elle a peur ainsi ?

– Ben, pas vraiment. Il paraît que son grand-père, le Donatien Laget, il… Mais je peux pas vous le dire, M'zelle, peut-être c'est encore de la calomnie !

– Dis-le tout de même, pour le bien de Rose-Marie nous ferons une exception.

– Le vieux Laget, il paraît qu'il criait toujours très fort après sa fille, et aussi après la petite, qui en avait une peur bleue. Plusieurs fois, j'ai entendu l'Adèle Besson, notre voisine, dire qu'il était furieux parce que le père de Rose-Marie lui plaisait pas. Mais c'était pas sa faute à elle, hein, M'zelle ? Enfin la petite, ça l'a rendue si timide que les mots passent plus sa bouche. Les inconnus lui font si peur qu'elle s'en rend malade. Au début, elle avait tellement la terreur de l'Allemand que même à sa mère elle parlait plus. À force, elle s'est habituée. Surtout que le Boche ouvre à peine la bouche, vu qu'il comprend ni le français, ni même le patois ! »

Si le discours de Janoune et surtout son franc-parler égaillaient Julia, elle devinait là encore une misère dont Hélène Laget et sa fille avaient sûrement bien pâti. Sans doute la pauvre femme avait-elle été soulagée de la mort de son père, un despote, semblait-il. Mais sa vie devait être difficile et sans joie. Elle se promit d'aller la voir rapidement.

« Moi, reprit Janoune, je veux bien vous aider à faire répéter les leçons à Rose-Marie, elle habite pas loin de chez nous. Bien sûr, ça suffira pas…

– Ce sera déjà beaucoup. Merci, Janoune, tu es très gentille. Je suis contente de t'avoir pour amie. Maintenant, sauve-toi, ta mère s'inquiéterait. »

La gamine était toute rose de plaisir : amie de la maîtresse, elle, une fillette de dix ans jamais sortie de sa campagne ! Voilà qui la comblait.

« À demain, alors, M'zelle ! », dit-elle joyeusement, avant de dévaler le chemin en chantant : « Vive la rose et le lilas ! »

La nuit était proche. Julia entendit Anselme faire rentrer le bétail dans l'étable. Noiraud, son chien, donnait de la voix pour inciter les vaches récalcitrantes à regagner leur litière.

La jeune institutrice alluma sa lampe à pétrole posée sur la table-bureau et entreprit de tracer au tableau des modèles d'écriture pour ses élèves du cours élémentaire. Les lettres s'alignaient en belles rondes, régulières et bien rangées :

« an en ou oi on
antoine garde les moutons.
rolande chante en rentrant de l'école. »

X

Ludwig

« M'ZELLE, CE SOIR FAUDRA sans doute faire le balayage de la classe ? »

Les enfants venaient de sortir en récréation ; la plupart jouaient calmement avec quelques billes de terre. Paul Barbat et trois autres gamins couraient en fouettant des chevaux imaginaires. Les grandes filles commençaient à entraîner les petits dans une ronde en chantant :

« Meunier, tu dors,
Ton moulin, ton moulin va trop vite… »

Plantée devant le bureau où Julia finissait de corriger une série d'opérations, Janoune se dandinait d'un pied sur l'autre. L'institutrice leva les yeux, demanda distraitement :

« Le balayage ?…

– Ben oui, chaque samedi y a un garçon qui arrose et deux filles pour balayer, à tour de rôle. Comme les grands du certificat sont absents, c'est à nous, les CM2, de faire la corvée. »

Julia sourit. Dans la resserre à bois, deux balais de genêts et une boîte de conserve rouillée, percée de petits trous, lui avaient rappelé sa scolarité à Saint-Benoît. Elle aussi, en son temps, avait balayé sa classe. Mais cela lui semblait si loin à présent, si loin... Lorsque, ensuite, elle rentrait à la ferme, Guillaume, son père tant aimé, posait sur ses joues deux baisers sonores :

« Tu es bien tard, ma poulette blanche !

– C'est que j'étais de balayage, papa ! »

Abandonnant son sac d'école sur le banc de pierre, devant la maison, Julia se mettait à gambader avec le chien qui lui faisait fête.

« Va donc voir Gaby, petite diablesse, elle te fera une tartine. »

Chassant le souvenir de son père qui lui broyait le cœur, elle réussit à sourire à Janoune :

« Oui, il faudra balayer, en effet.

– Alors, je commencerai avec Amélie, elle est d'accord. Mais c'est à vous de trouver un garçon, M'zelle, moi ils m'écouteront pas !

– Eh bien, allons demander ce service à Denis Mouret, par exemple. »

Julia sortit, suivie de Janoune, pleine d'importance. Joseph et Marien jouaient à escalader l'énorme tas de fumier qui trônait continuellement à gauche de l'étable.

« Jeanne, s'il te plaît, va dire à ces deux petits de venir jouer plus près de nous.

– Oui, M'zelle, surtout que leurs galoches vont tous nous empuantir si on les laisse faire ! »

Julia s'adossa au mur ensoleillé, près de la porte ouverte pour chasser l'odeur de sueur et de renfermé. La plupart des enfants exhalaient un fumet de lait aigre dont leurs vêtements étaient imprégnés. Tant que brillerait le soleil d'automne, il fallait aérer du mieux possible le local trop petit où ils s'entassaient, six heures par jour.

Dans la ronde des fillettes, elle remarqua la petite Rose-Marie. La main dans la main de Janoune, elle chantait avec les autres et semblait heureuse. C'était une enfant aux longs cheveux lisses, couleur de blé mûr, retenus sur la nuque par un ruban du bleu vif de ses yeux. Son long tablier à rayures grises et noires, démodé, avait sans doute appartenu à sa mère. Mais un col de guipure blanche égayait le tissu sombre. Hélène Laget, visiblement, prenait soin de sa fillette dont les hautes galoches à lacets paraissaient neuves.

La classe finie, Julia prit d'autorité la petite par la main.

« Puisque tu es de balayage, Janoune, dit-elle, je raccompagne Rose-Marie. J'en profiterai pour voir sa maman. »

Dans le hameau, la gamine désigna du menton une chaumière un peu en retrait du chemin, près d'un énorme frêne complètement dépouillé.

Lâchant la main de son institutrice, elle courut à l'intérieur. Presque aussitôt parut une jeune femme qui était tout le portrait de Rose-Marie.

« Madame Laget ? Bonjour, dit Julia, je suis la nouvelle institutrice. J'aimerais vous parler un peu, si toutefois vous avez un moment...

– Entrez, dit timidement la jeune femme, asseyez-vous. »

Julia prit place sur l'un des bancs de la table de ferme. Pas très grande, la salle était propre malgré quantité d'ustensiles posés à même le sol. Deux lits-wagons[1] aux courtines rouge foncé occupaient tout le mur du fond. La cheminée abritait un petit poêle où une marmite laissait échapper un peu de vapeur. La soupe du soir mijotait déjà, odorante à souhait.

Rose-Marie s'était assise sur un petit banc placé près du foyer. Son regard un peu inquiet allait de sa mère à la maîtresse.

« Elle est sage. Au moins, mademoiselle, elle vous obéit ?

– Oh ! oui, elle est très sage, très appliquée. Elle trace ses bâtons bien droits. Aujourd'hui, nous avons appris la lettre « a », et l'écriture de Rose-Marie est la plus belle de toute la petite division. L'ennui...

---

1. *Lits encastrés dans les murs, fermés de rideaux, dans les fermes de montagne.*

– Je sais, Janoune me l'a dit : la petite ne vous parle pas. »

Hélène Laget baissa la tête en soupirant.

« Pourtant, je lui ai bien expliqué. Elle doit lire à haute voix pour apprendre. C'est bien dommage. Tenez, à moi, hier au soir, elle m'a dit la poésie tout entière.

– La poésie ?

– Oui. Ça commence :

"Sous sa chevelure écarlate,
Le petit arbre si gai, si beau…"

Elle la sait vraiment toute, je vous l'assure. »

La mère semblait très fière, et Julia au comble de l'étonnement. Cette poésie, elle l'avait lue deux ou trois fois et expliquée aux enfants du cours élémentaire après l'avoir écrite au tableau. Et Rose-Marie l'avait retenue, alors que les petits du cours préparatoire étaient censés remplir leur ardoise de « 1 » bien alignés.

« Ne vous inquiétez pas trop, reprit Julia, à la longue, votre fille s'habituera à moi, j'en suis certaine. Je voulais seulement vous connaître, vous parler. »

Brusquement, Hélène releva la tête, l'air résolu. Ses yeux eurent un nouvel éclat, et un peu de rouge teinta ses joues pâles.

« Mademoiselle, je sais que vous savez… Quand M. Pacaux, en juillet, a inscrit la petite sur le registre, une case est restée vide. Vous l'avez vue, n'est-ce pas ? »

Julia tendit le bras à travers la table, posa une main amicale sur les doigts crispés de la jeune femme.

« Madame Laget, ma meilleure amie est dans le même cas que vous…

– Votre meilleure amie ? Une institutrice ?

– Oui. Elle élève seule son petit garçon de dix mois.

– Et… vous ne l'avez pas rejetée ?

– Certes non ! Son bébé est mon filleul. Depuis nos treize ans, nous nous aimons comme deux sœurs. »

Le regard d'Hélène avait changé. Elle contemplait Julia avec gratitude, avec espoir aussi : gagnerait-elle l'amitié de l'institutrice de sa fille ? Elle n'osait y croire encore, et pourtant la jeune fille lui souriait chaleureusement.

« Approche, Rose-Marie, dit la mère, n'aie pas peur, allons, viens ! »

La petite vint s'asseoir près d'elle, se serra tout contre son épaule, le regard rivé sur Julia.

« Tu n'as rien à craindre de ta maîtresse, je te le jure. C'est la meilleure personne du monde, avec elle tu apprendras bien. Parle-lui, je t'en prie, fais-le pour moi ! »

Hélène s'exaltait, serrait convulsivement dans les siennes les mains de sa fille. Cramoisie, la petite dit dans un souffle :

« Oui, maman. »

À cet instant, sa mère tourna les yeux vers la porte restée ouverte. Sur le seuil, un homme jeune, grand, blond, pauvrement vêtu, fixait avec étonnement les deux femmes.

« C'est Ludwig, dit Hélène en rougissant, enfin le… le prisonnier que la mairie a envoyé pour m'aider. »

Elle cherchait ses mots, et sa gêne était assez explicite. Le regard du jeune Allemand, lui non plus, ne trompait pas. Ses yeux gris avaient pour la jeune femme une tendresse manifeste qui laissa Julia médusée.

« C'est Mlle Freynial, l'institutrice de Rose-Marie », reprit Hélène, toujours rouge et confuse.

L'Allemand s'approcha, fit le geste de tendre la main, se ravisa hâtivement. Julia avait eu le temps de remarquer que, malgré les cals et les griffures, la peau de ces mains d'homme était trop blanche. Ludwig, c'était certain, n'exerçait pas un métier manuel, il n'était pas un paysan.

« Je… moi pas parler bien le français, je demander pardon. Euh, vous école, mademoiselle, moi, Allemagne, école aussi ! »

Un sourire désarmant éclairait le visage du prisonnier. Julia restait sans voix : ainsi cet Allemand, l'ennemi, le vaincu, était lui aussi instituteur... Dans l'esprit de la jeune fille se bousculaient mille pensées contradictoires. Ludwig et ses pareils, des barbares, des monstres, avaient tué son père, Damien, et tant et tant d'autres ! Et il était là, devant elle, il osait lui sourire... C'était ignoble, effarant, indigne. Elle en était anéantie, révoltée, et en même temps, malgré elle, elle le trouvait sympathique. Ce qu'elle venait de découvrir, entre Hélène et lui, la touchait profondément alors que l'envahissait une sorte de troublante répugnance.

Enfin, elle se reprit, se leva :

« Je dois partir maintenant, les corrections... Au revoir, madame Laget.

– Vous ne voulez pas m'appeler Hélène ? J'en serais si heureuse. »

Julia restait confondue. Elle lui en voulait et, paradoxalement, elle l'enviait d'oser aimer un Allemand. Car elle l'aimait, et lui l'aimait aussi. Leurs regards, en se croisant, parlaient bien mieux que ne l'aurait fait leur bouche close.

L'aura qui émanait de ces deux êtres, si démunis et si forts à la fois d'un amour unique, absolu, atteignit le cœur de Julia. Ses yeux s'emplirent de larmes. Maurice, son père, Damien, Pauline, tous sans raison revenaient la bouleverser à leur manière. Elle s'approcha de Rose-Marie, l'embrassa, prit la main de sa mère.

« Au revoir, Hélène, dit-elle. Soyez heureuse, si vous pouvez. J'aiderai de mon mieux la petite, rassurez-vous, tout ira bien. »

Elle salua Ludwig d'un signe de tête et sortit, le cœur prêt à éclater. Rentrée chez elle, effondrée sur son lit, elle pleura, longtemps. Pourquoi au juste ? Elle n'aurait su le dire.

La nuit suivante, elle vit Maurice en rêve, ou plutôt non, elle ne le voyait pas. Mais elle le sentait tout proche, si proche... Le contact de sa bouche, sa douceur traîtresse, sa chaleur mensongère étaient si réels, si douloureux. Elle s'éveilla en larmes, se rendormit en repoussant de toutes ses forces l'image de celui qui l'avait bafouée.

Après vint son père, le consolateur, le dispensateur de tendresse. Il portait l'uniforme, des pansements sanguinolents ceignaient sa tête, et pourtant il lui souriait. Et ce sourire était si réconfortant que Julia, enfin, dormit quelques heures d'un sommeil paisible.

À son réveil, soudain, s'imposa l'évidence : Ludwig n'était pas de la race des oppresseurs. Un homme au regard si doux n'avait pu être, dans cette guerre honnie, comme Guillaume Freynial, le fiancé de Pauline et tant d'autres, qu'une dupe enrôlée de force dans un chaos voulu par les décideurs.

Alors, ardemment, Julia souhaita qu'Hélène et lui, que leur amour, puissent échapper à la méchanceté des hommes.

Comme elle se l'était promis, la jeune fille profita du dimanche pour se rendre à Rochessagne. Sans attendre Janoune et sa mère qui descendraient pour la grand-messe, dès huit heures, elle prit le raccourci menant à Combe-Noire. Sur le pas de sa porte, la mère du petit Joseph la héla :

« Mademoiselle, vous ne voulez pas nous attendre ? Quand mon mari aura pansé les vaches, sur les neuf heures, il attellera la carriole.

– Merci, madame Foury, c'est très aimable, mais marcher me fera du bien. À neuf heures, j'espère être rendue. Par contre, au retour, il se peut que je sois chargée…

– Eh bien, nous vous ramènerons avec plaisir. Si vous pouvez être sur la place de l'Église vers les midi, par là.

– Bien sûr, j'y serai. Encore merci, et à tout à l'heure. »

À Rochessagne, Julia entra à la boulangerie où les clientes la dévisagèrent curieusement. L'épicière, ensuite, la reconnut, l'accabla de questions sur ses premiers contacts avec les habitants de Granges-Vieilles.

Jugeant qu'il était encore trop tôt pour une visite à ses collègues, la jeune fille s'engagea dans la ruelle où logeait le roulier. Louise Brugière l'accueillit avec empressement. Elle lui offrit une tasse de café et un morceau de clafoutis aux pommes. Julia n'osa pas refuser, puis elle s'aperçut que se restaurer après trois quarts d'heure de marche était agréable.

« C'est pas du vrai café, ma pauvre, il a plus de la moitié de chicorée, mais le café on n'en trouve encore pas guère, n'est-ce pas ? Le clafoutis, c'est le régal de mon homme, alors pardi le dimanche je lui en fais un.

– Il est délicieux », affirma Julia.

Les poings aux hanches, Louise la regardait avec satisfaction.

« Et pour changer de sujet, comment ça se passe, là-haut ? C'est pas trop dur ?

– Pas du tout, les quelques personnes dont j'ai fait la connaissance sont très aimables. Mme Rouvel se met en quatre pour moi. Et puis j'ai mes élèves, mon travail, et mes journées sont bien remplies. L'ennui, c'est que les grands du certificat ne sont pas encore rentrés.

– Ah ! ça, dans nos campagnes, c'est partout pareil. Depuis 14, on a employé les gamins de plus en plus jeunes. Et maintenant, il en manque, des pères !

– Je sais bien, dit Julia en soupirant. Le mien non plus n'est pas rentré…

– Oh ! pauvre demoiselle ! Et votre mère, alors, elle est seule à présent ? Si je peux me permettre, vous pensez pas qu'il serait bien de la prendre ici, avec vous ?

– Elle a un travail à Clermont.

– Elle a bien fait, la ville c'est plus gai, d'après ce qu'on dit. Moi, j'y ai jamais mis les pieds. »

Julia se leva, remercia, serra la main de Louise.

« Je dois rendre visite à mes collègues. Au revoir, merci beaucoup, madame Brugière.

– Nos instituteurs, c'est du bon monde, vous verrez. Le pauvre M. Duffaud, avec ses blessures… Enfin, cette année, il a pu reprendre sa classe, heureusement ! »

Julia ne posa pas de questions, elle verrait par elle-même. Louise était bonne, certes, mais beaucoup trop bavarde.

« À l'occasion, revenez, mademoiselle, ça me fera plaisir. Attendez-moi donc, je mets mon chapeau pour la messe et je sors avec vous. »

La femme du roulier planta sur son chignon grisonnant un petit chapeau de feutre noir à la calotte garnie de velours, s'enroula dans un grand châle sombre et suivit la jeune institutrice jusqu'à l'auberge. Là, les deux femmes se quittèrent et Julia prit la ruelle que Louise venait de lui indiquer.

L'école se dressait un peu à l'écart du village, au sommet d'une petite butte. En levant les yeux vers le bâtiment où, comme partout, un mur séparait la cour des filles de celle des garçons, Julia revécut en pensée son arrivée à Issoire. Pourvu qu'ici l'accueil soit plus chaleureux…

Elle n'eut pas le temps d'approfondir ces réflexions : une femme aux cheveux coiffés en bandeau s'avançait à sa rencontre.

« Je suppose que vous êtes l'institutrice de Granges-Vieilles ? J'étais dans ma classe, je vous ai vue venir… »

Mme Duffaud affichait une petite quarantaine. Son sourire accueillant démentait une tenue sévère : robe noire à col montant, sans garniture d'aucune sorte. Elle précéda Julia dans l'escalier de bois, ouvrit la porte d'une salle à manger-bureau.

« Entrez, dit-elle. Voici mon mari, Antoine. Notre visiteuse est l'institutrice de Granges-Vieilles, mon ami, mademoiselle ?…

– Julia Freynial. Bonjour, monsieur. »

La jeune fille prit la main que lui tendait l'homme qui venait de s'extirper du fauteuil où il lisait un journal. Sur le côté gauche de son visage, du front jusqu'à son col glacé, partait une longue cicatrice violâtre, un peu boursouflée.

« J'ai la même sur la poitrine, dit en souriant l'instituteur à qui le regard de Julia n'avait pas échappé. Eh oui, j'ai fait la guerre, mais je suis là tout entier, avec seulement quelques rayures en plus ! »

Il riait et la jeune fille lui sourit en s'asseyant en face de lui. Sa femme le couvait d'un regard plein d'indulgence.

« Oui, reprit Antoine Duffaud, avec les souvenirs qu'elle m'a laissés, je ne risque pas de l'oublier, la guerre !

– Moi non plus, monsieur, je ne risque pas de l'oublier. Elle m'a pris mon père, deux mois avant l'armistice », répondit Julia, la gorge serrée.

Elle n'avait pas osé ajouter :

« Même encore plus abîmé que vous, s'il était là, comme je serais heureuse ! »

Après un silence ému de part et d'autre, Mme Duffaud dissipa le malaise qui s'installait :

« Allons, dit-elle en s'asseyant près de Julia, racontez-nous donc vos débuts à Granges-Vieilles. Le soleil vous y accueille, c'est bon signe ! Ensuite, nous boirons un peu de porto pour trinquer à votre installation. »

XI

Journées studieuses

LE COUPLE D'INSTITUTEURS et Julia bavardèrent de choses et d'autres. Tout d'abord, ils firent connaissance, avant de s'entretenir de pédagogie. Les Duffaud avaient une fille de treize ans. Pensionnaire au chef-lieu de canton où elle suivait le cours supérieur, elle entrerait à son tour, ils l'espéraient bien, à l'École normale.

Puis Julia prit congé de M. Duffaud. Dans la classe de sa femme l'attendaient des fournitures pour ses élèves : cahiers du jour et cahiers de brouillon, crayons de couleur, petit matériel collectif.

« Hélas ! nous sommes loin de pouvoir prêter un livre aux enfants pour chaque matière, regretta Mme Duffaud.

– Il en était de même à Issoire, dit Julia. Ainsi, les élèves perdent un temps précieux à copier les leçons écrites au tableau. Mais qu'y faire ?

– Dans ce carton, vous trouverez des spécimens que nous avons en double. Mais vous possédez sans doute quelques livres personnels ?

– Oui. Au cours de mes études, j'en ai acheté plusieurs. J'ai une *Grammaire* de Claude Augé, un livre de calcul, le Leyssenne, un *Enseignement scientifique* de Paul Bert, et quelques autres. C'est surtout pour le vocabulaire que je suis démunie, mes élèves s'expriment si peu... Enfin, nous n'avons aucun tableau mural.

– Je sais, oui. Tenez, voilà deux manuels d'élocution, un pour les cours élémentaires, l'autre pour vos grands. Tout de même, vos élèves ont des livres de lecture ?

– Heureusement ! Ils datent, évidemment, surtout *Le Tour de France par deux enfants.* Mais j'ai constaté que ce livre avait toujours beaucoup de succès.

– Vous avez raison, il est si diversifié que son intérêt ne se dément pas. Mais j'y pense : comment allons-nous vous envoyer ces fournitures ?

– Des parents d'élèves m'ont proposé de me ramener, ils m'attendent vers midi avec leur voiture.

– Très bien. Alors, bon courage, ma petite Julia. N'hésitez surtout pas à venir nous voir, nous vous aiderons de notre mieux. Ah ! j'oubliais : l'inspecteur primaire a visité notre secteur l'année dernière, ainsi cette année nous serons tranquilles de ce côté-là ! »

Sous le chaud soleil de midi, malgré un air plus frais à mesure que l'on gagnait de la hauteur, Julia faisait route vers le hameau dans la carriole des Foury. Entre elle et le père, Adrien, le petit Joseph se tenait bien droit. Derrière, au milieu des paquets et des paniers de provisions, on avait installé sa mère et son petit frère Charles.

Adrien Foury, lui aussi, avait fait la guerre ; par chance, il en était revenu indemne. Sa femme, Ernestine, avec deux petits de deux et seize mois, était partie vivre chez ses parents, près d'Église neuve d'Entraigues. En décembre 1918, le couple avait acheté la ferme de Combe-Noire et y demeurait depuis.

« Et pourtant, confia Ernestine, on nous l'avait bien déconseillé, ça oui !

– Pourquoi donc ? demanda Julia.

– À cause de nos voisines, pardi ! La vieille Angèle et sa fille passent pour des jeteuses de sorts, figurez-vous !

– Bah ! fit son mari, des histoires de bonne femme ! Quel tort nous ont-elles causé, tu peux me dire ?

– Aucun, c'est vrai. Mais des fois ça peut venir…

– Moi, reprit Adrien Foury, les sorcières j'y ai jamais cru. Je vois seulement là deux femmes pas très propres, assez sauvages, la fille n'a pas toute sa tête, en plus. Mais elles nous laissent bien tranquilles, avoue !

– De quoi vivent-elles ? s'informa Julia.

– Vous sauriez ! fit Ernestine en haussant les épaules. Elles font quelques légumes, elles élèvent un cochon, des poules, trois chèvres. Ça leur suffit, on dirait. La fille, l'Irène, descend vendre ses œufs et ses fromages à Rochessagne, des fois même jusqu'à Besse ou à La Tour si elle trouve une carriole pour l'emmener. Elle court toujours partout, comme ses chèvres, en toutes saisons ! »

À Combe-Noire, la mère et les petits descendirent. Tandis que le fermier aidait sa femme à emporter les paniers dans la maison, Julia entrevit, sur le seuil de l'autre chaumière, une femme qui la dévisageait. Les cheveux ébouriffés, pieds nus, vêtue d'un ample tablier décoloré, elle devait épier les arrivants.

À quelques pas, près d'un tas de bois empilé de bric et de broc, la jeune institutrice remarqua soudain une autre femme, bien plus jeune. Ses cheveux noirs crêpelés pendaient sur ses épaules ; sa robe d'un vert fané n'avait pas dû connaître de lessive depuis longtemps. À l'instant où Julia s'apprêtait à saluer les deux paysannes d'un signe de tête, elle fit un bond de côté et courut s'accroupir derrière un bouquet de frênes, au-delà du tas de bois.

Adrien Foury revenait. Il grimpa sur le siège de la carriole, fit claquer son fouet et encouragea son cheval pour finir le trajet jusqu'à Granges-Vieilles.

« J'ai aperçu vos voisines, dit Julia.

– Ah ! oui ? Des sauvageonnes, je vous dis, mais je crois pas qu'elles soient des mauvaises femmes. Moi, j'en fais pas cas, et je m'en porte bien. »

Vendredi 17 octobre
Morale
Soyons toujours bons et charitables.

Deux semaines, déjà, que Julia enseignait son petit monde. Dans un raclement de sabots et de galoches, les dix-neuf écoliers s'installèrent à leur pupitre, posèrent à leurs pieds leur sac de toile après en avoir sorti plumier de bois, livre ou ardoise. Puis, peu à peu, le silence se fit.

Tous connaissaient la consigne. Bras croisés, chacun lisait silencieusement la maxime de morale que Julia avait calligraphiée sous la date du jour.

Incapables encore de la déchiffrer, les quatre petits attendaient sagement. Marien Souchal balançait un peu ses jambes courtaudes, Rose-Marie se tenait très droite, Joseph fixait la maîtresse de ses yeux vifs d'écureuil, Albert Besson frottait l'une contre l'autre ses grosses mains maladroites.

C'était l'instant que Julia préférait entre tous, quand, l'espace d'une ou deux minutes, elle les tenait ainsi sous son regard. Chacun avait sa vie à lui, ses préoccupations d'enfant, mais là ses élèves lui appartenaient, disponibles, attentifs, le regard avide ou distrait, déjà.

« Qui va lire la morale d'aujourd'hui ? »

Une dizaine de doigts se levèrent. Chaque matin, il en était ainsi. Pour débuter la journée, un quart d'heure de morale ou d'instruction civique était inscrit à l'emploi du temps.

Comme il avait fallu jongler pour l'établir, ce fameux emploi du temps, malgré les modèles rapportés de l'École normale ! Et, dès novembre, Julia devrait le réaménager, y inclure les leçons des élèves de fin d'études. Beaucoup, heureusement, seraient communes à celles du cours moyen. Chaque division, sauf celle où la maîtresse dispensait un enseignement, s'occupait seule à un travail écrit.

Pendant une demi-heure, tandis que les grands copiaient cette maxime sur leur cahier du jour, avant de commencer au brouillon les exercices de calcul notés sur un coin du tableau, Julia faisait lire les petits du cours préparatoire.

Pour mieux capter leur attention, elle présentait l'étude des voyelles sous une forme amusante. Le « a », disait-elle, était une grosse grenouille ; le « o », cerise énorme, s'attacherait à la branche par une petite queue. Le « i », patte de poulet, c'était le petit frère du « u » formé, lui, de deux pattes. Plus tard viendrait la série des boucles, coiffées ou non d'accents, enfin les consonnes. Alors seulement, on pourrait aborder l'étude des syllabes.

Les petits écoutaient, répétaient, copiaient les modèles sur l'ardoise, où Julia traçait les doubles lignes. Joseph et Marien, ces deux gros bébés, faisaient encore déborder les lettres. En cachette, ils léchaient le bout de leur index pour effacer un trait mal venu, délayant de salive la craie blanchâtre du crayon d'ardoise. Albert, au contraire, formait de minuscules pattes de mouche. Seule, Rose-Marie alignait des lettres superbes, régulières, parfaites ; hélas, elle refusait toujours de lire à voix haute.

Julia tentait en vain de faire s'exprimer ses débutants. Les trois petits garçons maîtrisaient mal le français. L'école, seule, leur donnerait assez de vocabulaire pour qu'ils délaissent enfin leur patois, parlé en famille par toute la maisonnée.

Il faudrait encore deux ou trois semaines d'apprentissage avant de songer à leur donner les cahiers à grosses lignes rapportés de Rochessagne. Là, ils écriraient à la mine de plomb, alors que les élèves du cours élémentaire feraient, avec l'encre et le porte-plume, leurs premiers essais souvent maculés de taches et de traces de doigts.

L'institutrice s'occupait ensuite des moyens pour les corrections de calcul et des devoirs du soir, faits à la maison. Puis venait le quart d'heure de récréation. Le cours élémentaire absorbé dans une page d'écriture, sur le cahier du jour où s'inscrivait, à l'encre rouge, le modèle magistral, Julia pouvait enfin faire lire les grands à voix haute. Les petits, eux, alignaient maintenant des chiffres sur leur ardoise effacée au chiffon.

Enfin, la matinée s'achevait par une leçon de choses, ou l'étude d'une récitation, fable ou poésie adaptée à la saison, en général.

L'après-midi, c'était le même chassé-croisé d'une division à l'autre. Un bon élève, rapide et appliqué, le plus souvent une grande fille, secondait la maîtresse en faisant répéter aux petits la lecture du matin. On récitait les leçons de grammaire, on psalmodiait les conjugaisons :

« Le nom est un mot qui désigne une personne, un animal ou une chose… Les noms propres commencent par une majuscule… »

« Verbe finir, au présent de l'indicatif :

Je finis, i.s –Tu finis, i.s –Il ou Elle finit, i.t –… »

La classe était une ruche bourdonnante. Les cours élémentaires « révisaient » ; ils marmonnaient, en chuchotant un peu trop fort parfois, le résumé d'histoire : « Vercingétorix, le chef des Gaulois, a gagné la bataille de Gergovie contre les Romains » ; ou la leçon de géographie : « Un plateau est une plaine surélevée… Le soleil se lève à l'est et se couche à l'ouest... L'étoile polaire indique le nord... »

Pendant ce temps, Julia, baguette en main, montrait aux grands, sur la carte murale défraîchie, les montagnes jeunes et anciennes, les plaines et les plateaux, les fleuves et leurs affluents.

Lorsque arrivait l'heure de la dictée, un silence absolu régnait dans la classe, impressionnant les petits.

« Au bord de la rivière murmurante, virgule, les peupliers frémissants offraient au vent d'automne les médailles d'or de leurs feuilles rondes, point. »

Il fallait insister sur les liaisons, les pluriels... Attention : les verbes de cette dictée étaient à l'imparfait, penser à l'accord des adjectifs, etc.

À défaut de livres, le dernier quart d'heure de la soirée était consacré à copier sur le cahier de brouillon les devoirs du soir inscrits au tableau : exercices de français, opérations et problèmes.

Julia se chargeait d'écrire elle-même ceux des plus jeunes, pas assez rapides encore. Jeanne Rouvel ou Félicie Chassard, à tour de rôle, écrivaient pour les grands les verbes à conjuguer, les résumés de leçon qui occupaient l'envers du cahier de brouillon. Celui-ci, où l'on travaillait au crayon noir, devait être aussi propre que le cahier du jour.

Les adeptes de la gomme qui, par malheur, effaçaient avec tant d'énergie que le papier se perçait d'un trou, savaient qu'ils n'y couperaient pas de leurs trente lignes à la récréation suivante :

« Mon cahier doit toujours être bien tenu. »

Ce jour-là, le texte des devoirs se terminait pour tous par la consigne suivante : « Pour lundi, porter quelques jolies feuilles d'automne. »

Le soleil continuait à faire resplendir la campagne, mais, déjà, beaucoup d'arbres se dépouillaient de leur riche toilette d'apparat.

Julia avait proposé à Janoune de l'accompagner pour une promenade où elles récolteraient des feuilles mortes. La jeune fille les destinait à la fois à la leçon de choses et à celle de dessin. Tout heureuse, la gamine avait acquiescé avec enthousiasme.

« On pourrait monter jusqu'à Combe-Sourde, M'zelle, je vous montrerai la cascade du Chevreuil, dans le bois de la Roche. »

En début d'après-midi, Janoune arriva flanquée de son frère, un sac de jute vide plié sous le bras. Son béret à la main, il rougit fortement sans oser regarder Julia, balbutia un vague bonjour, les yeux obstinément fixés sur ses vieux brodequins éculés.

« Ma mère envoie Simon ramasser de la feuille pour les paillasses. J'ai vu que ça lui ferait plaisir de nous accompagner, alors, si vous voulez bien… Mais il faut qu'il soit rentré pour l'heure de la traite.

– Nous serons là bien avant, j'ai du travail à terminer en classe. Et je suis contente que Simon fasse cette promenade avec nous. »

Julia souriait au garçon, qui la regarda avec reconnaissance. En chemin, Janoune, qui jacassait comme une pie, assura :

« Dans le bois de la Roche, on trouvera aussi des noisettes. »

La montée était de plus en plus rude, le soleil montrait de plus en plus d'ardeur. Bientôt, les promeneurs suivirent la ligne des arbres de bordure où les accueillit une fraîcheur subite.

« Regardez les belles feuilles rouges, M'zelle, on les prend ? »

Quelques merisiers jetaient des taches rose foncé parmi les noisetiers jaune d'or, les frênes et les hêtres au feuillage un peu desséché, tout éclaboussé de rouille.

« Au retour seulement, sinon elles seront toutes flétries. »

Au-dessus du hameau de Combe-Sourde, les montagnes se voilaient d'ombre bleu-mauve. En face, c'était le petit bois de la Roche. Après cinq minutes de marche sous le couvert des arbres, Julia perçut un grondement d'abord étouffé, puis de plus en plus assourdissant et précis.

Soudain, au détour du sentier, parmi les vieux sapins barbus de lichens grisâtres, la cascade s'offrit au regard émerveillé de la jeune fille.

Une haute colonne d'eau bondissante dévalait la roche d'un noir brillant. Opaque et mousseuse comme du lait bourru[1], d'un blanc crémeux, elle s'engouffrait avec fracas, en deux chutes successives, dans une sorte de bassin naturel. La force de l'eau, depuis des millénaires, l'avait peu à peu creusé dans la roche dure et luisante.

Bientôt, Julia fit un signe à ses compagnons ; ils firent demi-tour, sortirent du bois.

« Elle est belle notre cascade, hein, M'zelle ?

– Magnifique, dit Julia, enthousiaste. Sais-tu d'où lui vient son nom ?

– Ma mère dit que, d'après les vieux, on y aurait trouvé un chevreuil mort. Peut-être qu'il avait voulu échapper à des chiens, on sait pas trop. »

Du hameau de Combe-Sourde, on apercevait seulement trois ou quatre toits d'où s'élevait un peu de fumée. L'air sentait le bois vert brûlé ; rien, aucun son, ne troublait le silence de ces hauteurs à la fraîcheur revigorante.

« Combe-Sourde, remarqua Janoune, c'est un nom encore plus bizarre que celui de la cascade. Pourtant, les villages ne peuvent pas être sourds comme les gens, pas vrai M'zelle ?

– À mon avis, expliqua Julia, cette combe, c'est-à-dire ce creux où se nichent les maisons, ne doit

1. Le lait bourru mousse dans le seau, pendant la traite.

pas ou très peu laisser passer les bruits extérieurs, d'où le nom de ce hameau. »

Janoune dévisagea sa maîtresse avec une admiration sans bornes.

« Ce que vous êtes savante, M'zelle ! Vous en avez de la chance de connaître autant de choses !

– Oh ! fit Julia en riant, mon savoir n'est pas si grand que ça, tu sais Janoune. Si tu travailles bien, plus tard tu pourras être savante, toi aussi. »

La fillette ne répondit pas. Tant d'années d'école encore si elle voulait devenir un jour institutrice… C'était plutôt décourageant. Elle décida qu'elle y penserait plus tard, l'année du certificat, ce serait bien suffisant.

Simon avait pris les devants. Déjà, il emplissait son sac, en prenant soin de récolter les feuilles bien sèches. Julia et Jeanne commencèrent à cueillir des noisettes rousses, pas très grosses mais mûres à point. Au fur et à mesure, elles les écalaient. Janoune en croqua quelques-unes.

« Tu vas abîmer tes dents, reprocha Julia. Cherche donc une pierre pour les casser. »

Ensuite, maîtresse et élève choisirent, parmi les plus belles, quelques feuilles diversement colorées. Julia les mit bien à plat dans un petit sac, en évitant de les froisser. Un bruit de branches remuées leur fit soudain lever les yeux.

À quelques mètres, un homme chargé d'un fagot de branchettes surgissait entre les troncs des fayards[1] de bordure. Il regarda Julia, eut un vague sourire et un petit salut de la tête, avant de commencer à descendre la pente à grands pas.

« C'est le Boche d'Hélène Laget ! », souffla craintivement Janoune.

Et comme Julia ne répondait rien :

« M'zelle, Rose-Marie vous parle toujours pas guère. Pourtant, sa mère a dit à la mienne qu'elle avait promis…

– Tu sais, Janoune, sa timidité ne peut pas disparaître d'un coup. Elle s'apprivoisera peu à peu, tu verras. Quand j'étais petite, mon père avait soigné un écureuil blessé. Au début, il le griffait et le mordait. Mais, au fil des jours, il acceptait de sa main la nourriture, et même il venait la prendre entre ses doigts. Avant qu'il ne le relâche, il se laissait caresser, frottait sa petite tête contre sa manche, s'empressait d'accourir quand il l'appelait.

– Vous voulez dire que Rose-Marie fera comme l'écureuil, qu'elle deviendra bientôt amie avec vous ?

– Je l'espère, Janoune, je l'espère de tout mon cœur. »

1. *Nom local des hêtres.*

XII

Les grands du certificat

La veille de la Toussaint, sous un ciel gris et morne, Julia descendit prendre la diligence à Rochessagne. Les beaux jours semblaient finis, mais l'air restait sec, seulement un peu plus froid. L'herbe avait jauni, et de rares troupeaux paissaient dans les pacages, avant le retour hivernal dans les étables.

À son arrivée à Saint-Benoît, en début d'après-midi, la jeune fille se rendit aussitôt à la ferme, le cœur lourd de souvenirs poignants. Ses fidèles vieux domestiques lui parurent bien tristes, diminués. Pourtant, à sa vue, leur regard s'éclaira : la petite était là, enfin !

« Tu as su, pour les vaches ? demanda Gaby après les embrassades, en surveillant le lait mis à chauffer sur le petit poêle.

– Quoi donc, les vaches ?

– La fièvre aphteuse, ma pauvre petite ! Sur cinq bêtes, il n'en reste plus que trois. Et encore que

Germain les a emmenées assez tôt à Font-Virade. La Gilberte te l'a pas écrit ? »

Font-Virade était une grange désaffectée que possédait Guillaume Freynial, plus loin, en bordure de rivière. Gilberte, la fille des plus proches voisins, devait avoir dans les seize ans. C'est à elle que Julia adressait les lettres si attendues par ses vieux amis ; elle se chargeait de les leur lire. Et, de temps à autre, elle donnait de leurs nouvelles à l'institutrice, exilée là-haut, au pied des monts Dore.

« Non, Gilberte ne me l'a pas écrit. »

Julia se leva pour prendre les mains du domestique.

« Germain, dit-elle, tu n'y peux rien. À ce qu'on dit, la fièvre aphteuse s'étend de plus en plus dans notre Auvergne. Tu as fait désinfecter l'étable ? »

Germain secoua affirmativement sa tête blanche. Ses yeux, soudain, s'emplirent de larmes.

« Et dire que peut-être il voit ça, de là-haut ! Sa ferme, ses terres, sa vigne… Seigneur ! Et moi qui ne suis plus bon à rien… »

Julia le consola de son mieux : là où il était, Guillaume savait bien que Gaby et lui avaient toujours fait l'impossible. La faute ne leur en incombait pas, assura-t-elle avec force, mais à la guerre, la maudite, qui avait pris son père…

La jeune fille se raidissait pour ne pas s'effondrer en larmes, ajouter au tourment de ce vieillard qui l'aimait. Elle respira longuement, but le lait chaud versé dans son bol de petite fille, celui aux guirlandes de roses. Subitement, elle revit ses élèves à leurs pupitres. Ils l'attendaient. Dans trois jours, la classe allait reprendre. Son métier, à présent, c'était toute sa vie…

« Et ta mère, tu l'as vue ? demanda Gaby.

– Ma mère ? Elle est à Saint-Benoît ?

– Elle est passée sur les onze heures, elle a demandé après toi. Elle a pas voulu loger ici, tu penses bien ! Elle est venue pour la Toussaint, des gens de Clermont qui ont une automobile la remmèneront demain après-midi. Elle a pris une chambre à l'auberge. »

Julia s'était demandé si Henriette viendrait se recueillir sur la tombe de son époux. À plusieurs reprises, elle avait tenté de lui écrire. Mais sa plume, chaque fois, en suspens au-dessus de la feuille blanche, refusait de tracer le moindre mot. Non, décidément, elle n'avait rien à dire à sa mère.

Elle écrivait, par contre, à la tante Marceline. Pour elle, Julia se ferait violence et descendrait jusqu'à Issoire. Après une soirée passée auprès de la vieille femme, elle regagnerait Rochessagne le lendemain matin.

L'office de Toussaint venait de s'achever. La foule grave, endimanchée, où l'on découvrait en grand nombre des tenues de deuil, s'écoulait silencieusement vers l'entrée du cimetière, voisin de l'église.

Après quelques saluts discrets à des connaissances, Julia s'approcha de la tombe familiale. Debout devant la dalle grise fleurie de dahlias rouges et mordorés, Henriette se tenait très droite, ses mains gantées crispées sur son sac de cuir. Son chapeau à voilette, sa jaquette et sa jupe, dont l'ourlet frôlait à peine le haut des bottines, étaient du bon faiseur, élégants sans être toutefois trop cossus.

Debout, légèrement en retrait, Julia, figée, relisait machinalement les inscriptions gravées sur la pierre tombale :

Ici reposent
Armand Freynial 1837-1891
Julia Chaumet, épouse Freynial 1844-1895
Guillaume Freynial, mort au champ d'honneur
1872-1918
De profundis

Ces mots, ces dates, lui paraissaient dénués de sens. Pour éviter de croiser le regard de sa mère, elle restait immobile, l'esprit vide, loin, très loin de là. Le prêtre en surplis blanc, l'étole violette autour du cou, s'arrêtait à chaque tombe ; rapidement, il la bénissait avec le goupillon tendu par un enfant de chœur. Julia mit quelques piécettes dans la sébile présentée.

Peu à peu, le cimetière se vidait. La grille passée, Henriette se retourna, lança abruptement :

« De temps en temps, tu pourrais prendre de mes nouvelles, non ? »

Julia ne répondit pas.

« Cet été, j'ai un peu attendu ta visite, mais pour toi, une seule chose compte : la ferme de ton père ! Pour ce qu'il en reste… »

La colère grondait dans le cœur de la jeune fille. Pourquoi donc sa mère n'avait-elle pas fait le premier pas ? Des gens, des petits groupes, leur lançaient un coup d'œil au passage. Dans le bourg, leur inimitié était notoire. Julia fit un violent effort pour se dominer ; elle continua à se taire.

« Toujours aussi causante, ma fille ! jeta Henriette, la voix pleine de mépris ironique. Alors, tu as quitté Issoire pour t'enterrer dans un hameau perdu, paraît-il ? Ma pauvre fille, tu es bien comme ton père, va !

– Ne parle pas de mon père ! ordonna durement Julia. Toi et moi n'avons jamais rien eu à nous dire, alors continuons ! »

Elle tourna les talons et se dirigea rapidement vers la sortie du village. Gaby, qui avait assisté à la messe, l'attendait un peu plus loin. Julia lui prit le bras et elles marchèrent un moment en silence. La jeune fille, exaspérée, dut ralentir pour régler son pas sur celui de la vieille femme.

« Ça s'est mal passé avec ta mère, hein ? », demanda Gaby.

Et, d'une voix affectueuse, serrant amicalement la main de « sa petite », elle ajouta :

« Laisse faire, ma Julia, c'est de toujours, elle est comme ça, tu sais bien… »

Oui, Julia savait : la méchanceté de sa mère à son égard, c'était de toujours, en effet. Et cependant, aujourd'hui encore, elle avait mal. L'amour de sa mère lui manquerait jusqu'à son dernier souffle.

« Et ton oncle Jérôme, elle t'en a parlé ? Ils doivent bien se voir, à Clermont. Tu as des nouvelles ?

– Aucune. Il ne m'intéresse pas plus que je l'intéresse. Gaby, s'il te plaît, n'en parlons plus. »

La nuit suivante, dans son petit lit étroit, les anciens cauchemars revinrent. Enfouis en elle depuis des années, c'était ceux de l'enfance. La voix acide de sa mère la poursuivait. Dans son rêve, Henriette lui serrait violemment le bras et, malgré ses efforts, elle ne pouvait se dégager. Le ton sifflant de sa mère qui hurlait de rage lui écorchait l'oreille. Inlassablement, elle répétait :

« Tu ne dis rien à personne, tu m'entends, à personne !… »

Julia ne savait toujours pas ce qu'il lui était interdit de dire. Mais le noir douloureux qui l'oppressait lors de ses sept ans était toujours aussi présent, aussi palpable. Elle étouffait.

En s'éveillant, sa première pensée fut pour son père :

« Papa, mon petit papa, pourquoi m'as-tu laissée seule, pourquoi ?… »

C'était puéril, elle s'en rendait bien compte. Mais, dans cette maison, elle redevenait la fillette si vulnérable, heureuse à la ferme, enfin, loin de sa mère. Sa mère…

« C'est elle qui aurait dû mourir ! », se dit-elle, sans remords aucun.

Et encore :

« Chaque fois que je la revois, c'est ainsi. Mais c'est fini, jamais, jamais plus !… »

La présence de sa mère et ses propos pleins de fiel avaient réveillé les vieilles peurs. À nouveau, le démon assaillait Julia, et son père n'était plus là pour le chasser par ses gestes doux, ses mots empreints de tendresse, son regard plein de réconfort, son amour indéfectible.

« Je la hais ! », se dit Julia, effrayée. Haïr sa mère, était-ce possible ?

Tremblante, elle se leva, fit sa toilette, s'habilla. Avant de rejoindre Gaby dans la petite cuisine tiède, elle se jura de ne plus penser à Henriette. Brusquement, sans raison, l'image d'Hélène Laget et de Ludwig, l'Allemand, de leur regard si plein d'amour, s'imposa avec cette pensée :

« Si un homme m'aimait, je guérirais de tout, et même de l'aversion de ma mère, j'en suis sûre ! »

Un temps, si éphémère, si mensonger, elle avait cru trouver en Maurice le bonheur auquel elle aspirait tellement. Fermer son cœur à tout jamais, voilà l'unique moyen de se protéger, de ne plus souffrir.

Mais Julia avait vingt ans. La vie, peut-être, lui réservait un amour à l'image de celui d'Hélène et de Ludwig. Qui pouvait le dire ?

La rentrée se fit un jour de brouillard sec et froid. Comme une fumée légère, il déroulait ses spirales grises autour de la maison d'école où, très tôt, Julia avait allumé le poêle de la classe.

La veille au soir, à son retour, elle avait tout préparé pour accueillir les grands. Sur les six élèves attendus, il en manquait un. Albert Prugne, qui suivait le cours moyen deuxième année, s'approcha de la maîtresse :

« Mon frère Ernest pourra pas venir de trois ou quatre jours. Il s'est foulé la cheville, et pour descendre de Paillassoux, ça fait trop loin. Mon père demande si vous pourrez me donner ses devoirs, M'zelle, s'il vous plaît. »

Pour aider aux travaux de printemps, la plupart des élèves du certificat avaient quitté l'école depuis le début mai. Aussi Julia avait-elle décidé, ce premier jour, de les faire suivre momentanément avec le CM2. De sérieuses révisions de français et de calcul lui paraissaient nécessaires avant d'aborder le programme de l'examen.

Mais, pour ses grands, elle écourta l'interclasse de midi. Deux garçons et une fille habitaient Granges-Vieilles. Cécile Servol et Alphonse Levet, comme les autres enfants des Mortes, de Combe-Sourde ou de Paillassoux, avaient apporté le repas de midi. Versée dans une gamelle de soldat, leur soupe tiédissait sur le poêle dès la fin de la récréation.

En milieu de soirée, Julia avait déjà son opinion sur les cinq grands. Ils étaient grands, en effet ! À treize et quatorze ans, les garçons atteignaient presque la taille de leur institutrice. Leurs mains, des mains d'homme, larges et carrées, tenaient fort maladroitement le porte-plume de bois, mince et effilé. Depuis leurs dix ans, avant même parfois, ces mains maniaient la fourche, le râteau à faner, la hache, le piochon…

Attentifs, timides, un peu gauches, ils obéissaient docilement aux consignes. Un seul, Pierre Arfeuil, paraissait plus chétif, plus nerveux. Aux récréations, il avait joué à « attrape » avec les plus jeunes.

Cécile Servol et Annie Fargeix étaient de grandes jeunes filles. Leurs mains rouges attestaient qu'elles aussi trimaient dur. Les mères, bien souvent, devaient accomplir au dehors le travail du père mutilé ou absent. Alors, toutes jeunes encore, les filles, à leur place, tenaient la maison, assumaient les lessives, les soins aux petits frères et sœurs, aux volailles, aux porcs.

Annie semblait timide, Cécile plus hardie. Ses yeux vifs, ses mouvements alertes, contrastaient avec la lenteur un peu pesante de sa camarade.

À quatre heures et demie, l'institutrice avait dit :

« Ceux du certificat préviendront leurs parents que, dès demain, ils sortiront une heure plus tard. »

Ernest Prugne enfin rentré, la classe se prolongeait donc avec les élèves de fin d'études. Une soirée était consacrée au calcul, opérations et problèmes, la suivante à une dictée suivie d'exercices de grammaire et de conjugaison.

Les grands partis avec une lanterne, en novembre la nuit tombe vite, Julia s'accordait une petite pose pour recharger le poêle, boire un peu de lait chaud. Puis elle allumait sa lampe, commençait corrections et préparations pour le lendemain.

Sa soupe avalée, elle préparait les tableaux, celui des petits d'abord, puis celui des grands. Elle notait les pages des livres où, deux par deux, les élèves devraient copier un résumé, une carte de géographie, une fable de La Fontaine ou encore les paroles d'un chant obligatoire au certificat.

Elle avait décidé d'attendre janvier pour commencer, avec les filles, les leçons de couture. Une des épreuves de l'examen était en effet réservée à cette matière. Pour les garçons, ce serait le dessin : feuille ou fleur, objet usuel, poésie à illustrer.

Toute à son travail, Julia avait retrouvé sa sérénité. Elle se couchait tard après une longue journée, et le sommeil la prenait très vite. Un jeudi sur deux, en plus du travail scolaire, elle entretenait son linge. Comme les paysannes, elle le frottait dans le baquet de bois où il avait trempé ; il lui fallait transporter plusieurs seaux d'eau du bac à l'appentis où était installée la lessiveuse, sur un petit trépied de fer.

Malgré le froid déjà pénétrant, elle faisait de courtes promenades autour du hameau, parfois accompagnée de Janoune et de quelques petits du voisinage.

Le dimanche, tant que la neige ne bouchait pas le chemin, elle descendait à Rochessagne, dans la carriole de l'un ou de l'autre le plus souvent. Au village, ses provisions achevées, elle visitait Louise Brugière ou ses collègues. Elle appréciait les Duffaud, et c'était réciproque.

L'instituteur prêtait des livres à Julia. Le dimanche après-midi, la jeune fille lisait et relisait les quelques volumes apportés dans sa malle : des œuvres de Balzac, Hugo ou Flaubert, Jules Vallès et d'autres auteurs recommandés par les professeurs de l'École normale. Mais, pour elle, c'était un luxe : les livres coûtaient trop cher pour sa bourse si peu garnie.

M. Duffaud lisait Zola. Il avait déjà prêté à sa jeune collègue *Germinal, Nana, Au bonheur des dames.* Lorsque Julia et son mari parlaient, avec passion, de littérature, Mme Duffaud disait en riant :

« Je vous laisse le temps de faire un saut à l'épicerie, vous les gens de lettres ! Mais je sais que je ne vous manquerai pas ! »

Un dimanche, le couple avait retenu Julia à déjeuner, et elle avait passé là une partie de l'après-midi. C'était agréable de converser avec d'autres interlocuteurs que ses jeunes élèves, enrichissant aussi. Elle se félicitait d'avoir des collègues tellement ouverts et sympathiques.

Ce soir-là, elle écrivit à Pauline une longue lettre où elle faisait un chaleureux panégyrique des instituteurs de Rochessagne. Elle attendait Noël avec impatience pour fêter le premier anniversaire de son filleul. Sa lettre s'achevait par ces mots :

« Pour une dizaine de jours, nous unirons nos solitudes, réunies toutes les deux par notre amitié indestructible et sans réserve, avec la présence de ton adorable petit Pierre-Damien que j'embrasse, ainsi que sa maman, des milliers de fois. »

XIII

La rébellion de Paul

Un matin, le jour à peine levé, Julia sortit, enveloppée de son grand châle de laine. Elle venait d'allumer le poêle et, ses seaux à la main, s'apprêtait à descendre vers l'abreuvoir.

La vue d'une petite silhouette penchée sur le bac l'arrêta soudain. Malgré l'ombre qui tardait à se dissiper sous le ciel bas, intriguée, elle reconnut le petit Célestin Brandelis. Elle faillit le héler, se ravisa et resta immobile à quelques mètres de lui.

Âgé de neuf ans, Célestin était un enfant secret, qui jouait très rarement. Élève du CM1, son travail était médiocre, son écriture tourmentée, pleine de surcharges et de ratures.

Si Julia le grondait parfois pour son manque de soin, elle s'efforçait surtout de l'encourager. Le petit garçon, elle le sentait, avait besoin qu'on lui donnât confiance en lui-même.

Que faisait-il donc là de si bonne heure ? Il n'était pas venu puiser de l'eau ; à Granges-Vieilles, deux autres bacs se trouvaient bien plus près des maisons. Elle le vit soudain soulever un vêtement ruisselant de couleur claire, probablement une chemise. Célestin entreprit de la tordre maladroitement. Relevant la tête, il aperçut Julia, lui lança un regard de bête traquée, s'enfuit en faisant sonner ses sabots sur les pierres, le vêtement à la main.

Malgré le froid, comme tous les enfants de moins de douze ans, le petit portait des culottes courtes, rapiécées, sur des bas de laine brune. Une veste trop étroite pour être boutonnée recouvrait sa blouse d'école bien usagée. Cette mise ne tranchait guère sur celle des autres enfants. Hormis son béret, qu'il enfonçait toujours profondément sur sa tête aux cheveux ras, Célestin portait sans doute ce jour-là toute sa garde-robe. Peut-être, en hiver, aurait-il une pèlerine de drap, et encore…

Perplexe, Julia remplit ses seaux, remonta vers la maison d'école. Anselme, qui commençait à sortir le fumier à grands coups de fourche, la salua en touchant d'un doigt son vieux feutre crasseux :

« Bonjour, mademoiselle, fait frisquet ce matin ! Enfin, tant qu'on n'a pas la pluie ! »

La jeune fille lui répondit et s'empressa de rentrer au chaud. Pour éviter de brûler trop de bois, elle laissait ouverte la porte de son logement jusqu'à l'arrivée des enfants et profitait ainsi de la chaleur de la classe. Par grand froid, elle devrait pourtant allumer aussi son petit poêle, sous peine de voir le lait geler dans le pot de faïence.

Elle jeta un coup d'œil à son réveil : une demi-heure encore avant que ne résonnent les premières galoches. Alors, cherchant dans la pile sur sa table-bureau, elle saisit le cahier de Célestin.

La plume sergent-major avait accroché le papier, griffé la page et laissé une tache au beau milieu de l'exercice de vocabulaire.

« Donner trois synonymes de l'adjectif : grand. »

Célestin en avait trouvé deux : immense et gigantesque. Mais sur la troisième syllabe du dernier mot s'étalait une étoile violette, pieuvre minuscule aux tentacules filiformes. En marge, à l'encre rouge, Julia avait écrit :

« Travail incomplet, trop peu soigné. »

Elle chercha encore, sans la trouver, une réponse à l'énigme posée par la présence insolite du gamin près du bac. Puis, avec un soupir, elle acheva de corriger les exercices de vocabulaire.

Deux jours plus tard, sur les neuf heures, Julia quittait l'appentis, les bras chargés de bûches, lorsqu'elle vit arriver un petit groupe qui montait de Granges-Vieilles. En tête marchait un prêtre, reconnaissable à sa soutane noire. Le vent soulevait les pans de sa large pèlerine. Deux gamins le suivaient, porteurs d'une croix processionnelle et du petit seau de cuivre jaune où trempait le goupillon. Derrière venait une dizaine de personnes qui murmuraient des litanies.

Intriguée, la jeune fille regardait monter vers elle cette petite troupe. Elle reconnaissait maintenant Marthe Rouvel et d'autres femmes du hameau. Enfin venaient trois hommes, le chapeau à la main.

Anselme se montra soudain à la porte de l'étable où Julia entendit des mugissements inhabituels.

« Les bêtes s'impatientent, dit le vacher, je les ai pas encore menées à l'abreuvoir de peur que le curé trouve l'étable vide.

– Le curé ? Mais… pourquoi vient-il jusqu'ici ?

– Vous savez pas ? Ceux de Granges-Vieilles lui ont demandé de venir bénir le bétail, ceux des autres hameaux aussi d'ailleurs. C'est rapport à la fièvre aphteuse qui a l'air de vouloir gagner toute la commune. On a signalé une dizaine de cas au maire, mon patron. Pour le moment, le mal se tient dans le bas de Rochessagne, mais une ferme est touchée à Montauvert, pas loin de chez Blanchet. »

Là-dessus, le domestique fit quelques pas à la rencontre des arrivants, salua le prêtre et le précéda dans l'étable. Hésitant à les suivre, les fermiers s'agglutinèrent sur le seuil de la porte restée ouverte.

Le curé psalmodia en latin, puis, l'une après l'autre, il bénit chacune des bêtes couchées sur sa litière. Enfin, il fit de grands signes de croix aux quatre coins de l'étable, en les aspergeant d'eau bénite.

Julia entendit Anselme le remercier, puis tous les assistants redescendirent vers Granges-Vieilles.

« Vous montez à Paillassoux, monsieur le Curé ? demanda le vacher.

– Non, mon ami, je dois repartir, j'ai un office de quarantaine à onze heures. Je finirai la tournée des autres fermes cet après-midi, Léon Fargeix a proposé de venir me chercher avec sa carriole.

– Faites excuse, monsieur le Curé, je dois mener les bêtes à l'abreuvoir. Merci encore d'être venu.

– Allez, mon ami, allez. Ayez confiance, la providence veille maintenant sur vos vaches. »

Julia ne put retenir un petit sourire. La providence, le hasard plutôt, enrayerait l'épidémie ou la propagerait jusqu'ici, et les prières du curé n'y seraient, à son avis, pour rien. Elle se détournait pour rentrer dans l'école lorsqu'elle s'entendit appeler :

« Mademoiselle Freynial, excusez-moi, j'aurais aimé vous parler… »

De mauvaise grâce, Julia invita le prêtre à entrer dans la classe. D'emblée, ce face-à-face la contrariait, mais c'était un jeudi, et elle ne pouvait alléguer l'arrivée prochaine des élèves pour y échapper.

L'homme d'Église refusa de s'asseoir, il était pressé.

« Je ne vous retarderai pas longtemps, mademoiselle. Je voulais seulement savoir si vous vous habituez dans nos montagnes. Vous venez d'Issoire, je crois ? »

Le prêtre était bien renseigné. Dans les villages, les nouvelles vont vite…

« Je m'habitue très bien, merci, répondit Julia avec réticence.

– Je sais que le dimanche vous descendez au bourg. Je vais peut-être vous paraître indiscret, mais mon ministère… Sans doute n'êtes-vous pas croyante, ou pas pratiquante ?

– Je suis baptisée et j'ai fait ma première communion. Depuis mon adolescence, je ne pratique plus, en effet. »

Le ton était abrupt, mêlé d'un peu de défi. Julia estimait ce sujet beaucoup trop personnel pour être ainsi abordé, même par un prêtre. Elle se garda de faire allusion à sa présence assidue à la messe, l'année précédente. Elle bravait alors le mari de sa directrice et savait pertinemment que ce regain de piété n'avait rien à voir avec la religion.

« Peut-être, reprit le curé, avez-vous un peu perdu la foi durant vos études ? Voilà, hélas, qui arrive souvent. Vos maîtres…

– Mes maîtres, coupa Julia sèchement, m'ont enseigné les valeurs que je dois transmettre à mes élèves. La morale laïque rejoint en bien des points la morale chrétienne. Elle prône la probité, la bonté, la justice, l'estime et le respect des autres, sans distinction. Je connais beaucoup d'athées plus honnêtes et plus charitables que bien des pratiquants, croyez-moi, monsieur le Curé ! La seule différence, c'est que l'école publique est neutre, c'est-à-dire ouverte à tous et tolérante. Mais peut-être, pour vous, est-elle seulement l'école du diable ?

– Voyons, voyons, ne vous emportez pas ainsi ! Vos collègues de Rochessagne ne sont pas, eux non plus, de mes fidèles, et pourtant j'ai pour eux la plus grande estime. »

Le curé voulait se montrer conciliant, mais il ne fit qu'accroître la contrariété de Julia : il lui parlait comme à une gamine, et cela l'irritait. Il la regarda longuement, avec beaucoup de bonté ; il devinait une blessure certainement vivace et douloureuse chez la jeune fille. Comme il se taisait, elle leva les yeux et, là seulement, vit vraiment l'homme qui lui faisait face. Il avait sans doute passé les soixante-cinq ans. Son regard bleu pâle brillait étonnamment dans son visage maigre et ridé.

« Les gens, ici, vous estiment, dit-il enfin. Je n'avais pas l'intention de vous blesser, sans doute me suis-je montré maladroit. Oublions ce petit différend, voulez-vous ? »

Julia se calmait, s'adressait des reproches. Pourquoi se sentait-elle toujours agressée ? Le prêtre, après tout, faisait son travail et rien d'autre. Elle se trouvait là pour donner à ses élèves les rudiments du savoir ; lui, sa fonction était d'amener ses ouailles à la pratique religieuse. Il était indiscret par excès de zèle, mais certainement pas par méchanceté.

« Avant de vous quitter, je vais vous faire une confidence, reprit le curé. L'école religieuse de Rochessagne, qui n'accueillait que des filles, a fermé ses portes en 1905. On ne l'a jamais réouverte. Croyez-le ou non, je m'en réjouis. Ici, nous avons des enseignants droits, respectueux des idées de tous, c'est une grande chance, il n'en est pas ainsi partout. La guerre entre écoles, dans plusieurs bourgs des environs, me rebute et m'attriste. Cela au moins, à vous comme à moi, nous est épargné. Au revoir, mademoiselle, vous défendez bien vos idées, et je ne peux que vous louer de votre franchise. Je prierai pour que le découragement ne soit jamais votre lot, mais l'assurance et l'ardeur dans le beau métier que vous faites. »

Il tendait la main, Julia la serra avec un sourire. Un instant, elle le regarda traverser l'espace qui servait de cour de récréation. Ses vêtements étaient loin d'être neufs, le cuir de ses gros brodequins tout éraflé. La pauvreté des paroissiens rejaillissait sur leur prêtre. Il releva le col de sa vieille pèlerine, enfonça son béret sur son crâne dégarni et, gaillardement, prit la descente rude vers Granges-Vieilles.

« M'zelle, je veux plus rester derrière lui, il pue ! »

Paul Barbat, debout, tendait un doigt accusateur vers Célestin Brandelis. Ce dernier rougit jusqu'aux oreilles et baissa la tête. À côté de lui, Louis Estrade, comme toute la classe, levait vers la maîtresse un regard interrogateur, vaguement inquiet.

Julia était en train de faire lire le petit Joseph. En deux enjambées, elle fut à la hauteur de Paul.

« Assieds-toi, ordonna-t-elle sévèrement, et excuse-toi tout de suite auprès de ton camarade.

– M'excuser ! Ah ben non, alors ! Depuis la rentrée, j'en ai assez de supporter ça ! Je comprends pas comment Loulou peut rester à cette place. Célestin pisse au lit, tout le monde le sait !

– Paul, au piquet tout de suite ! Tu viendras t'expliquer à la récréation. »

Le gamin s'exécuta en grommelant. Le petit Célestin, la tête cachée dans son bras replié, pleurait à chaudes larmes. La classe entière retenait son souffle. Julia caressa doucement la tête de l'enfant, retira et ferma son cahier :

« La méchanceté des autres, il faut apprendre à l'ignorer, Célestin. Allons, calme-toi, nous allons commencer la leçon de choses maintenant. »

À la récréation, Julia fit à Paul des reproches véhéments, et une leçon de morale bien sentie sur la bonté envers les camarades.

« À présent, écris vingt fois sur ton cahier de brouillon :

Je dois être bon et charitable en toutes circonstances. »

Buté, le gamin baissait la tête, mais il obéit sans rechigner. Cinq minutes avant l'entrée en classe, Julia le libéra un moment. Presque aussitôt, des cris aigus l'attirèrent sur le pas de la porte. Pour mettre à chauffer les gamelles des enfants, elle avait demandé aux deux plus grandes filles de surveiller tout son petit monde.

Paul et Janoune s'étaient empoignés avec force cris et invectives, et l'on faisait cercle autour d'eux. Lui tirait vigoureusement les nattes blondes de la fillette ; elle, qui n'avait aucune prise sur les cheveux ras du garçon, tiraillait à deux mains le col de sa blouse. Julia les sépara à grand-peine.

« Rentrez tout de suite ! », ordonna-t-elle.

Les deux antagonistes, visiblement furieux, rouges et essoufflés, la suivirent dans la classe.

« Alors, fit Julia, vous n'avez pas honte de vous battre de la sorte ? Que se passe-t-il ?

– Il a dit, jeta Janoune, les yeux étincelants, que j'étais votre chouchoute, et qu'il le dirait à son père, parce qu'il est le fils de l'adjoint et il n'aime pas qu'on l'embête !

– Parfaitement, affirma Paul en secouant la tête. Je le dirai à mon père, et on verra bien qui aura raison !

– Que diras-tu à ton père ? demanda Julia.

– Je lui dirai qu'ici, c'est toujours moi qui ai tort, que je suis puni à cause du Célestin qui sent mauvais et que c'est pas juste, non, c'est pas juste !

– Et que vient faire Jeanne Rouvel dans tout ça ?

– C'est elle qui a commencé ! Quand je suis sorti tout à l'heure, elle s'est approchée et elle a dit : “Laisse le Célestin tranquille, mauvaise bête que tu es, il est bien assez malheureux comme ça !” Alors je lui ai tiré les nattes, et on s'est battus, voilà ! Mais ça se passera pas comme ça, mon père viendra régler ça à l'école, oui, il viendra !

– Vous serez punis tous les deux à la prochaine récréation. Jeanne, cette histoire ne te regarde pas. Quant à toi, Paul, si tu continues c'est moi qui irai trouver ton père. Maintenant, regagnez vos places ! »

La petite Rose-Marie, tout doucement, s'humanisait un peu. Si elle ne lui tenait pas encore de discours, elle acceptait de lire à la demande de la maîtresse, d'un filet de voix presque inaudible, sur son syllabaire :

« a, o, i, u, e, é, è, ê
la, lo, li, lu… pe, mé, sè, tê…
le lilas – lili a lu – la tête… »

Cependant, elle refusait toujours de déchiffrer les mêmes syllabes et les mêmes mots sur le tableau noir. Son livre de lecture, semblait-il, la sécurisait. Elle n'avait pas à lever la tête, épiée sans doute par toute la classe. Les yeux baissés, le rouge aux joues, elle suivait la ligne de son doigt menu, lisant sans effort, avec un plaisir évident.

Comme elle l'avait déjà fait, Julia la prit un soir par la main pour la raccompagner. Le vent d'ouest rebroussait les branches nues des frênes, en ronflant à leur cime d'une voix profonde et rauque. Le matin même, Anselme avait prédit :

« Quand la traverse[1] tombera, on aura la pluie, sûr ! »

Dans la petite ferme close, la mère de Rose-Marie eut un grand sourire en reconnaissant l'institutrice.

« Comme c'est gentil à vous de revenir me voir ! Mais asseyez-vous donc ! »

Installé près de la cheminée, Ludwig réparait un manche d'outil. Hélène profitait d'un reste de jour pour ravauder une veste d'homme en velours défraîchi. L'Allemand se leva, salua la jeune fille d'un sourire indécis. Julia lui tendit la main.

« Alors, demanda Hélène anxieusement, la petite, ça s'arrange ? Elle vous parle un peu ?

– Elle lit à son tour, elle lit même très bien, sur son livre seulement mais c'est un grand début.

1. Nom local du vent d'ouest ou de nord-ouest.

C'est une bonne élève et je suis contente d'elle, n'est-ce pas, Rose-Marie ? »

Toute rosée de plaisir et d'émoi, la petite répondit presque à voix basse :

« Oui, M'zelle ! »

Sa mère semblait aux anges. Ludwig caressa la tête de la fillette qui lui sourit, à lui aussi.

« J'étais venue vous demander, reprit Julia en s'adressant au prisonnier, pourriez-vous fabriquer quelques dizaines de bûchettes pour la petite ? Elle en aura besoin pour apprendre à compter. »

Ludwig plissait le front ; visiblement, il n'avait pas compris. Hélène se leva, coupa deux brindilles au fagot posé près de l'âtre. Puis, les plaçant sur la table, elle dit : « Bûchettes ! » ; et compta : « Un, deux… » Le visage du jeune homme s'éclaira d'un grand sourire :

« Oui, je comprendre ! Moi aussi, Allemagne, faire compter les enfants. »

Quand Julia prit congé, il hésita un peu avant de dire :

« Hélène dire à moi… Votre père mort dans la guerre, triste, bien triste. Mathias, mon frère, mort aussi. Moi beaucoup l'aimer, mon frère. Ma mère pleurer, longtemps, longtemps. Lui vingt et deux ans, seulement. Guerre mauvais, pas bon pour vous, pour nous, triste, triste. »

Ainsi, songeait Julia, le cœur lourd, la guerre avait pris son père et, dans l'autre camp, le frère de Ludwig… Ils étaient quittes, en quelque sorte. Elle lui serra à nouveau la main, embrassa Hélène et sa fillette. Dehors, le vent sécha sur ses joues des larmes qu'elle ne songeait pas à essuyer. Cruelles, indifférentes, de brusques rafales faisaient frémir la campagne. Julia courut vers la maison d'école où elle s'enferma, comme si un ennemi invisible la poursuivait.

XIV

La détresse d'un enfant

C'ÉTAIT LA SAISON où l'on coupe les fougères qui forment la toison des coteaux roux... » Julia dictait lentement un extrait de *Ramuntcho*, de Pierre Loti. Déjà, les CM1 avaient terminé les quelques lignes qui leur étaient destinées. Ils relisaient le texte, recherchaient les « pièges » : pluriels, accords, terminaisons de verbes, sujets inversés... Les CM2 s'arrêteraient bientôt. Seuls, les fin d'études écriraient la dictée tout entière, une épreuve de certificat.

Mais le texte avait été longuement préparé, expliqué. Avec leur maîtresse, les enfants avaient recherché les difficultés grammaticales, repéré les participes passés à faire accorder ou non.

« Qui va nous dire ce qu'est un coteau ? Et une toison ?

– Une toison, c'est un mur en planches, M'zelle ! » avait triomphalement répondu cet étourdi d'Albert Prugne.

Mais Pierre Arfeuil, tout fier de ses connaissances, avait clamé :

« Oh ! la la ! M'zelle, il confond avec une cloison !

– Bien, dit Julia. Alors, une toison maintenant, qu'est-ce que c'est ? Allons, réfléchissez bien ! »

Paul Barbat s'était mis à ricaner.

« Tu le sais, Paul ?

– Ben non, je crois pas…

– Alors ne te moque pas, s'il te plaît ! »

Paul avait lancé un regard mauvais à l'institutrice qui, finalement, avait dû expliquer le sens du mot, ignoré de tous.

« Oh, ben ! On risquait pas de le savoir, M'zelle, par ici des moutons y en a pas ! avait affirmé Félicie Chassard.

– Bon, copiez-le sur votre cahier de brouillon, à la page des mots nouveaux. »

Pendant que les fin d'études s'appliquaient aux questions de dictée, Julia appela un à un près d'elle les CM1.

Elle complimenta Célestin qui, pour la première fois, n'avait que trois fautes, les lui fit corriger et expliquer. Louis Estrade avait une faute seulement ; il repartit tout content et commença à conjuguer le verbe couper au passé simple.

La dictée de Paul contenait deux fautes et demie. Il avait écrit : des couteaux, pour des coteaux.

« Tu l'as fait exprès, dit sévèrement Julia. Nous avons expliqué que le coteau est une petite colline. Ne me dis pas que tu ignores le mot : couteau !

– Non, je l'ai pas fait exprès.

– Alors tu as mal relu ta dictée, sinon tu aurais vu et corrigé ta faute.

– Ça fait rien ! Deux fautes et demie, pour le certificat, c'est la moyenne, ça suffit juste ! »

Julia renonça à parlementer. Paul avait réponse à tout. Il n'allait pas jusqu'à l'insolence, mais il discutait maintenant chacune des remarques de la maîtresse. À l'en croire, il n'avait jamais tort.

Heureusement, dans la classe, c'était le seul contestataire. Julia devait faire des efforts pour ne pas perdre patience avec lui. Il n'avait rien d'attachant, et son institutrice était bien près de croire que Janoune avait raison. Paul avait, comme on dit, un mauvais fond. Elle espérait qu'avec l'âge il s'amenderait. Sans doute était-il mal élevé. Elle se promit de rencontrer au plus tôt les parents du gamin.

Le dimanche suivant, Julia descendit à Rochessagne dans la carriole des Besson. La pluie s'était installée depuis quelques jours, une petite pluie fine et glacée. Les montagnes, et même les bois, disparaissaient dans un épais brouillard.

Sylvestre Besson avait relevé la capote de la voiture. Il emmenait au catéchisme sa fille, Suzanne, âgée de huit ans ; son aîné, Antoine, redoublait la classe de fin d'études. Le père expliqua à l'institutrice que, l'année précédente, le garçon avait réchappé de la grippe espagnole, mais son année scolaire avait été perdue.

« Ce n'est pas la faute d'Antoine, dit Julia. Il sera reçu, j'en suis certaine, c'est un bon élève, très sérieux. »

Le garçon lui sourit avec reconnaissance. Presque aussi fort que son père, il semblait embarrassé de ses membres grandis trop vite. Parfois, en classe, Julia le regardait, appliqué, réfléchi. Antoine, pensait-elle, n'est déjà plus un enfant. Elle l'appréciait beaucoup et comptait bien qu'il réussirait au certificat, ainsi qu'Ernest Prugne. Pour Pierre Arfeuil, elle était plus pessimiste. Sans être mauvais élève, il se montrait instable, capable du meilleur comme du pire.

Julia terminait tout juste son repas de midi, pour une fois elle s'était offert une côtelette, lorsqu'on frappa à la porte. C'était Janoune. Rejetant le capuchon humide de sa pèlerine, la fillette dit joyeusement :

« Ma mère va faire des pompes de blé noir pour quatre heures, elle vous demande de venir les goûter. Elle les fait bonnes, vous savez, M'zelle ! »

La mine gourmande de Janoune fit rire Julia.

« C'est entendu, je viendrai à quatre heures. Remercie ta mère, à tout à l'heure. »

Les pompes de Marthe étaient délicieuses. Cuites dans la large « tuile » à l'anse arrondie, on les dégustait chaudes, nappées de beurre ou de gelée de mûres.

« Mangez-en donc une autre, proposa la fermière.

– Oh ! non, merci, je ne peux plus !

– Vous vous passerez de soupe, pour une fois. Allons, prenez-en une dernière, pour me faire plaisir. »

Sans se faire prier, Janoune et Simon dévoraient les belles crêpes brunes avec appétit. En cachette, ils se léchaient les doigts. Leur mère roula deux pompes tièdes dans un torchon propre.

« Allons, Janoune, arrête maintenant, tu te rendras malade. Va plutôt porter ça au père Vasson. Et toi, Simon, va donc faire boire les bêtes avant la nuit. »

Quand les deux femmes se retrouvèrent seules, Julia se risqua à demander :

« Madame Rouvel, est-ce que Janoune vous a raconté pour le petit Célestin ?

– Ah ! oui, pauvre petiot ! En voilà un qui aurait mieux fait de pas venir au monde, allez !

– Pourquoi dites-vous ça ? Sa mère…

– C'est pas sa mère, justement, seulement sa belle-mère.

– J'ai vu le petit, un matin, il faisait à peine jour, laver du linge dans le bac sous l'école.

– Il pisse au lit, c'est vrai. Alors, elle lui fait laver ses chemises et ses caleçons, à neuf ans, vous vous rendez compte ! Le Célestin, il a honte, forcément, mais qu'est-ce qu'il y peut ? Et si c'était que ça…

– Il est maltraité ?

– Maltraité, c'est peut-être pas le mot, mais rabroué, ça oui ! Et tout le temps !

– Et que dit son père ?

– Qu'est-ce que vous voulez qu'il dise ? Depuis qu'il est revenu de la guerre, il bouge pas de son fauteuil. Un vrai légume, le père du Célestin ! À se demander si, en plus de l'usage de ses jambes, il a pas complètement perdu la tête. Quelle misère, Dieu, quelle misère !

– Mais qui tient la ferme, alors ?

– Elle, la Renée, pardi ! Elle a un frère célibataire qui vit avec eux et qui lui aide. Il a été réformé, à peu près un an avant la fin de la guerre.

– Cet homme ne frappe pas Célestin, au moins ? s'alarma Julia.

– Non, mais il lui crie dessus, presque autant que sa sœur, et c'est pas rien ! Le pauvre petit, vous l'avez vu, l'air toujours inquiet. Pas de mère, plus de père… M'est avis qu'il serait mieux dans un orphelinat. Mais bon, son père est toujours vivant, et la Renée, c'est sa femme légitime, Mme Brandelis, alors… »

Julia revit le petit visage effarouché, l'air craintif du gamin, seul dans son coin tandis que ses camarades couraient ou disputaient des parties de billes. Un enfant mal aimé... Des souvenirs douloureux se levaient en elle. Mais, à l'âge de ce petit, elle avait un père aimant, elle avait cette chance. Certes, elle manifestait de son mieux à Célestin un intérêt amical, mais c'était insuffisant. Il devait sentir qu'elle, au moins, l'aimait.

Marthe changea de conversation.

« Alors comme ça, vous avez fait la connaissance de notre curé, le jour où il est venu bénir les étables ?

– Oui, répondit Julia sans rien trouver à ajouter.

– L'abbé Bruel est un saint homme, tout le monde vous le dira, affirma la mère de Janoune. À son âge, soixante-dix ans passés, il passe tout son temps libre à aider, ici ou là. Durant la guerre, il a donné la main pour les gros travaux là où manquaient des hommes valides. Vous avez vu ses vêtements ? Plus pauvres que ceux des pauvres ! Il cultive un petit jardin, élève des poules et des canards. D'après ses voisins, il se nourrit des pommes de terre qu'il cuit à l'eau dans une grande marmite et qu'il partage avec ses volailles. Les quêtes rapportent une misère. Pour les offices, bien souvent on le paie en nature : un fromage, un saucisson. En plus, voilà un homme qui cherche jamais chicane à personne. Quand il a trois sous, c'est pour les plus pauvres. L'église a grand besoin de réparations, mais comment voulez-vous... »

Julia avait écouté sans l'interrompre ce fervent panégyrique du curé de Rochessagne. En pensée, elle revoyait la soutane élimée dans le bas, la pèlerine décolorée, et aussi le regard plein de bienveillance.

« Pourtant, dit-elle, au bourg il y a sans doute quelques notables plus aisés. Ne font-ils jamais de dons à l'Église ?

– Des notables, c'est beaucoup dire. Depuis la guerre, rien n'est comme avant. Les trois ou quatre rentiers ont des terres qui ne rapportent presque rien, un cheptel réduit au minimum. Le notaire ne doit guère gagner, vu que les affaires ont beaucoup ralenti. Quant au vieux docteur Lachaux, s'il consulte toujours à son cabinet, il vient de prendre un assistant. Notre brave médecin ne peut plus courir la montagne de jour et de nuit pour soigner les malades. D'ailleurs, comme le curé, on le paie de plus en plus en nature... quand on le paie !

– Mais pour les réparations de l'église, dit Julia, la commune devrait aider, non ?

– La commune ? Ah ! pauvre demoiselle, notre maire n'arrive pas à joindre les deux bouts. Vous voyez bien comme il doit se montrer chiche pour les écoles, et ce n'est pas du mauvais vouloir, croyez-moi !

– À présent que la guerre est finie, il faut bien espérer que des jours meilleurs vont revenir », dit Julia.

Elle ne songeait pas seulement à la situation économique des campagnes ; son sort à elle, il fallait bien se l'avouer, la préoccupait aussi. L'air sceptique, Marthe hocha la tête :

« Je voudrais bien vous croire. Encore faut-il que la fièvre aphteuse arrête ses dégâts, que les foires et marchés reprennent. Ça ne va pas se faire d'un coup, il faudra du temps, plusieurs années sans doute. Ainsi, moi, au printemps, je voudrais bien vendre des veaux pour faire rentrer un peu d'argent.

– Ne perdez pas courage, dit amicalement Julia, les temps moins durs vont revenir. Il faut lutter encore un peu. J'admire votre vaillance. Ayez confiance en l'avenir. »

Ces derniers mots, c'était à elle aussi qu'ils s'adressaient.

Sans négliger ses autres élèves, Julia s'attachait à gagner la confiance de Célestin. Un jour, à la récréation, elle s'approcha du gamin. Appuyé au mur de planches de l'appentis, mains dans les poches, comme à l'accoutumée il regardait les jeux sans y prendre part. L'institutrice s'approcha.

« Tu devrais jouer un peu, Célestin. Tu vas finir par prendre froid à rester ainsi sans bouger.

– J'ai pas froid », affirma le petit en baissant la tête.

Julia changea de sujet. Elle craignait, par des questions indiscrètes, de le voir se replier davantage encore sur lui-même.

« J'ai appris que ton papa était malade. As-tu quelqu'un pour t'aider aux devoirs, te faire réciter les leçons ?

– Non, j'ai personne. Le Ferdinand et la Renée ont déjà assez de travail, je vais pas leur demander en plus…

– Crois-tu que tes parents seraient d'accord pour que tu restes un petit moment, après la classe ? Tu habites tout près. Je ne te garderai pas longtemps, mais, pendant que les grands travaillent, je pourrais t'expliquer ce que tu n'as pas compris. Qu'est-ce que tu en dis ?

– Je sais pas, faut demander à la Renée.

– Eh bien, demande-lui ! Tu le feras ? »

Célestin hocha la tête pour dire oui, mais ce geste manquait d'assurance.

« Tu as fait de grands progrès, reprit Julia pour l'encourager, et tu peux en faire encore, j'en suis sûre. Regarde-moi ! »

Le gamin leva les yeux, hésitant entre la confiance et la crainte. Il aimait bien la maîtresse, même si elle le grondait pour sa vilaine écriture et les taches qui, régulièrement, émaillaient ses devoirs.

« Si je te fais des reproches, c’est pour ton bien, pour que ton travail soit meilleur, plus soigné, tu comprends ? Je t’aime beaucoup, Célestin, tu es sage, en classe tu écoutes bien. Fais quelques efforts encore, tu en es capable, je le sais ! »

Julia lui souriait, et ses paroles avaient touché le cœur de ce petit solitaire. Il regardait le beau visage penché vers lui. Dans les yeux noirs et brillants de son institutrice, il voyait bien qu’elle était sincère. Alors il eut un petit sourire timide, n’osa pas dire : « Moi aussi, je vous aime beaucoup ! », mais un sentiment inconnu l’emplissait d’une délicieuse chaleur, malgré le froid de ce jour de novembre.

Avant de frapper dans ses mains pour donner le signal de l’entrée en classe, Julia lui fit un dernier sourire complice. Célestin se jura que, tout à l’heure, il trouverait le courage de parler à sa belle-mère.

Un soir, Janoune arriva à la maison d’école avec le pot de lait quotidien de son institutrice. Elle avait soigneusement enfoncé le couvercle du petit bidon de fer-blanc un peu cabossé. Sous sa pèlerine, dans son bras gauche replié, elle tenait autre chose, avec précaution semblait-il.

Julia prit le lait, remercia la fillette. Intriguée, elle vit bouger un peu la pèlerine.

« Qu’est-ce que tu as donc là ?

– Un cadeau pour vous, M'zelle ! », jeta triomphalement la gamine.

Elle découvrit alors ce qu'elle portait si précieusement : un minuscule chaton tout blanc, qui ouvrait d'immenses yeux effarés, d'un vert de jade pâle et luisant.

« C'est pour moi ? demanda Julia, incrédule.

– Oui, M'zelle ! J'avais dit à ma mère : si la Grisette nous fait un petit tout blanc, je le donnerai à la maîtresse. Il est beau, n'est-ce pas ? C'est rare que la chatte en ait de pareils. D'habitude, ils ont toujours une ou deux tâches grises, au moins. Il vous plaît ? »

Le petit chat se mit soudain à miauler lamentablement. Cet endroit inconnu sans doute…

« Mais sa mère va lui manquer ! dit Julia.

– Oh ! non, il est sevré depuis quelques jours, vous pensez bien ! Ma mère a dit qu'il fallait vous donner un matou, sinon, avec une chatte, vous seriez embêtée chaque fois qu'elle aurait des petits. Alors, ça tombe bien : c'est un chat et il est tout blanc ! »

Janoune était ravie de son cadeau, Julia un peu moins.

« C'est très gentil à toi, malheureusement, je ne vais pas pouvoir le garder… »

Très déçue, la petite semblait prête à fondre en larmes.

« Sans doute ne me gênera-t-il pas tant que je serai ici, mais aux vacances, qu'est-ce que j'en ferai ?

– Si c'est que ça, dit Janoune en retrouvant tout son entrain, ma mère y a pensé. Elle a dit qu'on vous le garderait si vous voulez. Nous, ça nous gênera pas, on a trois chats, alors un de plus, un de moins… »

De ce jour, Julia eut la compagnie de la petite boule neigeuse. Très vite, elle s'attacha à ce chaton qui la ravissait. Elle bénit bientôt Janoune et sa mère de lui avoir offert un petit compagnon si drôle et si charmant.

XV

Le premier adjoint

En aidant un peu le hasard, Julia avait rencontré la belle-mère de Célestin ; maigre et sèche, le visage aigu, elle couvrait sa tête et ses épaules d'un châle brun. Elle n'avait pas quitté son « davanté » de toile bleu foncé, noué à la taille pardessus sa robe de lainage.

« Le petit dit que vous voulez le garder le soir ? Ça serait pas des inventions à lui, des fois ?

– Pas du tout, c'est la vérité !

– C'est que je m'en méfie, il est "en dessous", fourbe comme pas un ! »

Malgré son désir de répondre vertement, Julia parvint à garder son calme. Célestin risquait de pâtir d'une mésentente entre elle et la femme de son père.

« Vous m'étonnez, dit-elle d'un ton qu'elle voulait conciliant. Je n'ai pas remarqué chez lui ce défaut, il est seulement extrêmement timide. Il m'a confié que son père était malade, que vous-même aviez beaucoup de travail, bref… Comme je garde les grands du certificat chaque soir, je lui ai proposé de faire ses devoirs à l'école. Ainsi, je pourrais lui expliquer un problème un peu difficile, lui faire réciter les leçons du lendemain… Cela vous soulagerait, vous n'auriez plus à vous soucier de son travail scolaire. »

Radoucie, Renée Brandelis semblait approuver la proposition de Julia. Celle-ci doutait fort que la réussite de Célestin soit au premier plan des préoccupations de sa belle-mère, mais elle avait compris tout de suite : on devait flatter ce genre de personne pour l'amener à accepter, au lieu de la braquer par des paroles trop péremptoires.

« Je comprends, dit la fermière, c'est bien aimable à vous, mademoiselle. Quand le père du petit est revenu, six mois avant la fin de la guerre, il avait perdu l'usage de ses jambes, à trente-sept ans, vous vous rendez compte ! En 14, on était mariés que de trois ans ; il était veuf, avec le petit et ses parents à charge. Tous les deux sont morts, lui en 16, elle en 17. Et me voilà avec la ferme et le gamin sur les bras !

– Vous avez un frère qui vous aide, je crois ?

– Heureusement ! On l'a renvoyé du front l'année de la mort de ma belle-mère, il est rendu quasiment sourd par ses blessures. Je vous dis pas comme il en a après la guerre et les Boches ! Moi, je voulais demander un prisonnier à la mairie, peut-être j'y aurais eu droit. Mais Ferdinand a piqué une de ces colères ! Il a dit : si un Boche rentre ici, je m'en vais !

– Et votre mari ?

– Mon mari ? Il faut que je le soigne comme un vieil impotent, comme si j'avais pas assez à faire !

– Il parle de la guerre, il se plaint ?

– Vous sauriez ! Il prononce pas trois mots en deux jours. Les voisins disent qu'il a perdu la tête, mais c'est faux, il raisonne comme vous et moi, quand il veut.

– Croyez-vous qu'il accepterait ma visite ? Si je lui parle de Célestin, de ce qu'il fait en classe, cela risque de lui faire plaisir, vous ne pensez pas ? Cet enfant peut devenir un bon élève. Simplement, il faut l'encourager.

– Ben, si vous avez le temps, vous pouvez toujours essayer… Mais prévenez-moi avant la visite à son père, que je le prépare un peu. Allez, au revoir, mademoiselle. »

Renée Brandelis tourna les talons, fit quelques pas et, soudain, revint vers Julia.

« Et pour faire travailler le gamin le soir, il faudra pas vous payer, au moins ?

– Non, bien sûr que non ! répondit Julia en réprimant à grand-peine un sourire amusé.

– Ah ! bon. Parce que moi, j'aurais pas pu, vous pensez bien ! »

« Qui va réciter la poésie, aujourd'hui ? »

Julia s'adressait aux élèves de cours élémentaire. Quatre doigts se levèrent, puis un cinquième du côté des petits.

Un grand silence se fit dans la classe. Comme Julia, médusée, tous regardaient Rose-Marie, rouge comme une pivoine, le bras tendu, l'index dressé.

La question ne s'adressait pas à elle ; si les cours préparatoires écoutaient la récitation, ils n'avaient pas à l'étudier. Pour cela, il faudrait attendre qu'ils maîtrisent la lecture, et ils en étaient bien loin.

« Eh bien, dit doucement Julia, nous allons laisser Rose-Marie réciter la première. »

Toujours cramoisie, la petite se leva, croisa ses mains dans son dos et commença d'une voix un peu assourdie, puis de plus en plus assurée :

« O lune-fée ! Dans la nuit brune
Danse, sous tes voiles de brume !
Sur les nuages effilochés
Danse pour moi, ô lune-fée !... »

Tandis que la gamine, toute fière de sa hardiesse, se rasseyait sans bruit, un murmure d'approbation courut le long des bancs. Les filles surtout étaient enthousiastes. Janoune cria :

« Bravo, Rose-Marie !

– C'est très bien, dit Julia avec un grand sourire, très très bien ! »

Puis elle fit réciter d'autres enfants, distribua des bons points en récompense avant de dire :

« Les petits, prenez vos bûchettes ! Et sans bruit pour ne pas déranger les grands. »

Aussitôt sortirent des pupitres les petits bâtons liés d'un fil, par paquets de dix. La maîtresse aida les trois garçons, toujours un peu maladroits, à les dénouer. Puis elle commença la leçon de calcul.

À la récréation suivante, Janoune, rayonnante, s'approcha de la table-bureau :

« Ça y est, M'zelle ! Rose-Marie fait comme l'écureuil ! »

Elle riait, heureuse de la soudaine audace de sa petite protégée.

« Oui, répondit Julia, heureuse elle aussi. Tu vois, Jeanne, je te l'avais dit : chaque chose en son temps. Il faut beaucoup, beaucoup de patience, mais nous sommes bien récompensées, n'est-ce pas ? »

Les yeux brillants, Janoune hocha la tête, puis, se détournant, elle courut organiser une ronde où elle entraîna tous les petits.

Depuis l'arrivée du petit chat dans sa vie, Julia, puérilement, se sentait transformée. Ce minet blanc, elle l'aimait avec passion.

« Je suis ridicule ! », se raillait-elle.

Mais, après tout, quelle importance ? Elle n'avait aucun témoin. Le chaton se lovait sur ses genoux en ronronnant, grimpait jusqu'à son épaule, nichant dans son cou, sous ses cheveux, sa petite tête espiègle.

Elle caressait le doux pelage blanc, tiède, soyeux, et elle se sentait fondre de tendresse, comme s'il eût été un peu son enfant.

Petite, Julia avait réclamé un chat à maintes reprises. Sa mère, naturellement, s'y opposait :

« Un chat ? Pour faire des saletés, griffer les rideaux, merci bien ! Arrête avec ton chat, une fois pour toutes c'est non ! »

Ce trop-plein d'amour insatisfait, Julia l'avait reporté sur le chien de son père. Taïaut était un bon compagnon de jeux. N'empêche que la fillette aurait voulu, en plus, la douceur tranquille, apaisante, d'un chat bien à elle. Elle devait se contenter de caresses aux minets du voisinage.

Le chaton, qu'elle avait baptisé Feu-Follet en raison de sa vivacité de lutin facétieux, prenait ses aises dans le petit logement. Julia avait déniché dans l'appentis une corbeille un peu dépaillée. Dépoussiérée, garnie d'un vieux tricot de laine, le petit chat y passait le plus clair de ses journées, au plus près du poêle.

La jeune fille partageait avec lui son lait où elle émiettait un peu de pain. Elle riait de le voir lécher consciencieusement sa patte pour débarbouiller sa petite frimousse, après chaque repas. Il la fixait alors de ses yeux verts, où passaient des lueurs dorées. Puis, sa toilette achevée, il jouait des heures avec le bouchon attaché à une ficelle que Julia avait liée au dossier d'une chaise. À petits coups de patte vifs et précis, il lançait le bouchon, suivait son va-et-vient de mouvements de tête comiques.

Julia s'amusait de longs moments à le contempler, tantôt couché sur le dos, tantôt assis, occupé à donner des petits coups secs à son jouet qui, parfois, venait heurter son petit nez rose.

Calmé, le chaton sautait sur la table, et la jeune fille tentait en vain de le persuader de redescendre. Elle tremblait de lui voir renverser l'encrier. Alors, elle usait d'un subterfuge ; à l'autre bout de son bureau, elle étalait un journal conservé pour allumer le feu. Le petit chat tournait deux ou trois fois sur le papier, se couchait enfin, roulé en boule, pour s'endormir bientôt, bercé par ses propres ronrons.

Il avait renoncé à taquiner de la patte le porte-plume qui bougeait entre les doigts de Julia, et même à le mordiller.

Le soir, les élèves partis, elle déposait la corbeille de Feu-Follet près du poêle de la classe. Durant ses longues soirées de travail, le chaton lui tenait compagnie.

« Il pourrait bien rester là tout le jour, avait dit Janoune, il nous gênerait pas, M'zelle ! »

Mais Julia ne voulait pas que le minet blanc soit un sujet de distraction, alors qu'elle s'efforçait de capter toute l'attention des enfants. Lorsque, avant de gagner son lit, elle remplissait les deux tableaux noirs de résumés de leçon et de consignes, Feu-Follet quittait sa corbeille ; il se frottait à ses jambes, ronronnait pour réclamer des caresses. Et ses miaulements semblaient dire :

« Laisse un peu ta craie et tes livres, et occupe-toi de moi ! »

Son travail achevé, elle le prenait dans ses bras, renversé et pattes en l'air, comme un bébé. Elle lui parlait, et le petit chat frottait sa tête contre sa joue, les yeux clos, au comble de la félicité. Puis ils allaient dormir.

Si Julia lisait un moment dans son lit avant d'éteindre sa lampe, il sautait sur l'édredon, et elle n'avait pas le courage de le chasser.

« M'zelle ! Albert dit que ma Bretagne a de la barbe ! »

Indigné, Denis Mouret montrait son cahier à sa voisine. Penchée sur lui, Amélie Gaydier n'osait pas lui dire qu'en effet, les rayures bleues qui frangeaient les côtes de sa carte de Bretagne évoquaient des poils de barbe. Albert et Janoune pouffaient derrière leurs mains, et Félicie Chassard dit à mi-voix :

« On va appeler Denis : Barbe-Bleue ! »

Julia abandonna la division des fin d'études avec qui elle corrigeait les constructions de phrases sur le thème : la veillée en famille.

« Eh bien, gronda-t-elle, calmez-vous donc ! Qu'est-ce qui se passe, à la fin ?

– C'est ma Bretagne, M'zelle, répéta Denis. Albert a dit qu'elle avait de la barbe, et maintenant les filles sont toutes à se moquer. »

Julia examina l'objet du litige, prit sur elle pour garder son sérieux.

« Mon pauvre Denis, au lieu de hachurer le pourtour des côtes à grands coups de crayon bleu, tu aurais dû, comme je l'ai recommandé, passer la couleur sans appuyer, de façon uniforme. »

Penaud, le gamin regardait avec dépit la carte dont il était si fier l'instant d'avant.

« Tiens, dit Antoine Besson en lui tendant un petit morceau de buvard usagé. Frotte un peu, ça enlèvera les rayures. »

Julia montra à Denis comment atténuer la couleur, et tout rentra dans l'ordre.

Ce jour-là, Paul Barbat était absent. Au moment de l'appel, Louis Estrade avait affirmé :

« Hier, Paul m'a dit qu'il viendrait pas parce que son père doit l'emmener à la foire à Besse. Et il a dit aussi : tant pis pour la composition de calcul ! »

Julia n'avait fait aucun commentaire ; comme prévu, les cours moyens s'étaient appliqués sur la composition : cinq multiplications à trois chiffres, des réductions de mesures de longueurs et deux problèmes.

Le lendemain, Paul était de retour. Il ne donna pas la raison de son absence, s'étonna un peu que la maîtresse ne lui demande rien. Au moment de la récréation, elle sortit de l'armoire les cahiers de composition, tendit le sien à Paul en disant :

« Tiens, le tableau a été effacé mais j'ai noté la composition de calcul sur une feuille. Fais-en la moitié, cet après-midi, je te donnerai les problèmes. »

Visiblement furieux, le gamin retourna à son pupitre, mais il n'ouvrit pas son cahier, croisa les bras dessus, du défi plein les yeux.

« Tu devrais obéir, Paul, dit fermement Julia, sinon je serai obligée de te garder en retenue ce soir.

– Je le ferai pas, dit-il, buté. La composition de calcul, c'était hier, pas aujourd'hui.

– Mais hier justement, où étais-tu ? Tu ne t'es même pas excusé.

– J'étais à la foire avec mon père.

– La foire n'est pas une excuse valable pour manquer l'école. Je suppose que ton père n'avait pas besoin de toi. Comment veux-tu faire des progrès dans ces conditions ?

– J'ai pas besoin de faire des progrès ! Si j'ai pas mon certificat, ça me fait rien du tout. Ça me manquera pas.

– Tu crois ça ? On a toujours besoin de savoir compter, lire, écrire sans fautes.

– Peuh !, fit le gamin en haussant les épaules, moi, je veux pas être instituteur ! Mon père, il dit pas comme vous. Il dit que ceux qui travaillent avec un porte-plume, c'est tous des feignants ! »

Un silence pesant tomba sur la classe, où chacun rangeait son matériel avant de sortir en récréation. Outrés et désapprobateurs, tous les regards étaient braqués sur la maîtresse. Oser lui parler de la sorte les laissait confondus.

« Sortez ! », dit seulement Julia.

Quand tous furent dehors, elle revint vers Paul :

« J'exige de voir ton père demain, avant ou après la classe, quand il aura le temps, mais je l'exige, tu m'entends ? J'ai eu beaucoup de patience, mais, cette fois, tu as passé les bornes. Tu fais ton travail, ou bien tu as un zéro en composition de calcul, à toi de voir. »

Le lendemain, à l'interclasse de midi, se présenta un homme que Julia reconnut sans l'avoir jamais rencontré. Ce visage étroit, ce regard suffisant, cette façon de se tenir, décontractée et un peu provocante, c'était Paul, en plus âgé.

Une petite moustache ombrait sa lèvre. Il avait fait mine de retirer son chapeau, sans toutefois achever son geste.

« Bonjour, lança-t-il en relevant le menton. Je suis le père de Paul, Ambroise Barbat, premier adjoint.

– Bonjour, monsieur, répondit Julia en appuyant sur le "monsieur" pour lui signifier son manque de politesse. Je vous attendais.

– Le gamin vous en fait voir, il paraît ? Il est comme moi, il a de la défense !

– Parce que vous pensez que Paul doit se défendre contre moi ? »

Julia était sur ses gardes. D'instinct, son interlocuteur lui déplaisait, elle le devinait dangereux.

« Il dit que vous le punissez sans arrêt, que vous êtes toujours après lui.

– À votre avis, je le punis parce qu'il le mérite ou par plaisir ? »

Ambroise Barbat haussa les épaules :

« Qu'est-ce que j'en sais ? Je suis pas là pour le voir, bien qu'on m'ait dit que j'aurais le droit d'assister à la classe, en tant que premier adjoint…

– Quand vous voulez, monsieur Barbat ! Je n'ai rien à cacher.

– Si j'étais maire, j'y mettrais de l'ordre, sûr !

– Je ne comprends pas, que voulez-vous dire ?

– Je veux dire qu'une institutrice qui discute avec un Boche… Je pourrais écrire à votre inspecteur, je sais pas s'il apprécierait beaucoup ! »

Le ton était ironique, avec une pointe de triomphe.

« Je suis libre de discuter avec qui je veux, rétorqua Julia ; elle s'attendait à tout sauf à une réflexion de ce genre. Mais, reprit-elle, si j'ai demandé à vous voir, c'est pour parler de votre fils. J'ai malheureusement l'impression que sa scolarité, son comportement vous importent bien peu. Vous devriez lui faire la morale, me seconder. Au lieu de ça, vous l'emmenez à la foire un jour de classe.

– Un jour de plus ou de moins, c'est pas d'une grande importance. J'ai pas l'intention d'en faire un savant.

– J'espérais que vous seriez plus compréhensif, pour le bien de Paul. Ce sera comme vous voudrez. Mais je vous préviens, j'agirai avec lui comme avec tous mes élèves.

– Ça m'étonnerait bien ! Vous allez le prendre en grippe, si c'est pas déjà fait !

– Nous allons en rester là. Il est inutile de continuer cette conversation, nous avons des points de vue trop différents, je crois. Au revoir, monsieur. »

Sans tendre la main, Julia se détournait. Alors, le père de Paul l'interpella vivement. Cette fois, dans son regard jaune de fouine, il n'y avait plus ni suffisance ni raillerie, mais une lueur de méchanceté sournoise.

« Faut pas vous croire comme ça, vous faites pas le poids, c'est moi qui vous le dis ! Pour votre copinage avec Hélène Laget et son Boche, tout le monde est au courant, et ça fait jaser, croyez-moi ! Mais le Boche est beau garçon, peut-être qu'il se contente pas de sa patronne…

– Je vous interdis ! cria Julia, hors d'elle. Sortez tout de suite, vous entendez, sortez !

– Ça va, je pars, mais j'en resterai pas là ! Qu'est-ce qu'elle se croit l'institutrice, non mais des fois ! »

Sans attendre que le premier adjoint sorte de la classe, Julia entra en trombe dans son logement et claqua la porte.

XVI

Père et fils

LE SURLENDEMAIN, malgré le froid humide, Julia refusa la carriole des Besson pour descendre au bourg. Marcher lui ferait le plus grand bien. Depuis la visite d'Ambroise Barbat, elle avait à peine dormi, et son indignation ne désarmait pas. Pourtant, elle avait accepté de regagner le hameau avec ses voisins ; au retour, elle était toujours chargée.

Il lui tardait de rapporter à ses collègues les menaces du premier adjoint. Certaine que les Duffaud sauraient la conseiller utilement, elle était résolue à tout leur dire : l'insolence de Paul, l'arrogance de son père, ses rencontres bien occasionnelles avec Ludwig, le prisonnier allemand.

Dernièrement, elle avait prêté au jeune homme, un collègue, l'un de ses livres personnels où il trouverait les rudiments pour apprendre le français. Ce manuel, certes, avait seulement le niveau d'une classe de fin d'études. Mais, pour la conversation courante, point n'était besoin de mots savants.

Ludwig et Hélène avaient chaleureusement remercié l'institutrice. Celle-ci se demandait qui avait pu les épier, ce jour-là ou un autre. Mais peut-être les gens anticipaient-ils, par besoin de commérages, sans doute.

Depuis, Julia était revenue une fois encore chez Hélène. Elle tenait à lui dire que Rose-Marie, enfin, acceptait de lire au tableau, de répondre aux questions. Timidement, mais sans se tromper, la fillette avait déclamé une poésie destinée à ses camarades.

« Je vous l'avais bien dit qu'elle me répète les récitations. L'autre jour, elle savait le début de la fable : “Le laboureur et ses enfants”. »

Julia le croyait, certes, mais elle s'étonnait. Cette fable, les grands l'avaient copiée dans le cahier réservé aux textes obligatoires pour le certificat. Elle-même l'avait lue et expliquée. Antoine Besson et Cécile Servol l'avaient relue tout haut. Et cela avait suffi pour que la petite en retienne une bonne partie. La jeune fille sourit à Hélène :

« Pourvu que Rose-Marie soit bien suivie tout le long de sa scolarité, elle fera de bonnes études, je vous le promets. »

La jeune mère rayonnait. Pourtant, sous ses yeux du gris-bleu des sources, Julia décela des cernes de fatigue. Hélène paraissait un peu amaigrie. Elle avait accompagné l'institutrice à l'entrée de la courette de la ferme. Quelqu'un du hameau, sans doute, les avait aperçues de loin, elles n'avaient aucunement l'intention de se cacher.

Le soir de son altercation avec le père de Paul, subitement ses nerfs la trahirent. Assise devant son assiette de soupe fumante, elle éclata soudain en sanglots ; la peur venait de l'envahir.

Si le premier adjoint avertissait l'inspecteur primaire comme il l'en avait menacée, qu'arriverait-il ? Ses supérieurs pouvaient-ils lui reprocher de côtoyer un prisonnier allemand ? Était-ce répréhensible ? Certes, on ne pouvait voir là une faute professionnelle. Pourtant, dans l'immédiate après-guerre, une attitude amicale envers un ennemi pouvait être interprétée comme un grave manquement au patriotisme, inculqué à l'école par les maîtres à leurs élèves.

Déjà, Julia se voyait révoquée de l'enseignement. Sa carrière, son gagne-pain, son métier qu'elle aimait tellement, elle perdrait tout.

C'est alors que le chaton blanc sauta sur ses genoux. Elle referma ses mains sur le petit corps tiède, le haussa jusqu'à son visage, frotta sa joue à la tête douce. Le petit chat se mit à lui lécher les doigts, le cou, comme pour dire : « Je suis là, moi, et je t'aime ! »

Longtemps, elle le garda contre elle, peu à peu apaisée par cette présence amicale. Son petit compagnon, elle n'en doutait pas, percevait fort bien son désarroi. Il voulait la consoler, et il y parvint quelque peu.

Pourtant, la nuit suivante, Julia roula dans sa tête des pensées déprimantes et contradictoires, en proie tantôt à l'optimisme, tantôt au découragement.

Le lendemain, en classe, elle s'était attendue à voir Paul triomphant. À sa grande surprise, il n'en fut rien. Que lui avait dit son père ? Elle ne put le deviner. Le gamin n'était ni obséquieux ni particulièrement indocile. Mais Julia était bien décidée à ne faire aucune allusion à la visite de la veille.

Sa journée de classe l'avait un peu rassérénée, et son angoisse des événements à venir s'était envolée, avec sa résolution d'aller demander conseil aux instituteurs de Rochessagne. Elle avait fini par se persuader que le premier adjoint ne mettrait pas ses menaces à exécution.

L'après-midi de classe achevé, tandis que les grands du certificat travaillaient à une composition française, elle avait expliqué à Célestin le problème d'intervalles qui le laissait perplexe. La solution trouvée par le gamin commençait correctement, mais le résultat final lui échappait.

« Relis l'énoncé… maintenant, réfléchis bien : on te dit que ces arbres sont plantés de chaque côté d'une allée. Dessine-la donc, avec des ronds pour représenter les arbres…

– Je crois que j'ai compris, mademoiselle. Y faut multiplier par deux puisque des arbres, y en a des deux côtés ? »

Ensuite, Célestin avait terminé ses exercices d'orthographe et récité la règle : « Devant m, b, p, on écrit m au lieu de n, sauf dans bonbon, bonbonne et embonpoint. »

Le gamin s'arrangea pour traîner à ranger son matériel et sortir le dernier. Il s'enhardit jusqu'à s'approcher de la table-bureau. Julia leva les yeux de ses corrections, lui sourit pour l'encourager à parler.

« Mademoiselle, je voulais vous dire… je suis bien content de faire mes devoirs ici, avec vous.

– Moi aussi, Célestin, j'en suis contente. D'ici à Noël, tu vas voir comme tu auras fait des progrès. »

Tout rougissant de gêne et de plaisir à la fois, le gamin hésita, puis dit très vite :

« Vous, M'zelle, vous criez pas tout le temps, c'est bien ! Au revoir.

– Au revoir, Célestin, à lundi. N'oublie pas de réviser tes leçons demain, cela, tu peux le faire seul.

– Oui, mademoiselle, j'oublierai pas. Merci ! »

Au fur et à mesure que Julia approchait du bourg, son assurance la quittait. Qu'allait penser

M. Duffaud, grand blessé de guerre, de la considération dont elle faisait preuve envers un prisonnier allemand ?

Si elle n'avait aussitôt décelé l'amour radieux d'Hélène et de Ludwig, éprouverait-elle les mêmes sentiments ? Peut-être pas. Mais cette passion révélée, lumineuse, malgré les circonstances, les interdits, l'avait profondément émue. Découvrir que Ludwig était instituteur l'avait touchée davantage encore. Enfin, l'annonce de la mort de son jeune frère, sur les champs de bataille, avait achevé de faire fondre ses ressentiments à l'égard de ceux que l'on persistait à nommer « les ennemis ».

À l'école de Rochessagne, on l'écouta raconter longuement l'histoire de Paul Barbat et de son père, d'Hélène, de sa petite fille et de Ludwig, le Boche.

Les yeux fixés sur M. Duffaud, Julia, le cœur battant, attendait la sentence.

« En somme, dit enfin l'instituteur, vous craignez que l'on ne vous reproche des gestes d'humanité ? Car c'est bien de cela qu'il s'agit, n'est-ce pas ? »

Durant le récit de sa jeune collègue, il s'était d'abord demandé si Julia n'était pas amoureuse de cet Allemand. Elle le décrivait beau, doux, profondément affecté de la mort de son frère, de l'éloignement de sa famille, du manque de son métier pour lequel il nourrissait une vocation sincère, indubitablement.

Mais Antoine Duffaud avait compris qu'il n'en était rien. Julia décrivait l'amour du prisonnier et de cette Hélène comme un sentiment respectable, plein de grandeur. La mère de Rose-Marie avait confié à Julia que Ludwig allait entreprendre les formalités nécessaires pour l'épouser et adopter sa fille. Sa condition présente rendrait-elle la chose possible ? L'instituteur l'ignorait.

« Mon père, vous le savez, reprit Julia, est mort au combat. Jusqu'à ma rencontre avec ce couple, je vouais aux Allemands, tous sans distinction, une haine implacable. C'est à peine si, pour moi, ils méritaient le nom d'hommes, comprenez-vous ? Puis, un jour, l'évidence m'a sauté aux yeux : tout comme les Français, la plupart d'entre eux ont été jetés dans la guerre à leur corps défendant. Qu'ils soient dans un camp ou dans l'autre, ils n'avaient qu'un espoir, qu'une hâte, rentrer chez eux, retrouver leur mère, leur femme, leurs enfants... Est-ce que je me trompe ? Sincèrement, monsieur Duffaud, vous qui l'avez connue, la guerre, dites-le-moi, je vous en prie !

– Comme vous, Julia, et plus encore peut-être, j'ai honni les barbares qui m'ont défiguré. Longtemps, je me suis laissé dominer par l'aversion et la rancœur. Et puis, au cours de mon interminable convalescence, j'ai revu les morts, les blessés de la tranchée d'en face. Un jour qu'après le coup de feu nous relevions les nôtres, j'ai entendu un ennemi, un garçon d'à peine vingt ans, le ventre éclaté, appeler sa mère. Son cri, je ne l'oublierai pas. Les peuples, ou plutôt leurs dirigeants, devraient bannir toute soif de conquêtes. Hélas, que sera l'avenir ? »

Antoine Duffaud soupira, resta un instant silencieux.

« Moi aussi peut-être, dit-il enfin, j'ai tué ou blessé de mes balles ou de mes grenades un père de famille, un fils chéri, est-ce que je sais ? Pourtant, je conçois que les gens soient hostiles aux prisonniers. La douleur est encore trop présente, il y a eu trop de morts, de mutilés, la logique, c'est qu'on leur en veuille. »

L'instituteur se tourna alors vers sa femme :

« Tu ne dis rien ? Tu penses comme nous, tu nous désapprouves ? »

Mme Duffaud secoua la tête en dévisageant son mari avec une tendresse proche de la dévotion :

« Comment pourrais-je te désapprouver ? Les souffrances, c'est toi, toi seul qui les as supportées. Si tu pardonnes, de quel droit pourrais-je en vouloir encore à des gens qui ont subi les mêmes épreuves que nous !

– Vous voyez, conclut M. Duffaud en regardant Julia, vous veniez ici trouver un appui, vous l'avez. Bien franchement, je connais un peu Ambroise Barbat de réputation : il n'est pas des plus courageux. Il n'alertera pas l'inspecteur. Sur quels témoignages pourrait-il étayer ses accusations ? Cependant, nous allons tout de même préparer votre défense, cela vous rassurera. »

Son plan était fort simple. Si ses supérieurs hiérarchiques demandaient des explications à sa collègue, elle dirait exactement la vérité. Pour aider une élève en difficulté, elle avait rendu visite à sa mère à plusieurs reprises. Là, elle avait rencontré le prisonnier allemand qui lui avait dit être instituteur, lui aussi. C'était tout, leurs relations s'arrêtaient là.

Julia rentra à Granges-Vieilles vivement réconfortée. Une seule crainte l'habitait encore, celle de voir les habitants du hameau prêter une oreille complaisante aux racontars du premier adjoint. Certes, il n'était guère apprécié, semblait-il. La jeune fille se disait qu'elle ne supporterait pas la froideur, le mépris peut-être, de ses voisins. L'idée que Marthe Rouvel, les Besson, les Foury et bien d'autres pourraient lui tourner le dos la rendait malade d'angoisse.

Personne, heureusement, ne modifia son attitude envers l'institutrice. Les jours passant, elle reprit confiance. Si Ambroise Barbat avait rapporté des ragots sur son compte, nul n'en avait fait cas.

Le jeudi suivant, Julia s'obligea à rendre visite au père du petit Célestin. Dans un intérieur plutôt mal tenu, elle le trouva près de la cheminée. Assis dans son fauteuil, une couverture sur les jambes, l'homme avait l'air sombre ; deux plis amers creusaient les coins de sa bouche. Il répondit d'un ton morne au bonjour de l'institutrice. Assez mal à l'aise, celle-ci cherchait ses mots :

« Je vous rends une petite visite, monsieur Brandelis, pour vous parler de votre Célestin. »

Tout intimidé, le gamin se tenait près de la jeune fille à qui l'on avait offert une chaise paillée. Renée Brandelis partit rejoindre son frère à l'étable.

« Je m'en vais traire, dit-elle, je vous laisse parler tous les deux un moment. »

Le père regarda un instant Julia, comme pour la jauger. Enfin, il demanda :

« Mon gamin, il vous obéit, au moins ?

– Bien sûr ! Célestin est très docile, il écoute attentivement les leçons. Depuis la rentrée, il a fait de grands progrès, vous savez.

– Tant mieux, tant mieux. Je le pensais têtu, ma femme est souvent obligée de le secouer, en paroles je veux dire, moi, je veux pas qu'on le batte. Il est pas très vif, faut vous dire, mais je crois pas qu'il ait un mauvais fond.

– Moi, je pense au contraire qu'il est très craintif, et qu'il faudrait s'intéresser davantage à lui.

– Qu'est-ce que vous voulez dire, mademoiselle ? Je ne peux pas bouger de là, alors je vois pas ce que je pourrais faire…

– Je suis au courant, et croyez bien que je compatis. Je sais aussi que votre femme a beaucoup de travail, et peu de temps à consacrer à Célestin. Mais vous, monsieur Brandelis, peut-être pourriez-vous lui faire réciter ses leçons ? De plus, je suis certaine que vous auriez bien des choses à lui apprendre : les bêtes, l'entretien des pacages et des haies, les signes qui permettent de prévoir le temps, comment monter une canne à pêche, réparer un manche d'outil..., enfin, toutes ces choses bien utiles que l'école n'enseigne pas aux enfants. »

Le père eut un petit rire désabusé :

« Cloué dans ce fauteuil, comment voulez-vous... Non, c'est pas possible !

– Mais si, c'est possible ! Sans bouger de là, vous pouvez lui parler, lui faire profiter de votre expérience d'adulte, de fermier. Qu'en dis-tu, Célestin ?

– J'aimerais bien, oui... On pourrait peut-être faire ce que dit la demoiselle, hein papa ? »

Il avait pour son père un regard avide, et pourtant plein de crainte de se voir rabrouer.

Le père fixa longuement son fils qu'il paraissait découvrir enfin. Julia voyait dans ses yeux beaucoup d'émotion, de l'affection aussi. Sous ce regard nouveau, Célestin s'enhardit, posa sa main sur celle de son père.

« D'accord, petit, tu m'approcheras les choses et, moi, je te les expliquerai. »

Les yeux bruns du gamin s'emplirent de reconnaissance, et Julia en fut remuée. Il avait un impérieux besoin de la tendresse de son père ; sans retenue, il lui donnait la sienne, avec toute sa confiance innocente d'enfant.

La fin novembre avait été grise et brumeuse. L'hiver attendit le cours de la première semaine de décembre pour prendre possession de la montagne.

D'abord, de furieuses rafales secouèrent les bois qui se couchaient, craintifs, sous leurs assauts. Puis le vent glacé commença à siffler au sommet des rocs nus, se rua sur les fermes, dans les pacages désertés. Nuit et jour, il hurlait sa colère, tel un loup aux entrailles torturées par la faim.

De ses ongles acérés, griffes de gel mordant, il écorchait la roche dure, giflait les arbres grelottants, égratignait les toits, flagellait les murs de grandes claques glaciales. Quand, enfin, il se calma, la neige tomba brusquement, en avalanche pressée, continue, bouchant les chemins, comblant tous les creux, enfouissant maisons et clôtures.

Deux jours plus tard, les chutes s'arrêtèrent. Tassées dans la neige épaisse, les chaumières faisaient le dos rond. La tourmente avait jeté aux yeux tremblants de leurs fenêtres des tourbillons de poudreuse, fine, presque impalpable. Les congères bloquaient les portes des étables ; on les dégageait à grands coups de pelle, pour les voir bientôt à nouveau obstruées.

Puis la bise se leva, plus implacable encore ; sa morsure arrachait des larmes à ceux qui osaient la braver. De ses mains dures, impitoyables, elle enserrait la maison d'école dans un étau glacé. La classe de Julia était presque déserte. Seuls, quelques grands du hameau, emmitouflés d'écharpes et de châles épais, arrivaient tête basse face au vent déchaîné.

Trois jours plus tard, les flocons tombaient à nouveau sur la première couche de neige gelée. La corvée d'eau tenait de l'exploit. Le bac disparaissait sous la glace brillante poudrée de blanc. Pour faire boire le bétail, les hommes la cassaient deux fois par jour. Les gens se serraient autour des cheminées, où le feu dévorait double ration de bûches.

L'hiver était venu, et la campagne entière lui faisait allégeance. Avec lui viendrait aussi le destin de Julia.

XVII

Le visiteur de l'hiver

Julia s'attendait depuis longtemps aux chutes de neige, inéluctables à cette altitude. Pourtant, elle se désolait de l'absentéisme, n'osait avancer les leçons qu'il faudrait forcément reprendre. Depuis la rentrée des grands, sa classe était si bien organisée… Finirait-elle à temps les programmes ?

Alors, pour les quelques enfants qui se présentaient, elle s'appliquait surtout à des révisions. Malgré leur trajet très court, ils arrivaient transis. Julia les installait tous au plus près du poêle presque porté au rouge.

Pour éviter à Janoune de ressortir dans le froid, elle descendait elle-même prendre son lait chez Marthe Rouvel, où elle ne s'attardait guère.

« Alors, dit un soir la fermière, vos élèves se tiennent au chaud par ce temps ! Mais vous en faites pas trop, c'est toujours comme ça au début de l'hiver, après on s'habitue, ceux des hameaux s'organisent. Sauf quand il échire[1] trop, les Souchal de Combe-Sourde, les Estrade des Mortes, les Prugne ou les Mouret de Paillassoux sortent le traîneau à tour de rôle. Dans la tourmente, pardi, c'est pas possible : le cheval y voit goutte et, pas plus que les hommes, il ne trouverait son chemin. Le soir, à l'heure où finit l'école, il faut traire et panser les bêtes, alors les gamins doivent remonter seuls. Mais ils ont l'habitude, les grands s'occupent des petits, ça se débrouille, portez pas peine !

– Mais, en cas de tempête justement, je n'oserai pas laisser partir les enfants des fermes éloignées !

– Oh ! mais c'est prévu, figurez-vous, dès la Toussaint ! Ceux des hameaux qui ont un gamin à l'école font affaire avec une famille de Granges-Vieilles, pour le loger par trop mauvais temps. Ainsi moi, je garderai au besoin Amélie Gaydier, ainsi que Denise et Félicie Chassard. Et, naturellement, le petit Joseph de Combe-Noire qui mange là chaque midi. »

Rassurée, Julia espérait bien avoir tout son monde une semaine au moins avant les vacances de Noël, pour faire le bilan de ce premier trimestre. Le soir, les corrections ne lui prenaient guère de temps. Alors, elle préparait des leçons pour le mois de janvier, des exercices et des coloriages pour ses

1. *La tourmente fait voler la neige poudreuse et empêche de se diriger.*

quatre petits, des séries d'opérations pour le cours élémentaire.

Contrairement à son habitude, elle se couchait tôt. Blottie dans son lit pour se défendre du froid, elle lisait, un châle entourant étroitement ses épaules, le minet blanc roulé en boule tout contre elle. Elle se réjouissait de posséder encore plusieurs romans et quelques recueils de poèmes prêtés par M. Duffaud.

Ses lectures étaient disparates. Après *Sapho,* de Daudet, elle avait dévoré les dix volumes de Jean-Christophe, de Romain Rolland, puis *Les Fleurs du Mal,* de Baudelaire, ouvrage censuré à l'École normale, et Colomba de Prosper Mérimée. Ces livres passionnants, le temps épouvantable qui la tenait enfermée jeudis et dimanches, plongeaient Julia dans une semi-irréalité. Les heures de classe exceptées, elle devait se faire violence pour émerger de ce monde romanesque, qui entraînait son esprit bien loin du hameau engourdi par l'hiver.

Le matin, Feu-Follet l'arrachait à la tiédeur de son lit en miaulant pour avoir son petit déjeuner. Si, par jeu, la jeune fille restait immobile sous le gros édredon accueillant, le petit chat sautait près de sa maîtresse ; de sa patte vive, il taquinait les mèches de sa chevelure brune, ou même sa joue. Alors elle riait, caressait en l'embrassant la petite bête impatiente, lui parlait, la cajolait. Enfin, elle sortait du lit pour lui donner sa ration de lait.

Avant toute chose, Julia enfilait son manteau et, munie de vieux gants, ôtait les cendres du poêle pour allumer bien vite une flambée. Toujours emmitouflée, elle déjeunait sous la lampe à pétrole. Bloqués par la neige tombée dans la nuit et amassée par le vent, les volets de la petite fenêtre ne s'ouvraient plus de l'intérieur. La jeune fille les dégagerait du dehors, lorsqu'elle sortirait pour la corvée d'eau quotidienne, avant de renouveler la provision de bois.

Souvent, à l'abreuvoir, elle rencontrait Anselme, enveloppé dans une lourde cape de berger, un cache-nez si bien enroulé autour du cou et de la bouche que, sous le capuchon rabattu, on distinguait seulement la lueur grise de ses yeux.

Après un rapide bonjour, Julia, ses seaux à la main, se hâtait de regagner la maison d'école. Les jours de classe, elle avait déjà allumé le poêle ; à nouveau, elle chargeait le foyer : la pièce devait se réchauffer avant l'arrivée des enfants.

Dans son petit logement, elle faisait sa toilette. Depuis l'arrivée des grands froids, elle comprenait mieux la répugnance manifeste des montagnards pour l'hygiène corporelle. Malgré ses leçons et son insistance continuelle, elle savait que la plupart de ses élèves, comme leurs parents, ne consommaient pas beaucoup d'eau pour la toilette quotidienne. Les mains, les poignets, le cou n'étaient généralement pas très nets, chez les grands surtout. Les petits, eux, bénéficiaient encore de l'aide des mères qui, au moins, frottaient ce qui se voit.

« Pour un peu, se disait Julia en se frictionnant vigoureusement avec une serviette nid-d'abeilles, je serais bien près de les imiter ! »

Elle s'habillait rapidement, superposant presque tous les lainages qu'elle possédait, amusée à l'idée qu'elle aimerait, elle aussi, « sauter la toilette ». Les jours de congé, elle occupait la matinée au ménage. Avec une seule pièce, cela ne lui prenait guère de temps. Ensuite, dans la classe froide et vide, elle prenait en hâte livres et cahiers et se repliait dans son logement. Tout près du poêle, dans sa corbeille, Feu-Follet dormait ou faisait semblant. Le feu et le petit chat ronronnaient à l'unisson.

En début d'après-midi, s'il ne neigeait plus, si la bise n'était pas trop méchante, Julia s'aventurait pour une rapide promenade autour de la maison d'école. Elle s'efforçait de marcher en suivant les traces où, piétinée par le bétail d'Anselme, la neige portait un peu mieux. Parfois, l'air glacé lui coupait le souffle, mais elle s'obligeait à marcher une petite demi-heure au moins.

Ensuite, jusqu'à l'heure où elle devait descendre chercher le lait chez Marthe Rouvel, elle retrouvait avec satisfaction la bonne chaleur de son logis ; là, elle se plongeait avidement dans la lecture en compagnie des héros du livre commencé. Le temps, alors, ne comptait plus.

Le 15 décembre, tout le jour, un ciel bas et blanchâtre avait laissé présager la neige. Après le départ de ses élèves, Julia s'était rendue chez Marthe. Celle-ci arrivait de l'étable, elle était seule.

« Demain matin, j'aurai du beurre frais. Je vous en garde un quart ?

– Oui, s'il vous plaît. Janoune n'est pas là ?

– Non, ses devoirs finis, elle a voulu monter un moment chez Hélène Laget. Il paraît que Rose-Marie s'est enfin amadouée et qu'elle apprend bien.

– Oui, et j'en suis reconnaissante à votre fille, car elle a bien contribué à cette réussite.

– Janoune m'a dit aussi que le Célestin fait des progrès. Tant mieux, pauvre gosse ! Ah, que je vous dise tant que la petite n'est pas là : la Renée a sans doute eu peur que vous voyiez le gamin laver au bac, alors, elle l'envoie plus faire sa lessive, c'est déjà ça ! »

En remontant vers l'école, Julia se réjouit d'avoir rapproché Célestin et son père ; c'était certainement bénéfique pour tous les deux. Soudain, elle pressa le pas. Les lourds nuages qui menaçaient depuis le matin venaient de crever ; une neige fine et sèche commençait à tomber dru, aveuglante, obstinée.

Son dîner achevé, Julia finissait de laver la vaisselle quand le vent se leva brusquement. Ce furent d'abord quelques tourbillons rageurs autour de la maison d'école, quelques poussées qui ébranlèrent la porte de la classe fermée à double tour. Dans sa corbeille, le chaton leva la tête, dressa un instant l'oreille, puis, indifférent, se roula à nouveau en boule, le bout de sa queue replié sur son petit nez rose.

Julia était à peine couchée que des rafales plus violentes, plus prolongées, annoncèrent la tempête. Dans la nuit, la tornade ne cessait de mugir sur la campagne, recroquevillée sur sa peur autour du hameau endormi. En l'espace de deux à trois heures, le déferlement continu des flocons, pourtant infimes, avait à nouveau enseveli les chaumières sous une épaisse couette étouffant tous les bruits.

« Encore la tourmente, se dit Julia, contrariée. Demain, une fois de plus, je vais presque me retrouver seule… »

Qu'y pouvait-elle ? Elle ouvrit le livre commencé la veille et se plongea dans *Salammbô*, de Gustave Flaubert. Très vite, prise par sa lecture, elle oublia le vent des montagnes, qui haletait et feulait comme un fauve en furie autour de la maison d'école.

Beaucoup plus tard, la jeune fille émergea brusquement de son livre. Parmi les grondements de la tempête, il lui semblait entendre des coups répétés à la porte de la classe. Dressée, elle écouta attentivement : non seulement on frappait, mais, entre deux rafales, elle distinguait des cris, des appels. D'abord, elle eut peur, et son premier réflexe fut d'éteindre sa lampe et de ne pas bouger. Aussitôt, elle pensa que l'on venait quêter du secours. Anselme, peut-être, était malade, il n'avait pu quitter l'étable et rejoindre le hameau pour dormir.

Les coups continuaient de plus belle, les bourrasques aussi. Julia sauta du lit, enfila son manteau, entortilla rapidement son châle autour de sa tête ; puis, sa lampe à la main, elle traversa la classe glaciale. Là, elle entendit distinctement une voix d'homme impatiente :

« Ouvrez, n'ayez pas peur, je suis l'assistant du docteur Lachaux, s'il vous plaît, ouvrez-moi ! »

Julia tourna la lourde clé, recula aussitôt. Un homme couvert de neige se rua à l'intérieur, claquant la porte derrière lui pour refouler la neige et le vent au dehors. Sous la casquette à oreilles et le col relevé de son manteau en peau de chèvre, on ne voyait rien de son visage.

« Où suis-je donc ? demanda l'apparition. Ce n'est pas Granges-Vieilles, ici ?

– Non, si, enfin… presque. Vous êtes à la maison d'école.

– La maison d'école ? fit l'homme en promenant un regard incrédule sur les pupitres, à peine visibles dans la pénombre. Ah ! oui... l'école ! Je l'avais oubliée ! Alors, vous n'avez rien sans doute pour abriter mon cheval ? »

Dans la voix grave perçait la déception.

« Si, si, dit rapidement Julia, au bout du bâtiment, là, c'est une étable.

– Ah ! Et vous croyez qu'elle est ouverte ?

– Je pense, oui, en vérité je ne sais pas...

– Il faut aller voir, mon pauvre Baron n'en peut plus. Vous pouvez m'éclairer ?

– Oui, attendez un instant, je reviens. »

Julia courut chercher la lanterne, alluma la bougie, referma la petite porte de verre épais. En hâte, elle enfila ses grosses galoches et revint dans la classe. Sur les vêtements du jeune homme, la neige commençait à fondre. Il portait de hautes bottes fourrées et des moufles en cuir matelassé.

Julia sortie, la lanterne haut levée, il referma violemment la porte. Blotti contre la cloison de l'appentis à demi bouchée par une congère, le cheval attendait, tête basse. Son maître saisit les rênes, cria : « Je vous suis ! »

Longeant le mur, le vent en plein visage, Julia gagna l'entrée de l'étable. Une chaîne fermait la lourde porte ; assez vite, le jeune homme parvint à la dénouer, et il tira l'animal à l'intérieur.

Dans la tiédeur des bêtes, la porte refermée, il s'empressa de débarrasser le cheval de la selle et des fontes renfermant sa trousse de médecin. Puis il prit des poignées de paille sur une litière proche et le bouchonna vigoureusement.

Muette, surprise encore de cette double intrusion, Julia se contentait de brandir la lanterne. Sur le mur dansaient les ombres de l'homme et du cheval en train de s'ébrouer. Enfin, l'animal énergiquement frictionné, attaché au montant d'une crèche vide, le jeune homme arracha l'écharpe qui cachait le bas de son visage en maintenant son col relevé.

« Je commence à prendre chaud ! dit-il en souriant. Merci pour Baron, le voilà à l'abri pour la nuit. Car j'ai bien peur que cette tourmente m'oblige à attendre le jour ici.

– Sûrement, oui, approuva Julia, un peu intimidée.

– Pardonnez-moi, je ne me suis pas présenté. Étienne Maurin, assistant du médecin de Rochessagne. J'ai dû vous faire très peur ?

– Un peu, dit Julia, souriant à son tour, sa gêne dissipée. Venez maintenant, je vais réchauffer un peu de café.

– Merci, je veux bien. Dieu, que j'ai eu froid ! J'ai cru que mon sang allait geler dans mes veines ! »

D'un doigt, le jeune médecin frottait sa fine moustache où s'accrochaient encore de minuscules glaçons. Il rajusta son écharpe, et il courut derrière Julia, tous deux rasant le mur, vers l'abri de la classe. Tandis qu'il quittait casquette, bottes et manteau, Julia s'empressa d'allumer le feu, de réchauffer le café sur sa petite lampe à alcool. Le jeune homme passait sa main dans ses cheveux châtain clair, largement bouclés sur le front.

« Mais je suis sotte, vous devez avoir faim ?

– Faim, oui, avoua-t-il en riant, mais je ne voudrais pas abuser…

– Ne faites pas de façons, tenez ! »

Julia posait devant lui pain, saucisson et fromage, tirés du garde-manger accroché dans l'embrasure de la fenêtre. Debout près du poêle, elle regarda son hôte dévorer avec appétit. Elle lui tendit ensuite le bol de café, la boîte à sucre.

« Merci beaucoup, je crois que j'abuse… Oh ! mais vous avez un gardien à ce que je vois ! Est-il efficace contre les brigands ? »

Le jeune homme riait encore. Attiré par l'odeur du saucisson, Feu-Follet venait de sauter sur ses genoux. Il avala goulûment ce que le visiteur voulut bien lui abandonner, puis, sans quitter son perchoir, se débarbouilla le museau. Sous les caresses du médecin, il commença bientôt à ronronner et, sans plus de façons, s'installa confortablement sur les genoux hospitaliers et ferma les yeux.

« Nous voilà amis, dit le jeune homme en souriant à Julia. J'ai été appelé à Combe-Sourde dans l'après-midi. Je redescendais quand, à la sortie du bois, la neige a commencé à tomber. Sans la tourmente, Baron m'aurait ramené facilement. Il appartient au docteur Lachaux et il connaît la montagne, vous pensez bien ! Malheureusement, dans la tempête de neige, de nuit qui plus est, nous avons dû tourner en rond pas mal de temps. »

Étienne Maurin prit soudain l'air grave :

« Certains, vous savez, meurent ainsi chaque hiver, bêtement, parfois tout près d'une maison, invisible dans le brouillard de poudreuse que le vent fait tourbillonner… Enfin, nous voilà saufs, Baron et moi, grâce à vous ! »

Il levait vers Julia des yeux bruns chaleureux, pleins d'amicale reconnaissance.

« C'est tout naturel, il faut bien s'entraider. Tout comme moi, vous passez votre premier hiver en montagne, n'est-ce pas ?

– Oui et non. En réalité, enfant et adolescent, j'ai fait de longs séjours à Combe-Noire, mais assez rarement à la mauvaise saison, je dois dire. Mais il est très tard, j'abuse de votre temps, il faut vous reposer, dormir.

– Non, non, dit vivement Julia, je n'ai pas sommeil, pas du tout ! »

Malgré cette affirmation, elle se sentait extrêmement lasse, mais la présence du jeune médecin était agréable, et elle était curieuse de savoir pourquoi il connaissait le hameau de longue date.

« Vous aviez de la famille, à Combe-Noire ?

– Mes grands-parents. Vous devez connaître les Foury ? C'est à eux que leur ferme a été vendue, il y a tout juste un an. »

Alors il raconta. Née à Combe-Noire, sa mère s'était mariée, à dix-huit ans, à un jeune Clermontois rencontré lors d'une noce. Commis de perception, il l'avait emmenée vivre en ville. Étienne, leur fils, parfois accompagné de sa mère, venait passer l'été chez les grands-parents. Le petit garçon y revenait encore aux vacances de Pâques, quelquefois aussi à Noël lorsque l'hiver était clément. Il préférait, et de loin, la liberté des petits montagnards aux mornes rues de la capitale auvergnate où on ne le laissait jamais seul. Et puis, comme disait sa grand-mère, le bon air lui faisait les joues roses, lui ouvrait l'appétit.

« Quand j'ai commencé mes études de médecine, je venais de moins en moins. Les distractions campagnardes m'attiraient peu, alors ! Pourtant, j'avais ici de très bons camarades. Hélas, il en reste bien peu, la guerre est passée par là… En 1914, après cinq années d'études, j'avais résolu de continuer en chirurgie. Les événements ne l'ont pas permis. Je me suis retrouvé médecin-major, et chirurgien bien malgré moi… »

Si enjoué jusque-là, Étienne devint sombre, plongé dans de pénibles souvenirs.

« J'ai aidé à en amputer tant et tant, des malheureux blessés, certains très jeunes, si vous saviez !... Moi, j'en suis revenu, mais des milliers d'autres... »

Assise face à lui, Julia revivait ce qu'elle savait de la guerre. Le manque de son père s'imposa une fois encore, violent, insoutenable, si intense qu'elle sentit monter des larmes. Courageusement elle lutta, retrouva peu à peu son sang-froid. Tête basse, en proie à ses pensées, Étienne n'avait rien vu.

« Savez-vous, reprit-il, désireux de donner un ton plus léger à la conversation, savez-vous si Irène Rigaud et sa mère habitent toujours Combe-Noire ? Irène, une vraie sauvageonne un peu simple, entre nous, m'a appris à pêcher les truites à la main. Nous devions avoir dans les douze ans...

– Oui, dit Julia, amusée, elles y vivent toujours, je les ai aperçues un matin. On les dit un peu sorcières ! »

La jeune fille rit franchement, et Étienne rit avec elle. Julia se sentait étrange tout à coup, un peu troublée aussi par ce tête-à-tête inattendu, mais comme elle était bien là, à écouter le jeune médecin, à plaisanter avec lui...

« Ce doit être la fatigue », se dit-elle.

Elle ne parvenait plus à détourner son attention du regard brun, un peu doré, de celui qui continuait à égrener ses souvenirs d'enfance.

« Celui que la tempête m'a envoyé... », pensa Julia, éprouvant soudain une gratitude surprenante mais sincère pour les éléments déchaînés de cette nuit d'hiver.

XVIII

Le déclin de l'enfance

Encouragé par la jeune institutrice, Étienne avait achevé son récit. Âgés, ses grands-parents étaient partis vivre chez leur fille depuis longtemps déjà. Mise en vente, leur petite ferme, comme tant d'autres, n'avait pas trouvé preneur pendant toute la durée de la guerre. Puis Adrien Foury, rentré du front, s'y était installé avec sa famille.

Son internat achevé, Étienne avait appris que le médecin de Rochessagne recherchait un assistant. Plutôt que l'hôpital, il avait eu envie, pour quelques années au moins, de retrouver la campagne. Là, se disait-il, après une si longue période d'horreur quotidienne, il reprendrait souffle. Et qui sait, peut-être succéderait-il plus tard au docteur Lachaux…

« Pardonnez-moi, dit soudain le jeune homme en se levant, il est terriblement tard, je vais vous laisser dormir. »

Là-dessus, il entreprit d'enfiler son manteau :

« Je peux vous emprunter la lanterne ?

– Oui, bien sûr ! Mais où comptez-vous dormir ? demanda Julia.

– Près de Baron, naturellement !

– Dans l'étable ?

– Où donc alors ? Vous n'avez qu'une pièce, et je ne peux pas vous compromettre, n'est-ce pas ? »

Rieur, il dévisageait Julia, furieuse de se sentir rougir sottement. Certes, elle ne pouvait pas lui proposer de partager son lit !...

« Votre classe est glaciale, reprit Étienne. Dans l'étable, il fait bon au milieu des bêtes. J'ai passé plus d'une nuit dans la paille, à côté des chevaux, ou dans le foin d'une grange qui servait d'hôpital de fortune. Sous ma peau de chèvre, je vais dormir comme un ange, croyez-moi !

– Prenez au moins une couverture. »

Déjà, Julia enlevait l'édredon de son lit.

« Non, laissez, je vais vous la rendre pleine de fétus de paille...

– Et alors ? Je la brosserai ! Allons, prenez ! »

Elle lui tendait la couverture roulée en boule en souriant. Il observa le visage levé vers lui, un peu pâli sans doute par une longue veille, les yeux très sombres, brillants et amicaux, les cheveux si noirs qui bouclaient sur les épaules... Doucement, il dit :

« Mais vous... le feu va s'éteindre, vous aurez froid.

– Non, dit-elle, et elle secouait ses boucles en riant. Voyez, mon manteau remplacera avantageusement la couverture. Au besoin, je prendrai Feu-Follet en guise de bouillotte pour me réchauffer les pieds !

– Feu-Follet ?

– Le chat, votre nouvel ami, il me semble. »

Le minet blanc avait regagné sa corbeille et continuait sa nuit interrompue par des agapes de pelures de saucisson. Les jeunes gens se sourirent.

« Bonne nuit alors, dit Étienne. Puis-je vous demander un dernier service : me réveiller tôt demain. Quand je dors, il faudrait au moins vingt coups de canon pour me tirer du sommeil !

– Je le ferai, soyez sans crainte, à demain. »

Elle lui tendit la lanterne, referma la porte derrière lui, se coucha hâtivement après avoir monté la sonnerie du réveil. La tourmente s'était un peu calmée. À l'instant de perdre conscience, Julia crut voir, penché sur elle, un regard lumineux, amical, un regard qui inspirait confiance… Puis un sommeil bienfaisant, un sommeil d'enfant rassuré l'emporta.

Dans l'étable, au creux de sa couche de paille un peu piquante, Étienne caressait machinalement le bord de la couverture. Devant ses yeux alourdis de fatigue dansait une cascade de boucles brunes, vivantes, soyeuses, douces, si douces. Il s'endormit enfin, bercé par les gémissements étouffés de la tempête autour de la maison d'école.

Le 23 décembre, comme convenu avec Pauline, Julia prit la diligence pour aller passer les fêtes auprès de son amie. Elle avait gagné Rochessagne grâce au traîneau des Besson. Un événement imprévu viendrait bientôt écourter ce séjour tant attendu.

Depuis peu, le petit Pierre-Damien faisait ses premiers pas.

« Il faut constamment se pencher pour le tenir, j'ai le dos rompu », avoua Pauline.

Julia prit la relève. Soutenant le bébé qui accrochait fermement sa menotte aux doigts de sa marraine, elle lui faisait accomplir des aller et retour sans fin dans la petite cuisine chaude. Si Pauline n'était plus vive et gaie comme au temps de leurs études à Clermont, Julia se réjouissait pourtant en regardant sa fidèle amie. Très amaigrie à son arrivée à Chavassol, la jeune femme avait repris un peu de poids. Ses joues trop pâles rosissaient à nouveau, son regard avait retrouvé un peu de son éclat.

« Tes élèves te donnent satisfaction ? questionna Julia, tu as toujours de bonnes relations avec les parents, tes collègues de Grandeyrolles ?...

– Dans l'ensemble, il n'y a rien à redire. Ne sois donc pas toujours inquiète pour moi ! Tout le monde a de bons rapports avec la jeune veuve de guerre. On les plaint, comprends-tu, elle et son fils... »

Dans ces derniers mots, Julia décela beaucoup d'amertume. Sa véritable situation connue, tous ces gens n'auraient-ils pas tourné le dos à Pauline ? Soulevant le bébé dans ses bras, elle s'approcha de son amie, lui prit la main.

« Tu voudrais que je ne m'inquiète pas et tu continues à te torturer inutilement. Une seule chose compte, tu m'entends, une seule : ton petit Pierre-Damien est magnifique, tu ne roules certes pas sur l'or, mais tu gagnes votre vie à tous les deux. Le reste ne regarde personne, crois-moi.

– Tu as raison, comme toujours, ma Julia si perspicace, repartit Pauline en l'embrassant. Mon fils et moi, ensemble nous pouvons défier le monde entier ! »

Le bébé couché, les deux jeunes femmes en vinrent aux confidences. Si le hameau de Pauline était moins élevé en altitude et moins enneigé que Granges-Vieilles, le froid vif n'engageait guère à la promenade. Julia entreprit de raconter la fameuse nuit de tourmente où le docteur Maurin et son cheval avaient trouvé refuge à la maison d'école ou, plus exactement, dans l'étable attenante.

À son insu, elle s'animait, s'exaltait même un peu au cours de son récit. Bien vite, Pauline, plus clairvoyante que ne l'était son amie à propos de ses sentiments, décela le vif intérêt de Julia pour le jeune médecin. Plus encore que ses paroles, son regard brillant, enthousiaste, ne trompait pas.

« Ce docteur Maurin paraît t'avoir fait grande impression, dis-moi ? »

Sincèrement étonnée, Julia se défendit :

« Mais je le connais à peine ! Nous avons bavardé trois heures tout au plus, je ne l'ai pas revu depuis. Que vas-tu imaginer là !

– Tu ne l'as pas revu et tu le regrettes, avoue ! fit Pauline avec un sourire de connivence.

– Mais non ! Qu'est-ce que tu insinues ? Étienne Maurin est sympathique, certes, et je serais heureuse de m'en faire un ami à l'occasion, c'est tout.

– Hum, dit Pauline, incrédule, un ami, un ami… Quand tu parles de lui, il est visible que tu aimerais gagner plus que son amitié !

– Pauline, arrête ! C'est faux ! De toute manière, tu sais bien que depuis la terrible déconvenue que m'a infligée Maurice, l'an dernier à Issoire, je me suis juré de fuir les hommes, tous et pour toujours ! »

Le ton était décidé, la voix dure.

« La blessure est encore trop récente », pensa Pauline avec un serrement de cœur. Mais elle garda un ton enjoué pour dire encore :

« Ta, ta, ta, à vingt et un ans à peine, comment peux-tu être sûre que ton cœur ne battra jamais pour aucun d'entre eux ? La vie est longue, tu sais… »

Julia revit en pensée le jeune homme aux cheveux châtains dont la lampe à pétrole ombrait le visage franc, ses yeux d'un brun si chaud… Pauline avait peut-être raison, après tout… Mais il ne fallait pas. L'intérêt bienveillant des hommes cachait leur traîtrise, elle en était certaine. Elle ferait tout pour oublier Étienne Maurin et leur étrange tête-à-tête durant cette soirée insolite.

« Et le lendemain, demanda Pauline, il t'a dit au revoir, tout de même ?

– Oui, évidemment. Quand je suis allée le réveiller, il a ouvert la porte de l'étable, encore tout ensommeillé, de la paille plein les cheveux ! La tempête de neige s'était complètement calmée. J'ai dû insister pour qu'il prenne un petit déjeuner avant de redescendre vers Granges-Vieilles. Il voulait emprunter une ration d'avoine aux Besson, les parents d'élèves qui me font profiter de leur traîneau.

– Et il n'a pas dit : quand pourrons-nous nous revoir ? Cela me ferait tellement plaisir… ou quelque chose d'approchant ? »

Julia secoua la tête. Mais, sans s'expliquer pourquoi, elle ne rapporta pas à Pauline les derniers mots du jeune médecin.

« Merci mille fois, avait-il dit en lui serrant la main. S'il vous plaît, expliquez mon intrusion au vacher de monsieur le Maire, et remerciez-le de ma part. J'espère pouvoir un jour m'acquitter de ma dette envers l'aimable personne, sûrement un peu magicienne, qui m'a tiré des griffes de la tourmente, la nuit dernière ! »

Là-dessus, ils avaient ri. Puis, les guides de Baron à la main, il avait ajouté :

« Dans cette poudreuse, je ne vais pas le monter, vous pensez bien ! La neige ne porte pas, il ferait beau voir qu'il se casse une patte après avoir été sauvé par une maîtresse d'école ! »

Julia avait regardé le maître et le cheval descendre péniblement la pente en direction du hameau. Puis, songeuse, elle était rentrée dans le logis tiède où Feu-Follet s'activait à sa toilette des grands jours. Sans réfléchir, elle avait étreint fougueusement la couverture jetée sur le dossier d'une chaise. Enfin, haussant les épaules, elle s'était empressée d'allumer le feu dans la classe. Quelques élèves, elle l'espérait bien, pourraient malgré tout gagner l'école, ce matin-là.

« Vois-tu, Pauline, dit Julia pour conclure, ce jeune médecin et moi, nous ne nous croiserons plus guère. Le docteur Lachaux a pris un assistant pour les visites à domicile. La commune est grande, les fermes et les hameaux très nombreux. Moi, je suis cloîtrée pour tout l'hiver sous les monts du Sancy. À moins que je ne tombe malade, ce que je ne souhaite pas, mes chances de revoir Étienne Maurin sont quasi nulles.

– L'hiver ne durera pas toujours, affirma Pauline en secouant sa tête blonde. Et puis le hasard décide bien souvent à notre place, j'en sais quelque chose.

– Bah, nous verrons ! Je me sens bien au milieu de mes élèves, trop loin de toi et de mon filleul, hélas, mais il faut bien en prendre son parti, n'est-ce pas ? Ce soir, c'est moi qui donnerai son bain à Pierre-Damien. Ensuite, pour le souper, nous ferons des crêpes. Que dis-tu de ce programme ? »

Pauline approuva en souriant. Mais l'ombre qui ternissait son regard bleu depuis la mort de Damien disait à Julia que son amour pour lui était toujours vivace et douloureux.

Quatre jours plus tard, une lettre de Gilberte, la jeune voisine de la ferme de Saint-Benoît, rejoignit Julia à Chavassol. Marthe Rouvel s'était chargée de la réexpédier de Rochessagne. Sur la demande de Gaby, la jeune fille informait Julia du décès de Germain. Le vieux domestique venait de succomber à une pneumonie.

Julia fut d'autant plus peinée que cette missive ne lui était pas parvenue à temps pour qu'elle puisse assister aux obsèques.

« Mon père, écrivait Gilberte, vous fait savoir qu'il s'arrangera avec vous pour acheter vos vaches, si vous êtes d'accord. Il faudrait venir le voir au plus tôt. La pauvre Gaby fait peine, elle vous attend pour savoir votre décision à propos de la maison. Elle dit qu'après elle se retirera chez sa nièce, sur la commune de Mareugheol... »

En songeant tristement au vieux Germain, inévitablement Julia évoquait aussi le souvenir de son père. Elle décida de repartir sans tarder. Si ses affaires se réglaient assez vite, elle pourrait passer le premier de l'An à Issoire, près de la tante Marceline. Quitter Pauline et son fils avant la fin des vacances la peinait beaucoup, mais sa présence à Saint-Benoît était indispensable.

« Tu vas mettre la ferme en vente ? demanda Pauline.

– Non, affirma son amie, cela je ne pourrai jamais ! Je céderai tout ce qu'il voudra au père de Gilberte, mais je garderai la maison. »

Non, la petite maison de son père, elle ne s'en séparerait jamais. Mais elle ne se leurrait pas : sans Germain, sans Gaby, son enfance à tout jamais s'éloignait d'elle... À Saint-Benoît, elle serait presque une étrangère, désormais. Chassant la peine qui l'habitait à la pensée des jours heureux près de Guillaume, elle demanda :

« Comme l'an dernier, vous viendrez m'y rejoindre à Pâques, n'est-ce pas ? »

Pauline s'empressa de promettre. Leur amitié n'était-elle pas sa seule échappée vers les autres, son seul appui ?

Quand Julia descendit de la diligence, devant l'auberge de Saint-Benoît, elle était transie. Le froid vif avait rendu le voyage éprouvant. Sur les routes gelées, le cocher menait prudemment son attelage et, des heures durant, la jeune fille et ses compagnons avaient enduré un froid aux pieds des plus cruels. Cependant, Julia s'était réjoui que la route n'ait pas été bloquée par des chutes de neige, l'empêchant de rejoindre la pauvre Gaby désemparée.

Avant d'entreprendre le court trajet jusqu'à la ferme, elle s'offrit un café bouillant à l'auberge. Là, le patron la reconnut, s'étonna, sans aucune discrétion, de son absence à l'enterrement du domestique de son père.

« Si je peux me permettre, ajouta l'homme, replet et moustachu, le torchon sur l'épaule, vous devriez pas faire tellement confiance à votre voisin. C'est bien lui qui vous garde les bêtes, je crois ? Il est roublard, comme beaucoup de paysans, vous savez bien ! Tâchez donc de négocier avec quelque maquignon le prix de vos vaches, vous en tirerez sûrement plus. L'épidémie de fièvre aphteuse avait fait baisser l'offre, mais, à ce qu'on dit, les prix commencent à repartir à la hausse. »

Julia sourit poliment sans répondre. Depuis le décès de Guillaume, le voisin avait rendu de grands services à son pauvre Germain. Même si elle vendait les bêtes un peu moins cher, elle n'allait pas courir tout le pays pour les proposer à l'un ou à l'autre des marchands de bestiaux. Planté devant sa table, l'aubergiste attendait visiblement une réponse.

« Je vais voir, dit Julia en se levant, j'ai très peu de temps, beaucoup de choses à régler… Au revoir. »

Prévenue par un télégramme, Gaby guettait l'arrivée de sa « petiote ». Julia étreignit longuement la vieille femme, les yeux pleins de larmes.

« Je regrette tellement, tellement, de n'avoir pas été là, de ne pas l'avoir revu…

– Ma pauvre petite, les circonstances ont fait ce qu'elles ont fait, dit Gaby en s'essuyant les yeux. Ce n'est pas ta faute, quand tu es partie chez Pauline, tu ne pouvais pas savoir. Tu vas chez nos voisins, à présent ?

– Ma visite peut attendre demain matin, tu ne crois pas ? Il est tard, je suis si fatiguée…

– Oui, oui, tu as raison, j'ai mis la soupe à cuire, nous dînerons de bonne heure et tu iras dormir. Le père de Gilberte a pris les vaches aussitôt avec les siennes, il attendra bien une nuit de plus.

– Demain, j'irai sur la tombe de Germain, reprit Julia. Est-ce qu'il a beaucoup souffert ?

– Au début, oui, il étouffait. Mais sur la fin, il se rendait plus compte, il me reconnaissait pas. Le docteur lui faisait des piqûres calmantes, comme ça c'est mieux. Il s'est pas vu passer, pauvre de lui ! Dieu ait son âme. »

Julia croyait revoir celui qui était l'indulgence même, simple, effacé, toujours plié au bon vouloir de sa « petitoune » qui le menait par le bout du nez. Germain avait remplacé le grand-père qu'elle n'avait pas eu. Maintenant, comme Guillaume, il était parti loin d'elle, si loin…

« Tu vas donc partir à Mareugheol ? demanda-t-elle pour faire diversion et chasser les idées noires.

– Eh oui, pauvre ! Qu'est-ce que je ferais ici, toute seule, dis-moi ? Il y a longtemps que je suis plus bonne à rien, mais Germain, je pouvais pas le laisser seul, l'abandonner, hein, petite ? Alors, vaille que vaille, je tenais le ménage pour nous deux.

– Ta nièce est prévenue ?

– Oui, elle m'attend. Je n'ai qu'elle, tu le sais, et ce sera mon héritière. Oh ! j'ai pas grand-chose à lui laisser, quelques petites économies et deux bouts de prés que j'ai jamais voulu vendre… »

Le lendemain, Julia régla la vente des vaches et de ce qui restait du domaine de Guillaume Freynial. En apprenant qu'elle désirait garder la maison, son voisin avait offert d'acquérir les prés et le matériel de la ferme. Julia le quitta, soulagée d'être libérée de ce souci. Lors de son départ, Gaby laisserait la clé chez les parents de Gilberte ; ils avaient proposé de surveiller la maison.

Désolée de n'avoir pour son vieil ami Germain qu'un bouquet d'anémones en soie mauve et bleue, Julia se recueillit dans le petit cimetière où soufflait une bise glaciale. Un bouquet identique déposé sur la tombe de son père, elle rejoignit la ferme pour aider Gaby à préparer ses bagages.

Le jour suivant, en début d'après-midi, elle gagnerait Issoire pour aller embrasser sa grand-tante. Marceline avait été bonne pour elle ; sans nul doute, elle apprécierait cette visite inattendue, elle dont la solitude était le lot depuis tant d'années.

XIX

Le désarroi d'Hélène

« Et ta mère, questionna la tante Marceline, tu as des nouvelles ?

– Aucune », répondit simplement Julia qui, aussitôt, changea de sujet.

Elle ne voulait surtout pas rapporter à la tante la conversation qu'elle avait eu, avec Gaby.

« Vous vous êtes écrit, ta mère et toi, depuis la Toussaint ? avait demandé la vieille servante.

– Non... Je t'avoue que j'ai essayé, mais, bien franchement, je n'ai rien trouvé à lui dire. Finalement, c'est mieux ainsi, j'en suis sûre maintenant.

– Je devrais peut-être pas te répéter ça, mais les gens jasent ici. Comme tu es appelée à revenir à Saint-Benoît pour les vacances, l'un ou l'autre finira bien par t'en parler un jour...

– Allons, Gaby, pas de mystères s'il te plaît ! Raconte !

– Eh bien, voilà, je te le dis tout à trac : ta mère vit avec un homme, elle a un amant, si tu préfères ! »

Sur le moment, Julia n'avait pu réprimer un sursaut d'étonnement indigné. Aussitôt elle pensa : « En quoi cela me regarde-t-il ? »

Gaby continuait :

« À la Toussaint justement, ces fameux amis qui devaient la reconduire à Clermont en automobile, eh bien, c'était un monsieur tout seul !

– Ma pauvre Gaby, cela ne veut rien dire ! Ce monsieur pouvait être un voisin, son patron, je ne sais pas... Si une femme est un moment seule avec un homme, on ne doit pas pour autant en déduire qu'il vit avec elle, voyons !

– Tu as peut-être raison, mais ils ont mangé tous les deux à l'auberge et la salle était pleine, pense donc, un jour de Toussaint ! Ceux qui les ont vus ont bien remarqué leurs manières, des manières... enfin, tu vois ce que je veux dire. On ne se conduit pas avec un étranger comme Henriette se conduisait avec ce monsieur-là. C'est la mère de Gilberte qui me l'a dit. Les jours suivants, cela ne faisait qu'un cri dans les boutiques de Saint-Benoît.

– Oh ! fit Julia avec un demi-sourire, les cancans sont monnaie courante dans tous les villages, tu le sais bien !

– Certes, mais ceux qui ont vu ta mère et cet homme disent qu'elle lui souriait sans cesse, minaudant comme une jeunesse entichée de son vis-à-vis, lui prenant la main, et tout ci tout ça... À croire, disaient les témoins, qu'elle faisait tout pour que le village en entier soit au courant dans l'heure !

– Et quand bien même, dit Julia, soudain excédée. Si tout cela est vrai, à qui fait-elle tort, dis-moi ? Mon père n'est plus là pour en souffrir… Elle est veuve et libre de refaire sa vie.

– Bon, bon, calme-toi, ce que j'en disais… N'empêche, tu ne m'enlèveras pas de l'idée qu'elle voulait ainsi narguer les gens qui l'ont connue. Mais tu as raison, ce sont ses affaires. Si ça regarde quelqu'un, c'est toi, seulement toi ! »

Julia fit la moue en haussant les épaules :

« Ma mère, tu le sais, est une étrangère pour moi, depuis bien longtemps. Que m'importe comment elle vit ? Se soucie-t-elle encore de moi ? Je ne veux jamais plus la rencontrer, jamais ! »

Elle revoyait Henriette lors de leur dernière entrevue, au cimetière, son élégance, son air méprisant quand elle avait dit :

« Tu t'es enterrée dans un hameau de montagne ? Ma pauvre fille, tu es bien comme ton père, aucune ambition ! »

Oui, pensait Julia, je suis comme mon père et, Dieu, que j'en suis contente ! Pour rien au monde je n'aurais voulu lui ressembler, à elle !

Et la voix, venue de très loin, sifflante, mauvaise, avait une fois encore résonné à son oreille :

« Tu ne dis rien, tu entends, à personne ! »

Le même malaise indéfinissable s'emparait à nouveau d'elle, la faisait trembler intérieurement, se torturer encore, après tant d'années. Mais que devait-elle taire, à la fin ? Jamais elle ne le saurait. Il fallait au plus vite enfouir cet horrible souvenir loin, très loin, tout au fond de sa pensée, pour toujours. Vite, rejoindre Granges-Vieilles, retrouver sa classe, ses élèves, ses voisins, ses livres…

Gaby s'en voulait d'avoir troublé Julia avec des racontars. En la prévenant, elle avait cru bien faire ; maintenant, elle n'était plus si sûre que ce fût là une bonne idée.

« N'y pense plus ! », dit-elle en prenant les mains de celle dont la peine, trop manifeste, lui faisait mal. Elle serra les doigts de Julia dans un geste plein d'affection. Un sourire illuminait son visage tout plissé de rides. Pour faire diversion, elle demanda :

« L'été prochain, si tu peux, tu viendras me voir à Mareugheol ? Il y a si longtemps que je vis à Saint-Benoît, là-bas, je vais avoir du mal à me réhabituer. »

La jeune fille se pencha pour embrasser sa vieille amie, dont les yeux d'un bleu pâli par l'âge disaient son fidèle attachement.

« C'est promis, je viendrai. Chez ta nièce, tu te reposeras, tu as fait ta part de travail, va !

– Ça, c'est sûr ! Quoique, avec un patron comme ton père, le travail me pesait pas… Sais-tu que ma nièce a quatre petiots ? Chez elle, il doit y avoir du remue-ménage, mais je préfère, ça sera plus gai ! »

Le 2 janvier, en début d'après-midi, Julia regagna Granges-Vieilles sous un soleil d'hiver splendide, qui dura presque tout le mois. Certes, en montagne, le froid était vif, l'air coupant. Mais le ciel uniformément bleu, d'un bleu de pervenche dépourvu du moindre nuage, contrastait magnifiquement avec la blancheur intacte de la neige.

Sous le soleil, elle miroitait, éblouissante. Son poids faisait ployer les branches des grands sapins ; les arbustes, les buissons, resplendissaient sous une fine gangue de glace cristalline et luisante. Poudrés de blanc, les troncs des frênes, leurs branches nues, immobiles, rigides comme la pierre, se dressaient sur le bord du chemin.

« C'est le pays de la Reine des Neiges ! », se dit Julia, en se remémorant le conte qui avait émerveillé son enfance. Dans ce monde tranquille, à l'écart des villages, qu'elle allait retrouver bientôt, régnait une sorte de grâce, sans doute due au silence, à la pureté de l'air aussi. Les soucis de la jeune fille, ses angoisses, semblaient s'éloigner au fur et à mesure qu'elle montait vers la maison d'école, sous les montagnes étincelantes.

Bayard, le cheval de Martial Brugière, avançait gaillardement, en secouant la tête ; les grelots de son collier tintaient avec allégresse, tandis que le traîneau glissait en crissant un peu sur la neige gelée.

L'attelage reparti vers Rochessagne, Julia défit en hâte ses bagages, puis, sans plus attendre, elle descendit chez Marthe Rouvel reprendre son chat. Janoune lui sauta au cou :

« Bonne année et bonne santé, M'zelle ! », dit-elle précipitamment.

La jeune institutrice offrit ses vœux à toute la famille. Quand elle l'embrassa sur la joue, Simon devint si rouge que sa mère et sa sœur éclatèrent de rire.

« Tenez, dit Julia en tendant à Marthe une longue boîte enveloppée de papier vert. C'est bien peu en regard de tous les services que vous me rendez… Vous partagerez, tous les trois. »

À Issoire, elle avait acheté des pâtes de fruits pour ses voisins si dévoués. Le plaisir qu'elle lut dans leurs yeux lui fit chaud au cœur. Soudain, Feu-Follet vint se frotter à ses jambes, en miaulant pour l'accueillir. Elle se pencha, le prit dans ses bras, et il se laissa caresser en fermant les yeux, prêt à ronronner, déjà.

« Dis-moi, Janoune, il a été sage, au moins ?

– Oh ! on le voyait guère que quand il avait faim, fit la petite. Le reste du temps, il n'a pas quitté le coin de la cheminée. »

Julia remonta vers son logis, le minet blanc tapi sous son châle. Avec son lait, elle emportait la moitié d'un fromage de Saint-Nectaire, cadeau de Marthe. Elle passa toute la soirée à reprendre ses livres et les cahiers de ses élèves pour faire le point. Avec ce beau temps sec, demain tout son monde serait là.

Avant d'aller dormir, elle prépara ses tableaux, chaudement habillée : la classe était une véritable glacière. Sous la date, elle relut la maxime de morale du lendemain :

« Aimons et respectons nos parents, tout au long de notre vie. »

La craie en suspens, elle relut cette phrase une nouvelle fois. Aimait-elle sa mère, elle ? Non ! Dans son enfance, pourtant, elle l'avait aimée avec désespoir. Puis était venu le rejet, définitif… D'un chiffon rageur, elle effaça les mots qu'elle venait de tracer. À la place, elle écrivit :

« Soyons toujours honnêtes : bien mal acquis ne profite jamais. »

Le matin de la rentrée, cinq ou six élèves arrivèrent avec de gros bouquets de houx constellés de graines rouges ; une fois disposés ici et là, la classe prit un air de fête. Julia retrouvait avec émotion tous ces regards fixés sur elle, tous ces visages d'enfants aux joues rougies de froid. À présent, elle les connaissait bien, savait leurs défauts, leurs aptitudes, leurs faiblesses.

Une journée studieuse commença. Après les absences nombreuses, il fallut mettre les bouchées doubles. Les grands du certificat n'avaient plus de récréation. Le repas de midi vite achevé, maîtresse et élèves reprenaient le travail.

De temps à autre, Julia faisait le bilan des progrès de chacun ; dans l'ensemble, elle était satisfaite. Bien sûr, celui-là restait un peu faible en orthographe, tel autre était terriblement desservi par un manque de mémoire évident. Antoine Besson et Ernest Prugne seraient prêts pour l'examen, fin mars ; pour Pierre Arfeuil, Julia était plus pessimiste : les problèmes restaient généralement pour lui des énigmes insolubles. Les trois élèves qu'elle présenterait seulement début juillet avaient encore beaucoup de chemin à faire pour atteindre un niveau suffisant. Seule, Cécile Servol dépassait la moyenne dans toutes les matières. Annie Fargeix progressait peu en composition française ; l'imagination semblait lui faire totalement défaut. Quant à Alphonse Levet, Julia se demandait avec inquiétude si elle pourrait le présenter au certificat. Mais les dés n'étaient pas encore jetés, loin de là. Cinq mois et demi de travail acharné amélioreraient, elle voulait le croire, le niveau de tous.

Elle n'en négligeait pas pour autant le reste de sa classe. À chacun, il fallait sans cesse dispenser encouragements, conseils ou réprimandes. Les quatre petits du cours préparatoire, tout fiers, possédaient maintenant un cahier. En suivant de leur mieux les grosses lignes doubles, ils recopiaient « au propre » leurs essais exécutés au préalable sur l'ardoise.

Profitant de la température extrême des nuits hivernales, Julia prépara une leçon de choses sur l'étude de l'eau, pour les cours élémentaires et moyens. Un fond d'eau mis à chauffer sur la lampe à alcool, les enfants la regardèrent s'évaporer bientôt. La casserole vide restait sèche et, comme le fit judicieusement remarquer Marcel Gagnadre, « on n'avait même pas besoin de lui mettre un coup de torchon » !

« Quelle est la couleur de l'eau ? demanda Julia aux plus jeunes élèves.

– Blanche, M'zelle ! répondit aussitôt Riri Estrade.

– Et ça, alors, c'est comment ? »

Geneviève Fargeix brandissait une feuille blanche sous le nez de Riri, tout penaud.

« Euh… c'est blanc aussi ! »

Initiés par les leçons des années précédentes, les élèves du cours moyen se taisaient, avec des sourires entendus.

« Allons, dit Julia, aide un peu Henri à trouver la réponse, Célestin !

– L'eau a pas de couleur, M'zelle, on dit : incolore.

– Bien. Et quoi d'autre est incolore, tu le sais ?

– Ah ! fit Célestin, dont le front se plissait sous l'effet d'une intense réflexion, l'air, M'zelle !

– Très bien. Et quoi encore ? »

Là, les plus grands eux-mêmes restèrent muets. Enfin, Albert Prugne leva le doigt :

« Je sais, M'zelle, dit-il, triomphant : les carreaux ! »

Tous les regards se tournèrent vers la fenêtre.

« Eh oui, les vitres sont incolores, comme l'eau, déclara la maîtresse. Et maintenant, Albert, ouvre donc la fenêtre et attrape notre bouteille, s'il te plaît. »

La veille, juste avant la sortie, on avait placé une bouteille à demi pleine d'eau et soigneusement bouchée sur le rebord de la fenêtre. Une étroite bande de papier collée dessus en marquait le niveau. La bouteille récupérée, les enfants observaient le bloc de glace prisonnier à l'intérieur.

« Alors, demanda Julia, que remarquez-vous ? Paul ?

– Ça a tourné en glace, tiens ! fit le gamin. Pas étonnant, avec le froid qu'il fait !

– Oui, mais tu pourrais nous le dire un peu mieux, non ? Et toi, Fernand, que penses-tu de la marque qui indique le niveau de l'eau ?

– La glace monte plus haut, M'zelle !

– Bien, et tu sais pourquoi ?

– Ça, non ! »

Impatients de montrer leur savoir, les cours moyens deuxième année levaient le doigt. Invitée à répondre, Félicie Chassard souleva quelques rires discrets.

« En faisant de la glace, l'eau a gonflé, M'zelle.

– Si l'on veut, mais le mot "gonflé" ne convient pas. En se transformant en glace, l'eau se durcit, elle se solidifie en occupant davantage d'espace. On dit qu'elle augmente de volume.

– Oui, fit Paul Barbat, même que l'année dernière le maître avait mis trop d'eau, et la bouteille a pété !

– Je préfère que tu dises : la bouteille a éclaté, Paul, dit sévèrement Julia. À présent, reprenez vos places, vous allez copier le résumé. »

Amélie fut invitée à venir au tableau pour écrire le début de la leçon de choses. Janoune prendrait la relève ; puis toutes les deux, les plus rapides, copieraient aussi le résumé sur leur cahier de brouillon, le cahier « à tout faire ». Pendant ce temps, Julia avait entrepris la correction des problèmes avec les élèves de fin d'études.

« L'eau coule, c'est un liquide. Elle est incolore et inodore. Si on la chauffe, elle bout à 100° et se transforme en vapeur : on dit qu'elle s'évapore. Quand la température tombe au-dessous de 0°, l'eau se solidifie et se transforme en glace en augmentant de volume. »

Il faudrait apprendre par cœur ce résumé pour la semaine suivante. La même leçon, en fin d'études, serait beaucoup plus complète. Julia expliquerait que le brouillard, les nuages, les cristaux de neige et de grêle étaient eux aussi de l'eau, sous des aspects différents. Et les grands feraient le croquis du cycle de l'eau dans la nature, sous le regard admiratif de leurs camarades.

Un jeudi après-midi, peu de temps après, Julia rassemblait cahiers et livres. Comme toujours, elle s'apprêtait à travailler dans son petit logement.

Cette journée, pourtant radieuse, ne laissait pénétrer dans la classe vide qu'une vague lueur laiteuse. Le givre, en effet, fleurissait les vitres de l'unique fenêtre. Un bref instant, la jeune fille contempla les arabesques, les fougères, les fleurs étranges, les cristaux finement dentelés. Frissonnante, une impressionnante pile de cahiers sous le bras, elle se détournait lorsque des coups timides résonnèrent à la porte.

Se déchargeant de son fardeau, Julia ouvrit pour se trouver nez à nez avec la mère de Rose-Marie.

« Bonjour, mademoiselle, je vous dérange pas trop ? »

La voix était mal assurée. Emmitouflée jusqu'aux yeux dans un châle épais, la jeune femme levait vers l'institutrice un regard craintif, hésitant.

« Non, non, entrez vite, vous allez geler ! »

Dans le logement tiède, elles s'assirent près du feu. Hélène se taisait.

« Tout va bien avec Rose-Marie ? Elle n'est pas malade, au moins ? »

Julia percevait le malaise de sa jeune voisine, et elle tentait de l'aider à se confier.

« Ma fille va bien merci. C'est moi qui…

– Oui ? dit Julia pour l'encourager.

– Je suis enceinte, c'est pour le début juin ! », répondit très vite Hélène, les yeux baissés. Elle avait rejeté son châle et ses doigts en tortillaient nerveusement les franges.

« Vous êtes sûre, vous avez vu le médecin ? »

Un battement de cils fut la seule réponse. Visiblement, la jeune femme était désemparée. D'un élan, Julia lui prit les mains.

« Que dit Ludwig ?

– Il est descendu se renseigner à la mairie pour le mariage. Tant qu'il est prisonnier de guerre, il paraît que ce serait très compliqué, même impossible. J'aurais tant voulu que nous passions devant le maire avant la naissance du petit… Fille-mère par deux fois, vous vous rendez compte ! Déjà, ici, presque tout le monde me tourne le dos. J'ai une enfant naturelle, et, pis encore, j'ai l'audace de vivre avec un Allemand, un Boche. C'est tout ce que voient les gens. Mais je l'aime, et il m'aime aussi, comprenez-vous ? »

Les yeux bleus étaient pleins de larmes.

« Je vous aiderai de mon mieux, je vous le promets, dit chaleureusement Julia, très émue.

– Oh, vous, je sais ! À Granges-Vieilles, il n'y a guère que Marthe Rouvel et les Besson qui répondent à mon bonjour. Les autres, je les croise très rarement, mais quand ça arrive, ils regardent ailleurs. Ambroise Barbat a craché par terre un jour qu'il passait devant chez moi, alors que j'ouvrais juste ma porte. Avant Noël, quand je suis revenue de chez le docteur Lachaux, j'étais si malheureuse que j'ai demandé à Ludwig de nous emmener en Allemagne, dès qu'il serait libéré. Mais quand ? »

Les larmes, à présent, coulaient sur les joues pâles d'Hélène.

« Ne vous désolez pas ainsi, dit doucement Julia en lui serrant affectueusement les mains. Ludwig et vous, vous vous aimez, votre Rose-Marie est comme sa fille, voilà tout ce qui compte. Le jugement des voisins, leur méchanceté, n'en faites pas cas. Ménagez-vous, pour votre petit, essayez d'être sereine. Après la naissance, tout s'arrangera, vous verrez. »

La jeune institutrice n'était pas très sûre de ce qu'elle affirmait : l'animosité des gens peut faire tant de mal… Mais Hélène était venue s'épancher, confier un secret, chercher amitié et réconfort. À tout prix, elle devait la rassurer.

« Je viendrai vous voir bientôt, affirma-t-elle. Promettez-moi de ne plus penser à l'opinion des autres, mais à vous et à ceux qui vous aiment. »

Émues, les deux jeunes femmes s'embrassèrent. Lorsque Hélène sourit à Julia en prenant congé, son regard avait retrouvé quelque éclat.

« Merci de m'avoir écoutée, dit-elle, je repars un peu plus courageuse. »

Son fragile sourire, touchant comme celui d'une enfant, avait remercié Julia bien mieux qu'un long discours.

XX

Prémices d'une grande amitié

DEPUIS CHAVASSOL, Julia avait adressé ses vœux de Nouvel An à ses collègues de Rochessagne. Dans sa carte-réponse, Mme Duffaud l'invitait, si le temps le permettait, à leur rendre visite au plus tôt.

« Mon mari et moi, disait-elle, apprécions grandement votre compagnie. À bientôt donc. Croyez à notre sincère amitié. »

Un dimanche matin, à la mi-janvier, Julia se rendit au bourg dans le traîneau des Besson. Le grand froid persistait, mais il faisait toujours aussi beau.

« Ce temps sec et froid va durer toute la lune, affirma Augustine Besson qui accompagnait son mari, ce jour-là. Mais gare à février ! En général, c'est bien le plus mauvais mois de l'hiver. Heureusement, les jours rallongeront passablement, et on se sentira revivre un peu, malgré tout. »

À l'école du bourg, après les congratulations et embrassades d'usage pour les souhaits de bonne année, Mme Duffaud demanda à sa jeune collègue de l'excuser un moment.

« Notre fille est alitée avec une bronchite. Elle va un peu mieux, mais le médecin est encore auprès d'elle. Je les rejoins. Installez-vous, Julia, Antoine va vous tenir compagnie. »

M. Duffaud s'enquit des lectures de la jeune fille, de ses critiques à propos des livres qu'elle lui rapportait.

« Tenez, dit-il, en voilà quelques autres, la mauvaise saison est loin d'être finie ! »

Dans le paquet préparé par ses soins, des recueils de poèmes d'Arthur Rimbaud et de Stéphane Mallarmé côtoyaient des romans d'Anatole France et de Pierre Loti. Julia remerciait l'instituteur lorsque la porte s'ouvrit sur Mme Duffaud suivie du médecin. La jeune fille avait pensé que le docteur Lachaux était auprès de la petite malade, et voilà qu'Étienne Maurin s'avançait vers elle, la main tendue.

« Sans doute ne connaissez-vous pas le docteur Maurin ? demanda Mme Duffaud, qui enchaîna sans attendre de réponse : Julia Freynial, notre jeune collègue de Granges-Vieilles.

– Nous nous sommes déjà rencontrés », dit simplement le jeune homme avec un sourire.

Invité à s'asseoir près du maître de maison pour déguster un porto, il affirma :

« Notre malade va de mieux en mieux, la voilà convalescente. Mais, par ce froid, il est prudent qu'elle garde la chambre une semaine encore. Si l'appétit tarde à revenir, je lui prescrirai des fortifiants. »

Troublée par cette présence inattendue, Julia savait gré au jeune médecin de n'avoir pas évoqué les circonstances de leur première rencontre. Sans se l'expliquer, elle lui en aurait voulu de les dévoiler, même à des amis.

« Vos visites aux fermes éloignées doivent être très difficiles, en cette saison, questionna Antoine Duffaud.

– Ces trois dernières semaines, je n'ai pas été gêné, mais en décembre, avec les tempêtes de neige, j'avoue avoir eu des journées assez pénibles. Par chance, Baron, le cheval du docteur Lachaux, a l'habitude de parcourir la région par tous les temps. Je lui fais confiance, il m'a toujours ramené à bon port. »

En écoutant évoquer le mauvais temps et le cheval, Julia revivait cette nuit de tourmente où Étienne s'était confié longuement. Son cœur battait un peu trop vite, et elle restait muette, attentive au regard brun dont, elle devait bien se l'avouer, le souvenir ne l'avait pas quittée depuis.

Perdue dans ses pensées, elle mit quelques instants à comprendre qu'Étienne s'adressait maintenant à elle.

« Mais vous, mademoiselle, dans vos neiges là-haut à Granges-Vieilles, la solitude ne vous pèse pas trop ? »

Espérant rester naturelle et surtout ne pas rougir sottement, Julia répondit du ton le plus léger possible :

« Je reste rarement seule, mes élèves sont là cinq jours sur sept. Les jours de congé, la conduite de ma classe m'occupe de longues heures durant. M. Duffaud a l'amabilité de me faire amplement profiter de sa bibliothèque, mon chat me tient compagnie. Là-haut, comme vous dites, je suis bien, même si, depuis le début de l'hiver, c'est à peine si j'aperçois mes voisins. »

La conversation dévia ensuite sur d'autres sujets. Attentif, amical, le regard d'Étienne se posait souvent sur Julia. Heureuse et un peu mal à l'aise en même temps, elle se leva à regret pour prendre congé.

« Pardonnez-moi, mais je dois vous quitter, j'ai des courses à faire avant de regagner mes montagnes… J'espère pouvoir vous rendre à nouveau visite d'ici au printemps, mais les caprices du temps m'en empêcheront peut-être…

– Je dois partir aussi, veuillez m'en excuser, dit Étienne, il me reste deux ou trois visites avant l'heure du déjeuner.

– N'avez-vous donc jamais quartier libre, demanda Mme Duffaud, même pas le dimanche ? »

Le jeune médecin se mit à rire :

« Si, le dimanche après-midi est à moi, rassurez-vous, et, de temps à autre, une journée que je mets à profit pour aller embrasser mes parents, à Clermont. »

Les deux jeunes gens sortirent ensemble de l'école. Tout en marchant vers les boutiques de la place du village, Julia n'osait pas lever les yeux vers son compagnon.

« Comment va Feu-Follet ? », demanda tout à coup Étienne, avec le plus grand sérieux.

Julia sourit à cette question inattendue et, enfin, regarda le jeune homme :

« Il va très bien, merci. J'espère pour lui que le feu ne s'éteindra pas avant mon retour, il est frileux comme une vieille demoiselle ! »

Étienne rit franchement, en balançant sa trousse à bout de bras. Déjà, ils arrivaient en vue de l'épicerie.

« Je m'arrête ici, dit Julia.

– Comme c'est dommage, j'aurais tant aimé bavarder un moment encore avec vous ! Nous ne nous rencontrons jamais !

– Mais… vos visites ? »

Il se remit à rire en secouant la tête.

« Elles sont terminées ! Mais il me fallait bien un prétexte pour quitter les Duffaud en même temps que vous ! »

Une joie subite envahit Julia. Aussitôt s'imposa l'image de Maurice, le fourbe. Furieuse, elle chassa ce souvenir importun : pourquoi venait-il tout contrarier ? En même temps, elle se dit : « Méfiance, ma petite, tu sais que tu as tendance à te laisser séduire beaucoup trop vite… »

Elle quittait son gant pour serrer la main d'Étienne. Sans lâcher cette main tendue, il dit gravement :

« Le hasard, et je le remercie mille fois, nous a mis en présence à deux reprises, vous et moi. La troisième rencontre, nous la provoquerons, voulez-vous ? »

Saisie, Julia ne sut que répondre. La main tiède qui retenait la sienne était si rassurante qu'elle aurait voulu ne jamais la quitter.

« Quelque chose me dit que dimanche prochain, s'il fait toujours aussi beau, reprit Étienne, mes obligations m'amèneront du côté de Granges-Vieilles. Je n'ai toujours pas rendu l'avoine du petit déjeuner de Baron à M. Besson, souvenez-vous… Au revoir, à très bientôt. »

Abandonnant la main qu'elle ne songeait pas à retirer, il s'inclina légèrement en soulevant son chapeau, sourit à Julia et s'éloigna à grands pas vers l'autre bout de la place. Les gens sortaient de la grand-messe, commençaient à envahir l'auberge et les boutiques. La jeune fille se hâta d'entrer à l'épicerie. Malgré elle, une délicieuse petite musique intérieure l'emplissait de joie.

En début d'après-midi, Julia partit pour une promenade dans la neige. En suivant des traces de traîneau, elle monta vers Paillassoux ; là, on avançait plus facilement, sans enfoncer dans la neige durcie par le frottement des patins de bois. Très vite, elle desserra son châle, ouvrit son manteau. Malgré l'air vif, la marche sous le soleil l'avait réchauffée. La neige immaculée se nacrait d'infimes parcelles éblouissantes, qui brûlaient les yeux de la promeneuse.

Ses pensées revenaient sans cesse à Étienne. Le souvenir du regard brun si chaud, du sourire loyal, attachant, inoubliable, s'imposait trop bien. Il lui fallait admettre qu'elle se complaisait à l'évoquer indéfiniment, et cette constatation l'irritait un peu.

« Je refuse de souffrir encore à cause d'un imposteur », songeait-elle, de temps à autre. Et puis le visage d'Étienne réapparaissait, encore et encore, et cette réminiscence lui était d'une douceur infinie.

Bientôt, elle décida de redescendre travailler à ses préparations de classe, seul moyen d'absorber toute son attention. Ensuite, elle lirait pour son plaisir, sans doute *La Révolte des anges* ou bien *Les dieux ont soif*, romans d'Anatole France récemment parus.

Pourtant, avant de rentrer, elle se dirigea vers la petite maison d'Hélène Laget. Une visite, même rapide, ferait plaisir à la jeune femme. De loin, Julia aperçut Rose-Marie, bien emmitouflée, en compagnie de Ludwig. Ils s'affairaient autour des trois frênes dressés à quelques mètres de la ferme. La petite tendait quelque chose au prisonnier allemand ; lui, à l'aide d'une ficelle nouée, le suspendait prestement à une branche.

Le bonjour échangé, Rose-Marie expliqua :

« C'est pour les oiseaux, il en vient plein, tout plein... »

Ses yeux bleus brillaient de plaisir dans son petit visage rougi de froid. Profondément enfoncé sur ses oreilles, un bonnet de laine blanche cachait entièrement ses cheveux. Ludwig montra ce qu'il attachait aux branches : d'étroites lanières de couenne de lard. Percées d'un trou, il y enfilait un brin de ficelle et les fixait solidement.

« Il faut choisir un endroit où d'autres branches... euh, possible aux oiseaux de percher pour eux manger, expliqua-t-il laborieusement.

– Ils sont cachés dans le haut des arbres, dit la petite. Ludwig m'a dit : ils ont peur, ils nous surveillent, mais quand on sera rentrés ils viendront donner des coups de bec dans le lard. J'ai vu, derrière la fenêtre, comment ils font : ils sont très habiles, vous savez, mademoiselle. Il y en a de très jolis, avec plein de couleurs !

– Je... moi ne connais pas les noms français, dit à regret Ludwig, pour apprendre à Rose-Marie j'aimais bien savoir, mais...

– Ma maman, elle en connaît quelques-uns, mais pas tous, c'est dommage ! »

Assise près de la cheminée, Hélène cousait une robe pour sa fille.

« Je l'ai remise à sa taille, dit-elle, c'était à moi quand j'étais petite. Je ramasse tout, le tissu est tellement cher...

– Vous avez raison, d'autant que vous semblez une habile couturière.

– Je me débrouille, il faut bien. »

Elle paraissait sensible au compliment de Julia.

« Et votre santé, demanda la jeune fille avec sollicitude, tout va bien ?

– Je n'ai plus de nausées depuis quelques jours, et Ludwig m'oblige à manger. Je crois que cela va aller maintenant, je suis vos conseils, j'essaie de ne pas penser aux gens, à ce qu'ils diront de moi...

– Je m'en réjouis, Hélène, n'y pensez plus, du tout ! L'opinion des autres est bien secondaire. Vous n'allez pas voir chez les voisins pour les juger, n'est-ce pas ?

– Certes non ! Je fais mon travail, je m'occupe de ma fille, voilà...

– Ludwig aimerait connaître le nom des oiseaux qu'il nourrit avec la petite. Je vais aller chercher mon dictionnaire, il contient une planche en couleurs des oiseaux d'Europe les plus connus. Malheureusement, j'en aurai besoin rapidement, il devra les dessiner.

– Comment vous remercier ? s'exclama Hélène, les yeux brillants de reconnaissance. Et, prenant la main de Julia, elle ajouta : Merci de ne pas le rejeter ! »

Avec le dictionnaire, Julia rapporta un bloc de papier et sa boîte de crayons de couleur. Les jours suivants, Ludwig s'appliqua à dessiner ceux des oiseaux qui se montraient à Granges-Vieilles. Ensuite, il sous-titra chacun de ses croquis et s'efforça de trouver les bonnes couleurs. Rose-Marie était aux anges.

Le dimanche qui suivit sa rencontre avec Étienne Maurin chez les Duffaud, Julia, fébrile, vaquait à son ménage en guettant les bruits du dehors. Le froid cloîtrait toujours bêtes et gens à l'abri dans les fermes closes. Seul, de temps à autre, éclatait un aboiement, quelque part en bas dans le hameau.

Depuis qu'Anselme avait conduit le bétail à l'abreuvoir, nul ne s'y était aventuré. Lorsqu'elle était descendue remplir ses deux seaux, Julia n'avait rencontré personne. Vers les neuf heures, un traîneau venu de l'une des fermes sous la montagne était passé sur le chemin en contrebas. C'était tout.

Son repas achevé, elle se demanda si elle ferait une promenade. La crainte de manquer la visite promise par Étienne l'en empêcha. Elle ne parvenait pas, pourtant, à croire vraiment au projet du jeune médecin. L'instant d'après, elle ne pouvait se défendre d'espérer sa venue. Par chance, le beau temps s'était maintenu. Agacée, pleine de vaine impatience, Julia parvenait difficilement à fixer son attention sur son travail, la correction des compositions d'histoire-géographie. Une réponse de Denise Chassard lui arracha un sourire.

« Qu'appelle-t-on marais salants ?

– C'est des bacs d'eau de mer où il pousse du sel. »

Un moment après, elle s'irrita de l'ignorance de Marcel Gagnadre sur un sujet longuement étudié : le relief du Massif central. Le puy de Sancy, certes, pouvait lui paraître impressionnant, mais de là à le faire culminer à 8 886 mètres ! Comment pouvait-on être aussi étourdi !...

Le bruit du pas d'un cheval immobilisa soudain le porte-plume entre les doigts de Julia. Elle se dit qu'il devait s'agir du traîneau aperçu le matin ; il remontait vers son hameau. Pourtant, comme le bruit se précisait, elle comprit que la visite était pour elle. Son cœur se mit à battre follement et elle se dressa d'un bond.

Quand elle ouvrit la porte, Étienne Maurin attachait Baron au loquet de l'appentis. Ils se sourirent, le jeune homme quitta sa casquette à oreilles, ses moufles épaisses, et tendit la main.

« Bonjour, je ne vous dérange pas trop ?

– Non, bien sûr, entrez ! »

Julia aurait voulu dire autre chose, se montrer à l'aise, mais les mots ne venaient pas.

« Toujours pas de feu ici ? demanda Étienne en lissant de la main ses cheveux ébouriffés.

– Les jours de congé, j'économise le bois. »

Elle le précéda dans son petit logement, entreprit de reboucher l'encrier, d'empiler rapidement les cahiers ouverts.

« Vous voyez bien que je vous dérange ! Comment torturez-vous ces pauvres enfants ? »

Julia se mit à rire, sa gêne dissipée. Elle retrouva toute sa spontanéité pour répondre :

« Je les torture avec une composition d'histoire et géographie. Savez-vous que notre Auvergne n'a plus rien à envier à l'Himalaya ? Je viens de lire que le Sancy se dresse à 8 886 mètres d'altitude ! Et celui qui l'affirme habite à ses pieds ! »

Étienne rit de bon cœur en enlevant son lourd manteau en poil de chèvre. Puis, assis en face de Julia, il fronça un peu les sourcils en déclarant :

« Si vous le voulez bien, mettons-nous d'accord tout de suite. J'étais certain que quelqu'un me verrait me diriger vers votre maison d'école, j'ai donc pris les devants. Chez les Besson, d'où je viens, je me suis arrangé pour dire que vos collègues de Rochessagne m'avaient confié des livres pour vous. N'est-ce pas une bonne explication ? »

Étienne avait entièrement raison, et Julia ne put qu'approuver sa prudence. Le qu'en dira-t-on pouvait briser sa carrière, elle le savait. Si Ambroise Barbat n'avait pas mis ses menaces à exécution, il lui en voulait toujours, c'était certain. La visite d'un médecin peut s'expliquer, mais on verrait bien, le lendemain, qu'elle n'était nullement malade. Il valait mieux se montrer méfiante.

« Je voulais vous demander de m'excuser », poursuivit Étienne.

Devant l'étonnement de la jeune fille, il ajouta, assez piteusement :

« Je suis un égoïste, lors de cette soirée de tempête, je n'ai fait que parler de moi, et surtout de mes années de guerre. Je n'aurais pas dû vous rappeler toutes ces souffrances. Depuis, j'ai su pour votre père… Pouvez-vous me pardonner ? »

Il avait l'air confus d'un enfant coupable d'une lourde faute qui s'efforce de rentrer en grâce. Malgré sa moustache, ses traits d'homme affirmés, Julia croyait deviner le petit garçon qu'il avait été.

Un élan d'amitié, presque de tendresse, la porta vers lui.

« Ce n'est rien, dit-elle avec un petit sourire indulgent. Vous n'êtes sûrement pas le seul, hélas, à tenter d'exorciser les moments cruels encore si proches de vous. Loin de moi la pensée de vous en vouloir. Mon père – à ces mots, sa voix frémit un peu – mon père était tout pour moi… Comme des milliers d'autres, il n'en souffre plus, mais vous n'y pouvez rien, ni vous ni personne.

– Merci, souffla Étienne. Alors, vous voulez bien que nous soyons amis ? »

Le reste de méfiance de Julia s'était envolé. Elle avait en face d'elle, c'était une douce certitude, un être loyal et sincère. Il offrait son amitié, seulement, et c'était bien ainsi.

« Et maintenant, me parlerez-vous de vous, de votre enfance, de vos études ? Si je suis indiscret, dites-le-moi, nous évoquerons seulement l'école, cela me rajeunira ! »

Étienne avait retrouvé son sourire. Alors, Julia raconta son père, Germain, Gaby et la tante Marceline. Elle ne dit rien de son inimitié avec sa mère, déclara simplement que celle-ci travaillait et vivait à Clermont. De même, elle passa très vite sur ses débuts d'institutrice, en classe enfantine à Issoire. Enfin, sans divulguer le secret de Pauline, elle parla longuement de son amie d'École normale et du petit Pierre-Damien, orphelin de guerre.

Les jeunes gens se quittèrent sur la promesse de se revoir au plus tôt. Où et quand ? se demanda tristement Julia après le départ d'Étienne. Le bruit des pas du cheval s'était à peine éteint que, déjà, son nouvel ami lui manquait terriblement. Et ce manque était à la fois souffrance et bonheur.

XXI

Épreuves et contrariétés

« Rose-Marie, elle a des beaux dessins d'oiseaux, M'zelle ! »

Janoune brandissait un lot d'images coloriées de teintes vives. Reproduite par une main experte, une quinzaine d'oiseaux y étaient facilement reconnaissables.

Amélie jeta un coup d'œil par-dessus l'épaule de sa meilleure amie.

« Leur nom est écrit en dessous », dit-elle.

Déjà, les petits s'attroupaient pour voir, eux aussi.

« Allons, intervint Julia, si Rose-Marie le veut bien, faites circuler ces dessins, mais sans parler trop fort, vous dérangez les grands ! »

Après dix minutes seulement de détente, les candidats au certificat d'études se penchaient à nouveau sur les questions de dictée. Les autres élèves avaient couru un moment devant la maison d'école, mais, très vite, le froid les avait ramenés dans l'abri tiède de leur classe. Assis en rond autour du poêle, ou le long d'un mur, ils jouaient tranquillement aux charades ou aux devinettes.

Joseph Foury et Albert Besson faisaient avancer leurs « vaches » sur le plancher. Ces jouets rudimentaires n'étaient que des morceaux de bois, taillés en pointe à l'un des bouts pour simuler les cornes. Les petits s'en contentaient.

Quelques enfants des cours moyens préféraient demeurer à leur place pour illustrer une récitation, revoir une leçon ou, tout simplement, lire un passage de leur livre de lecture encore inconnu.

Comme à l'accoutumée, Julia s'affairait à placer sur les deux poêles, le sien et celui de la classe, les gamelles de fer-blanc remplies de soupe. Elle laissa circuler sans intervenir les dessins du prisonnier allemand. Enfin, comme Rose-Marie les avait à nouveau en main, elle s'approcha de la fillette :

« Tu veux bien me faire une petite place ? »

Souriante, la petite se poussa sur le banc, et Julia commença à examiner, une à une, les œuvres de Ludwig. Admirative, elle reconnut mésange bleue ou charbonnière, pinson, verdier, rouge-gorge, sittelle… Cette dernière, d'un gris pâle rehaussé de longues rayures noires sur les ailes, offrait au regard sa gorge et son ventre d'un beau rosé clair à reflets roux. Il y avait aussi merle et merlette, chardonneret pareil à un bouquet de fleurettes jaunes et rouges, fauvette à tête noire, pigeon des bois au cou irisé de vert et de bleu, et même un pic épeiche à la queue écarlate.

Julia rendit les dessins à la petite en disant :

« Ils sont magnifiques. Garde-les bien, peu à peu, tu pourras reconnaître tous ces oiseaux. »

À midi, les enfants de Granges-Vieilles partis déjeuner chez eux, Julia distribua les récipients de soupe chaude aux quinze élèves restants. Ensuite, malgré la réticence de la plupart d'entre eux, les filles surtout, elle les obligea à sortir s'aérer un moment. Au retour, la petite Suzanne Besson s'approcha de la table-bureau pour dire en confidence :

« M'zelle, ce matin, Paul Barbat il a dit comme ça que les dessins de Rose-Marie il faudrait les brûler, parce que c'est le Boche qui les a faits ! »

Prise de court, Julia demanda :

« Tu es bien sûre qu'il l'a dit, Suzanne ?

– Oui, M'zelle, j'ai entendu, c'est vrai. Il le disait à Loulou Estrade, mais pas trop fort pour que vous l'entendiez pas. »

Tous les élèves revenus pour la classe de l'après-midi, Julia observa Paul un moment. Après ses rébellions du début de l'automne, le gamin se montrait beaucoup plus soumis. Certes, ses résultats scolaires restaient bien médiocres. Il ne cachait pas son désintérêt, mais, dans l'ensemble, il obéissait sans regimber à son institutrice. Quelques journées d'absence, assez rares, avec toujours la même excuse : « J'étais malade ! »

Julia préféra ne pas interpeller Paul, et faire semblant d'ignorer sa réflexion méchante. Sinon, elle le craignait, son père viendrait probablement lui chercher chicane à nouveau.

« Est-ce que je deviens lâche ? », s'inquiéta la jeune fille.

Non, il ne s'agissait aucunement de lâcheté. Simplement, elle ne voulait pas risquer d'attirer des ennuis à Ludwig et, par conséquent, à la mère de Rose-Marie. Si les circonstances avaient été autres, Julia aurait aimé connaître davantage ce jeune Allemand, instituteur comme elle. Bavarder de leur métier aurait pu être enrichissant, de même qu'un échange d'idées sur les différences de pédagogie de leurs deux pays. Mais il n'y fallait pas songer. Pour Hélène et sa fille, mieux valait garder ses distances, et ne pas susciter d'éventuels commérages dangereux.

Ernest Prugne et son frère avaient été les premiers à porter la « grillade » à la maison d'école. On abattait toujours les porcs au cœur de l'hiver ; avec le froid, la viande de la bête sacrifiée se conservait mieux.

L'usage voulait que voisins et amis, le maire, le curé, l'instituteur soient gratifiés de quelques parts. Selon l'importance de la famille, on distribuait boudin, filet, lard ou côtelettes. Mais ce n'était qu'un échange de bons procédés. Le jour venu, chacun à son tour recevait le même cadeau.

Par la mère de Janoune, Julia connaissait maintenant un peu les familles des hameaux sous les montagnes. Ainsi, elle savait que Céline Prugne était veuve de guerre. Gaston, son aîné, âgé de vingt ans, menait la ferme avec elle. Si Ernest, grand et fort, manquait pour l'ouvrage les jours d'école, par chance son grand-père était encore valide.

« Après la ferme du maire, avait dit Marthe Rouvel, celle des Prugne était la plus grosse de la commune, avant guerre. Là-haut à Paillassoux, ils sont assez isolés, mais c'est du brave monde. Au décès de mon beau-père, Simon était encore pas très costaud, et le père Prugne m'a rendu pas mal de services. Mais ils ont pâti de la situation, comme tout le monde. »

Tout au long des mois de janvier et février, les élèves de Julia lui portèrent donc tour à tour la grillade. Deux familles seulement ne se conformèrent pas à la coutume, les Souchal et les Barbat.

Julia n'ignorait pas que les Souchal étaient, plus que d'autres, dans la gêne. Durant la guerre, le père avait été amputé du bras gauche. Jean et Marien avaient deux petites sœurs jumelles, d'environ un an. Une vieille grand-mère gardait les petites, tandis que leur mère, courageusement, aidait son mari au travail de la ferme.

Quand les deux gamins arrivaient de Combe-Sourde, Julia, en cachette, rajoutait souvent une tranche de pain à leur ration, ou une louchée de légumes dans leur gamelle de soupe. Sur les bas des petits, les reprises se touchaient, leur culotte était toute rapiécée. Marien portait les vieilles blouses de son frère, et aussi ses chaussures, déjà plus qu'usagées.

Julia se promettait, dès les beaux jours, de rendre visite à cette famille. Avant le mauvais temps, elle n'avait pas osé se présenter dans les hameaux au-dessus de Granges-Vieilles. Elle craignait alors que l'on prenne son intérêt pour ses élèves pour de la curiosité. Maintenant, elle se sentait davantage d'assurance, elle était prête à aborder les gens.

Un soir, elle s'enveloppait dans son châle pour descendre chercher son lait lorsque l'on appela du dehors :

« Mademoiselle Freynial, vous êtes là ? »

Julia reconnut une voix de femme, basse et mal assurée. Quand elle ouvrit la porte, elle se trouva nez à nez avec une inconnue au regard inquiet, un peu fuyant.

« Je suis la mère de Paul Barbat, je peux entrer ? »

Elle semblait craindre d'être vue devant la maison d'école. Malgré l'offre de l'institutrice, elle refusa de s'asseoir, posa sur le pupitre le plus proche une assiette enveloppée d'un torchon à carreaux bleus.

« On a tué le cochon, avant-hier, alors je vous porte la grillade. Il n'y en a guère, on en donne à beaucoup de voisins, alors... »

Julia remercia vivement. Elle cherchait comment entrer en conversation avec cette femme qui, visiblement, s'était cachée des siens pour lui apporter son cadeau.

« Si vous pouviez me rendre l'assiette tout de suite, j'aimerais mieux que Paul sache pas que je suis venue. »

Julia fit glisser la côtelette et le morceau de boudin sur un plat, l'enferma dans son garde-manger. La femme du premier adjoint demanda tout à coup :

« Il vous en fait voir, Paul, pas vrai ? Mais c'est la faute de son père ! Il le soutient toujours. Moi, mon fils m'écoute pas du tout. Mon mari... »

Elle n'acheva pas, mais Julia devinait bien des choses. Ambroise Barbat devait être difficile à vivre. Elle voulut réconforter cette femme craintive, brimée peut-être.

« Paul s'est beaucoup assagi, si seulement il travaillait davantage...

– Je lui rabâche tous les soirs : finis tes devoirs, révise tes leçons ! Mais quand son père rentre, pas moyen d'obtenir la moindre chose. Il s'en prend à moi : “Arrête d'houspiller le gamin ! L'école, toujours l'école !...” Alors, moi, je capitule. Qu'est-ce que je peux faire d'autre ?

– Je vous comprends tout à fait, madame Barbat. Sans doute votre mari pense-t-il que, pour mener la ferme plus tard, de bons résultats scolaires sont inutiles. C'est bien dommage, Paul est intelligent, il pourrait réussir… »

« Je le sais bien, mademoiselle, je le sais bien ! »

Découragée, la fermière haussait les épaules en regardant Julia avec dépit.

« Allez, il faut que je me sauve, au revoir. J'espère que mon fils vous causera plus de tracas. En tout cas, merci, on m'a dit combien vous êtes dévouée à vos élèves.

– C'est moi qui vous remercie, madame Barbat. Je suis heureuse que nous ayons fait connaissance. À l'occasion, revenez bavarder un peu. »

La femme du premier adjoint redoutait sans doute bien trop son mari pour se risquer à visiter à nouveau l'institutrice, que lui n'appréciait pas.

Du seuil de la classe, elle dit très vite, presque à voix basse :

« Dites à Hélène Laget de se méfier, mon mari veut convaincre le maire de renvoyer l'Allemand qui travaille chez elle. »

Julia n'eut pas le temps de demander des explications. Déjà, l'assiette cachée sous son châle, la mère de Paul descendait en toute hâte vers sa maison.

Février ramena d'abondantes chutes de neige. Par chance, le vent ne se levait pas et, si la couche blanche et molle s'épaississait sur le chemin, les congères n'étaient pas à craindre.

Le ciel, la terre, tout était uniformément blanc, la lumière blafarde, un peu laiteuse quand l'après-midi s'avançait. Les rares bruits du hameau totalement étouffés, on aurait pu se croire dans un autre monde, ouaté, presque irréel.

En classe régnait un calme parfait. Si les élèves de Julia étaient, pour la plupart, des enfants paisibles, indolents même, des murmures, des toussotements, des bruits de galoches heurtées troublaient continuellement la tranquillité de la salle de classe.

Mais quand les flocons, des heures durant, glissaient derrière les vitres en épaisse et discrète draperie, les plus bavards osaient à peine chuchoter. Lorsque se taisait la voix de la maîtresse ou celle de l'élève interrogé, le silence devenait tel que le bruit d'une page tournée prenait soudain une ampleur insolite, presque sacrilège.

Julia aimait l'atmosphère sereine de ces heures laborieuses, dans un calme parfait. L'air semblait avoir une nouvelle consistance, feutrée, secrète, apaisante. Elle était bien là, au milieu des enfants, comme protégée, dans une sorte de communion qui les isolait du monde. Dans le cocon tiède de leur classe, leur refuge, ses élèves, elle le sentait, étaient comme elle gagnés par l'indicible paix que la neige déversait en eux.

Julia s'était résolue à écrire aux familles de ses candidats à l'examen de mars. Pour Antoine Besson, qui habitait Granges-Vieilles, le mauvais temps ne serait pas un obstacle. Par contre, elle avait demandé à la mère d'Ernest Prugne de le laisser chaque soir chez ses logeurs du hameau. Il gagnerait ainsi l'école sans encombre.

Pour Pierre Arfeuil, le problème était différent. Après avoir longuement hésité et demandé conseil à ses collègues de Rochessagne, elle avait décidé de ne pas présenter le garçon à l'examen.

Comme il fallait s'y attendre, le père de Pierre était venu jusqu'à la maison d'école exprimer son mécontentement. Montrant les résultats de la dernière série de compositions, Julia avait été formelle :

« 3,5 de moyenne en orthographe, 4 en calcul, présenter votre fils est inutile, il ne peut pas être reçu !

– Pourtant, rétorquait le père, un petit homme maigre, au profil d'aigle, en histoire Pierre a 6, en géographie 6,5. C'est plus que la moyenne, ça !

– Sans doute, mais l'histoire et la géographie sont des matières qui, hélas, ne rattraperont pas les mauvaises notes en calcul et en français. Non, monsieur Arfeuil, je ne présenterai pas Pierre, à mon grand regret. Mais, si vous le désirez, vous pouvez lui faire subir l'examen en candidat libre, c'est votre droit. »

L'homme avait alors crié avec colère :

« Je vais me plaindre au maire, de ce pas ! On verra si vous avez le droit de ne pas présenter mon fils ! »

Julia avait préféré ne pas argumenter. Mais cette entrevue l'avait mise mal à l'aise. Si Pierre n'avait pas fait davantage de progrès, la faute lui en incombait peut-être... Pourtant, pas plus que les autres élèves, elle ne l'avait aucunement négligé. Au contraire, elle lui avait prodigué des encouragements, une aide constante, malheureusement inefficace. Il fallait se rendre à l'évidence : le garçon ne pouvait guère mieux faire, sa bonne volonté n'avait pu pallier un manque de moyens évident. Julia en était désolée pour lui.

Les Duffaud avaient beaucoup insisté : institutrice débutante dans la commune, elle ne pouvait se permettre un échec délibéré. Les résultats de Pierre parlaient d'eux-mêmes. Il était impossible qu'il soit reçu, vraiment impossible ! Le zéro en dictée était éliminatoire et, généralement, il n'y échappait pas.

Les deux autres candidats, malgré leurs notes satisfaisantes, étaient à la merci d'un échec imprévisible : l'émotion, un trou de mémoire, voilà qui arrivait aux meilleurs élèves. Et leurs maîtres, toujours, étaient jugés sur les succès à l'examen, le fameux certificat, référence incontournable dans les campagnes.

Depuis la visite de la mère de Paul Barbat, Julia cherchait en vain comment venir en aide à Hélène Laget. Elle espérait que, cette fois encore, Ambroise Barbat renoncerait à son projet malveillant. Sans doute menaçait-il par fanfaronnade. Rien n'était moins sûr… Le maire avait-il le pouvoir de faire déplacer un prisonnier allemand ? Oui, sans nul doute…

La jeune fille déplorait le mauvais temps qui l'empêchait d'aller demander conseil, une fois encore, aux instituteurs de Rochessagne. Elle répugnait à leur écrire : si la lettre se perdait, si quelqu'un en prenait connaissance ? Elle n'avait pas le droit de divulguer le secret d'Hélène.

Chaque soir, son travail achevé, Julia ressassait constamment ses soucis, ses scrupules. Se concentrer sur la lecture d'un roman ou d'un livre de poèmes devenait de plus en plus difficile.

Alors elle pensait à Étienne. Le revoir, l'entendre, l'apaiserait, elle en était certaine. Une amitié aussi manifeste, aussi sincère que celle du jeune médecin, voilà ce qui, par-dessus tout, lui manquait. Quand le reverrait-elle ? Si seulement sa chère Pauline était plus près… On ne peut, par écrit, expliquer certaines choses. La solitude, soudain, paraissait insupportable. Dieu, que l'hiver était long, hostile tout à coup…

Julia se couchait pour plonger dans des rêves confus et, au matin, s'éveillait plus lasse encore, plus découragée que la veille.

XXII

Étienne se déclare

La fonte des neiges commença dès la seconde semaine de mars. Bientôt, le chemin, où la neige ramollie empêchait le passage des traîneaux, se transforma en ruisseau bourbeux. Des giboulées de pluie et neige mêlées ajoutaient encore à l'afflux d'eau trouble et fangeuse.

Les enfants des fermes sous les montagnes arrivaient en classe trempés jusqu'aux genoux, leurs pèlerines transformée en éponge. Autour des deux poêles de l'école, sur les chaises et les bancs, Julia tentait de faire sécher les vêtements étalés. Un matin, elle dut enfiler les jambes du petit Marien dans les manches de l'un de ses propres gilets de laine. Les bas et la culotte du petit étaient à tordre, et il grelottait.

Au bout de quelques jours, le temps se radoucit encore, la pluie cessa. Mais l'eau continuait à ruisseler abondamment sur les pentes des pacages. Le chemin demeurait impraticable aux charrettes et aux cabriolets.

« C'est pareil chaque printemps, expliqua Marthe Rouvel. Il y a tant de neige sur les montagnes ! Avec le redoux, elle n'en finit pas de fondre, la pluie s'en mêle et toute cette eau est pour nous, pardi ! »

Inquiète, Julia descendit un soir chez les Besson. Comment Antoine et son ami Ernest pourraient-ils rejoindre Rochessagne pour gagner le chef-lieu de canton le jour du certificat ? Sylvestre Besson était à l'étable, en train de traire avec sa femme et Antoine.

« J'allais justement venir vous voir, mademoiselle. Il va falloir que j'emmène les deux gars coucher au bourg, la veille de l'examen. Louise Brugière, la femme du roulier, nous logera. Chez elle, c'est bien meilleur marché qu'à l'auberge, vous comprenez ! On ira à pied, et les garçons manqueront la classe l'après-midi, forcément. »

Peu avant la date fatidique, Julia était toujours sans nouvelles du maire. Elle en concluait qu'il n'avait pas donné suite à la demande du père de Pierre Arfeuil, mais elle ne voulait rien demander au garçon. Il continuait à suivre la classe normalement et, comme tous les élèves de fin d'études, restait chaque soir deux heures supplémentaires pour les révisions. Il ne semblait aucunement affecté par la décision de son institutrice. Le certificat lui importait peu, apparemment.

Quand Julia descendit chercher son lait, ce soir-là, elle s'aperçut que le printemps se préparait en secret à investir les campagnes. Le long des rigoles d'eau claire, l'herbe avait reverdi. Les arbres commençaient à bourgeonner, le chant des oiseaux se faisait plus allègre. Le vent, encore un peu acide, avait perdu de sa rudesse ; il s'apprivoisait, se coulait furtivement au ras des talus où, bientôt, s'éveilleraient les primevères.

L'approche de cette première session de certificat rendait la jeune fille fébrile. Pendant les heures de classe, il lui était facile de cacher sa nervosité qui s'estompait peu à peu pour bientôt disparaître. Mais, une fois seule, l'angoisse revenait.

Devant la maison des Rouvel, incrédule, elle s'arrêta, le cœur battant. Ce cheval brun, attaché à l'anneau de fer scellé dans le mur près de la porte de l'étable, c'était Baron, elle en était sûre ! Elle reconnaissait l'animal, la couverture de selle à carreaux verts et rouges qui dépassait un peu sous le cuir. Étienne Maurin, sans nul doute, était là.

Elle hésita : faire demi-tour, frapper à la ferme ? Elle craignait de se montrer indiscrète, mais Marthe pouvait avoir besoin d'elle. Qui était souffrant : la fermière, son fils ? La porte du logement s'ouvrit soudain sur Janoune, qui s'exclama, souriante :

« Rentrez, M'zelle, moi, je vais soigner les lapins. Le docteur Maurin est chez nous, vous savez !

– Ta mère est malade, c'est grave ?

– Non, c'est Simon, il s'est fait mal à une jambe hier au soir. Ma mère a vu monter le médecin, il allait à Paillassoux. Je crois que la grand-mère de Félicie Chassard va pas très bien. Alors, elle lui a demandé de passer voir mon frère en redescendant. »

Julia suivit la fillette dans la salle commune. Marthe versait l'eau d'une bouilloire dans une petite cuvette.

« Bonsoir, mademoiselle, asseyez-vous donc un instant, j'approche de l'eau tiède au docteur et j'arrive. »

De la chambre voisine, dont la porte était restée entrouverte, la voix d'Étienne parvenait à la jeune fille, irritée de constater son propre trouble. Le médecin rassurait Simon, remerciait sa mère. Julia appréhendait une rencontre tout en la souhaitant, tendue, impatiente, un peu mal à l'aise à l'idée de devoir lui parler en présence de Marthe.

« Simon s'est blessé, m'a dit Janoune. Ce n'est pas trop grave, j'espère ?

– Non, mais la plaie sur sa jambe devenait pas belle du tout. J'ai préféré faire rentrer le docteur pour désinfecter ça. Je serai plus tranquille. D'abord, ça n'a l'air de rien, et puis ça se met à suppurer, vous savez bien !

– Mais pour le travail, comment ferez-vous ?

– Oh ! Simon peut marcher, rassurez-vous. Je vais tout de même le ménager pendant quelques jours. Le père Vasson me prêtera un peu la main. »

Marthe remplissait le seau à lait de Julia quand le médecin sortit de la chambre. Surpris, il afficha aussitôt un grand sourire et tendit la main :

« Mademoiselle Freynial ! Comment allez-vous ?

– Bien, je vais bien, bonsoir, docteur ! dit Julia en espérant de toutes ses forces qu'elle n'avait pas rougi.

– Eh bien, voilà, madame Rouvel, je vous rassure, la blessure de votre fils se refermera vite. Demain, dans la matinée, je dois remonter faire une piqûre à Mme Chassard. Je m'arrêterai au retour pour refaire le pansement de Simon. »

Et, se tournant vers Julia, muette, Étienne ajouta :

« Demain, si vous voulez, je pourrai reprendre les livres de M. Duffaud et les lui rapporter ? »

La jeune fille acquiesça avec empressement ; elle se réjouissait d'une rencontre, le lendemain jeudi, et se retenait de rire. Étienne était astucieux : venir prendre des livres pour son collègue, voilà un excellent prétexte pour bavarder avec elle un moment…

Les deux jeunes gens sortirent ensemble de la ferme. En détachant la bride du cheval, Étienne dit à mi-voix :

« Les livres de M. Duffaud sont une bénédiction ! À demain ! »

Il se mit en selle, et Julia dut prendre sur elle pour ne pas se retourner et le regarder descendre entre les chaumières du hameau.

Blottie contre la porte de l'école, Hélène Laget attendait l'institutrice. Malgré le grand châle dont elle s'enveloppait, sa grossesse était maintenant bien visible.

« Son secret n'en sera plus un, bientôt ! », se dit Julia en approchant. Elle fut frappée de la pâleur de la jeune femme. Visiblement alarmée, Hélène entra derrière Julia en s'excusant.

« Je ne crois pas, hélas, que vous puissiez faire quelque chose, mais il fallait que je vous dise : le facteur m'a porté une lettre de la mairie, ce matin. Ludwig est convoqué demain après-midi. Qu'est-ce que cela veut dire ? Ni lui ni moi n'en avons aucune idée ! Je suis terriblement inquiète, si vous saviez… Que va-t-il m'arriver encore ? Et lui, est-ce qu'on va le renvoyer, dites ? »

De son mieux, Julia s'efforça de rassurer Hélène. Sans doute une histoire de papiers à régulariser. Mais, en même temps, elle se rappelait la recommandation de la femme d'Ambroise Barbat. Certes, elle n'avait pas dit à Hélène de se méfier, mais à quoi cela aurait-il servi, sinon à l'inquiéter davantage ?

À présent, Julia se sentait complètement démunie, inutile. D'ici au lendemain, elle n'avait personne à qui demander conseil. La mère de Rose-Marie s'était pris la tête dans les mains pour cacher ses larmes. Julia se rapprocha, lui caressa les cheveux.

« Allons, Hélène, calmez-vous. Ce ne peut pas être bien grave… »

La jeune femme leva vers elle un regard bouleversé :

« J'ai si peur qu'on oblige Ludwig à regagner son pays. Qu'est-ce que je deviendrai, alors, avec les petits à nourrir, à élever ? Je n'ai pas de quoi payer un domestique pour l'été. Et si je quitte la ferme, qui voudra m'embaucher, avec deux enfants ?

– Mais qu'allez-vous chercher ! Vous n'en êtes pas là, voyons ! S'il le désire, Ludwig a certainement le droit de rester chez vous. On ne s'est jamais plaint de son travail, il ne côtoie personne à Granges-Vieilles, aussi je ne vois pas… »

Tout en parlant, Julia se demandait quels griefs avait émis le premier adjoint devant le maire. De quoi avait-il bien pu accuser Ludwig ? D'avoir une liaison avec Hélène Laget ? Et, pour cela, quelle preuve apportait-il ? Qui prouverait que l'enfant à venir était bien du prisonnier allemand ?

Déconcertée, Julia se trouvait à bout d'arguments pour réconforter Hélène.

« Attendons demain, dit-elle finalement. Lorsque Ludwig sera de retour, que vous connaîtrez la raison de cette convocation en mairie, vous viendrez me voir, alors nous aviserons. »

En réalité, la jeune fille ignorait tout à fait ce qu'elle pourrait dire à Émile Blanchet, si besoin. Laisser un père à l'enfant qui allait naître bientôt ? À Rose-Marie, aussi, que Ludwig adopterait volontiers ? Tout cela était bien aléatoire. Julia doutait de la réussite de son intervention auprès du maire, mais, de son mieux, elle dissimula ses craintes à Hélène.

La jeune femme était pitoyable. Elle avait couru quêter du secours auprès de Julia, sa seule amie dans le hameau. Et, pour rien au monde, celle-ci n'aurait accepté de la décevoir.

Le désarroi d'Hélène et sa propre impuissance à l'aider gâchèrent la soirée de Julia ; elle n'aurait voulu penser qu'à la visite d'Étienne, le lendemain, et s'en réjouir.

Depuis quatre semaines, les candidats à l'examen de mars revenaient à l'école, le jeudi matin, pendant trois longues heures. Ils avaient tout juste quitté la salle de classe, un peu après onze heures et demie, lorsque le docteur Maurin vint frapper chez Marthe Rouvel.

Julia avait préparé un petit paquet de livres pour M. Duffaud ; il n'y avait pas urgence pour les lui rendre, mais si quelqu'un voyait ressortir Étienne de la maison d'école, l'honneur serait sauf.

Elle revenait du bac, ses deux seaux à la main, quand le jeune médecin monta vers elle. Il s'empressa à sa rencontre, lui enleva un de ses seaux, et ils grimpèrent ensemble le talus en bavardant.

« Comment va Mme Chassard ? »

Étienne eut une moue dubitative.

« Je l'espère tirée d'affaire, mais c'est encore trop tôt pour le dire. Elle est très âgée, l'organisme peut réagir favorablement, ou au contraire... Mais je lui administre un traitement qui, je veux le croire, se révélera efficace.

– Et Simon ? Sa plaie se résorbe un peu ?

– Oh ! pour lui, je n'ai aucun souci. Le garçon est robuste comme un chêne. C'est vraiment dommage qu'une naissance difficile en ait fait... ce qu'il est. »

Dans le logement de Julia, une odeur délicieuse arracha une exclamation à Étienne :

« Dieu, comme cela sent bon ! L'institutrice de Granges-Vieilles serait-elle aussi un cordon-bleu ?

– Je n'ai jamais fait de grande cuisine, répondit Julia en riant. Tout simplement, avant l'arrivée de mes élèves, j'ai fait rissoler des pommes de terre au lard. À présent, elles finissent de mijoter. Vous voyez, c'est loin d'être un plat de roi !

– C'est vous qui le dites. Ma grand-mère réussit à merveille cette fricassée de pommes de terre, et c'est un vrai régal.

– Eh bien, partagez tout simplement mon repas !

– Je ne voudrais pas enlever la part de Feu-Follet ! », répondit Étienne, le plus sérieusement du monde.

Après s'être frotté contre ses jambes, le chat blanc venait sans façons de sauter sur ses genoux. Déjà, Julia s'empressait de dresser le couvert en s'excusant de n'avoir pas de vin. Du petit garde-manger, elle sortit un morceau de boudin cuit.

Oubliant de manger, elle regardait Étienne dévorer de grand appétit. À ses pieds, Feu-Follet mendiait quelques morceaux, avec de comiques petits miaulements.

« Mangez donc, dit le jeune homme, vous avez une toute petite mine, bien plus pâle que d'habitude ! Et cela, c'est le médecin qui le dit… »

D'autorité, il mit un morceau dans l'assiette de son hôtesse. Quand Julia enleva le couvercle de la petite cocotte en fonte noire, le parfum du lard frit au milieu des pommes de terre fit frémir les moustaches du chat, dressé contre la jupe de sa maîtresse en ronronnant de convoitise.

Étienne rit de bon cœur :

« Lui, au moins, de l'appétit il en a ! Évidemment, il ne travaille pas des heures durant, et même les jours de congé pour quelques diplômes de certificat d'études ! »

Julia lui sourit sans rien dire ; il la taquinait, et son rire lui était délicieusement agréable et lénifiant. Le plat de pommes de terre, qui aurait fait deux ou trois repas à la jeune institutrice, fut rapidement englouti. Feu-Follet avait eu droit à quelques lardons dans une soucoupe. Étienne se taillait maintenant une large tranche de fromage de Saint-Nectaire. Pour finir, Julia ouvrit un petit bocal de poires au sirop ; elle les avait mises en conserve à l'automne et les gardait pour une grande occasion. Aujourd'hui, se disait-elle, c'en était une, vraiment.

Tandis que le café passait lentement dans le filtre de faïence, elle enleva les assiettes sales, sortit des tasses, le sucrier. Étienne suivait chacun de ses gestes, silencieux, mais avec le plus grand naturel. Julia chercha en vain un sujet de conversation. Elle venait de se rappeler subitement la visite d'Hélène Laget. Ludwig, déjà, avait dû partir pour la mairie de Rochessagne. Qu'en serait-il à son retour ?

« Vous avez de gros soucis, dit Étienne, et ce n'était pas une question. Loin de moi l'idée d'être indiscret, mais je me demande si vos craintes pour vos candidats expliquent seules une mine aussi épouvantable. Vous dormez mal, n'est-ce pas ? »

La voix était douce, préoccupée, remplie d'amicale sollicitude.

« J'ai quelques soucis, oui, avoua Julia, rien de personnel, rassurez-vous. Des amis à moi ont, pourraient avoir des ennuis assez graves, alors je... »

Désireuse de taire le motif réel de son inquiétude, elle laissa sa phrase en suspens, se leva pour servir le café. Étienne se pencha sur elle, lui prit les mains, l'obligea à le regarder.

« Julia, je vous en prie, vous appelez au secours, je le sens ! Nous sommes amis, n'est-ce pas ? Ne voulez-vous pas vous confier davantage ? »

Elle secoua la tête, se força à lui sourire.

« Non, je vous l'assure, je ne suis pas concernée, mes amis seulement.

– Bon, je n'insiste pas, mais, franchement, pensez un peu à vous, aussi. Votre solitude ici, le travail intense... Ne risquez-vous pas de compromettre votre santé ?

– Oh ! mais je suis solide, même si je ne le parais pas ! affirma Julia avec une soudaine gaieté. Ces temps-ci, c'est un mauvais passage, mais tout va rentrer dans l'ordre, je vous promets. »

Pour faire diversion, Étienne dit tout à coup :

« Savez-vous que, sur le trajet, quelqu'un me guette impitoyablement, à l'aller et au retour ?

– Quelqu'un vous guette ?

– Oui, ma fiancée, à Combe-Noire ! »

Étienne éclata de rire, s'amusant autant de sa boutade que de l'air ébahi de Julia. Elle répéta machinalement :

« Une fiancée ? À Combe-Noire ? Mais… il n'y a que les Foury, à Combe-Noire !

– Vous oubliez Angèle Rigaud et sa fille, Irène, mon amie d'enfance.

– Irène Rigaud, la sauvageonne ? Vous plaisantez !

– Bien sûr ! Enfin, moi, je plaisante. Irène, elle, affirme partout que le docteur Maurin, son fiancé, est revenu pour elle à Rochessagne. Pauvre fille ! »

Entre le rire et l'indignation, Julia sentait son cœur s'emballer. Qu'elle était stupide ! Étienne avait voulu la distraire. D'ailleurs, il riait encore en se levant.

« Me voilà encore plus redevable envers vous. Et tous les mercis que je pourrais vous dire n'épongeront pas mes dettes ! Mais j'ai une idée : dimanche en huit, je vais vous inviter à déjeuner à l'auberge, avec les Duffaud pour nous servir de chaperons. Qu'en dites-vous ?

– Je… j'en serais très heureuse, si vous pensez que… »

Prise au dépourvu, Julia bafouillait un peu, le rose aux joues.

« Voilà qui est bien ! fit Étienne. Retrouvez ce visage là d'ici notre prochaine rencontre, c'est un ordre ! »

Ses yeux rieurs démentaient ses paroles faussement sévères.

« Julia, dit-il soudain gravement, de jour en jour je m'aperçois que vous me manquez davantage, je crois... je suis sûr... Julia, je vous aime ! »

Ils étaient tout près. Il se pencha, l'embrassa avec douceur sur la joue. Alors, oubliant ses résolutions d'irrémédiable méfiance envers tous les hommes, elle se laissa aller contre lui, noua ses bras autour de son cou. Avec fougue, il l'enlaça, et leur baiser n'eut plus rien d'amical. Les lèvres d'Étienne pressées avidement sur les siennes, son corps étroitement serré contre le sien, Julia, enivrée, le laissait faire.

« M'aimez-vous un peu ? demanda-t-il soudain en se détachant d'elle.

– Un peu ? »

Julia le dévisageait avec un grand sourire heureux.

« Je vous aime infiniment, oh ! oui. »

Puis elle nicha sa tête au creux de l'épaule accueillante, transportée d'un si grand bonheur qu'il en était presque douloureux. Il l'embrassa à nouveau, passionnément. Pleine d'ardeur, elle lui rendait ses baisers. Le temps, pour eux, s'était arrêté.

Enfin, Étienne s'en alla à regret, le paquet de livres sous le bras.

« À dimanche, dit-il, veillez bien sur vous. »

Julia lui sourit tendrement. En elle chantaient toutes les sources de la montagne. Cet amour la comblait, et tout en elle savait que, cette fois, elle ne se trompait pas.

XXIII

Promesse de fiançailles

EN FIN D'APRÈS-MIDI, Hélène Laget arriva en trombe chez Julia, les yeux brillants d'excitation. Elle, si pondérée, semblait fébrile et enthousiaste. Reprenant son souffle, elle jeta :

« Mademoiselle Freynial, si vous saviez ! Pardon d'avoir forcé votre porte, mais j'ai voulu vous dire… je suis si soulagée, mon Dieu ! »

Elle entreprit aussitôt de raconter l'entrevue de Ludwig et du maire.

« Imaginez-vous, ils se sont retrouvés une douzaine de prisonniers allemands, tous convoqués sans en savoir la raison. Le maire leur a annoncé qu'on libérait les prisonniers, vous vous rendez compte ! Quelle nouvelle ! Ils doivent descendre à Issoire et, de là, gagner Clermont, d'où on les rapatriera par le train. Ils étaient si heureux, beaucoup pleuraient, paraît-il. Ludwig est resté après le départ des autres. Il a expliqué à M. Blanchet qu'il ne voulait pas repartir en Allemagne. Et, au grand étonnement du maire, il a ajouté que nous voulions nous marier au plus tôt. Maintenant, il faut attendre ses papiers, il est en train d'écrire à ses parents. Le maire, de son côté, a promis de s'occuper des formalités avec l'armée, la préfecture, je ne sais plus bien... Malgré ma joie, je pense à la mère de Ludwig, elle ne va pas retrouver son fils, c'est cruel... »

Brusquement, Hélène fondit en larmes, s'excusa :

« Pardon, c'est... trop d'émotion, trop de joie sans doute, j'étais dans un tel état ces jours derniers... Vous croyez vraiment que tout va s'arranger ?

– Il faut y croire, Hélène, le bonheur n'est pas toujours pour les autres, chacun de nous, un jour, a droit à sa part, et ce jour finit bien par arriver. »

En l'affirmant, Julia ne pensait pas seulement à Hélène. Elle aussi venait de trouver sa part de bonheur. Et elle comptait bien la faire sienne longtemps, sa vie entière si le sort le voulait.

Ainsi, Ambroise Barbat était bien le pleutre que M. Duffaud lui avait décrit. Il n'avait rien dénoncé au maire, et l'on ne pouvait que s'en réjouir.

« Je comprends, dit-elle, que votre bon cœur vous porte vers la mère de Ludwig. Comme les autres, ses parents vont se réjouir du retour annoncé des leurs. Mais, quand votre bébé pourra supporter le voyage, rien ne vous empêchera, tous les quatre, de leur faire la joie d'une visite. »

Émues, les deux jeunes femmes s'embrassèrent. L'une et l'autre se disaient que l'amitié est une des plus belles choses au monde.

Lorsque, deux jours plus tard, Antoine Besson et Ernest Prugne vinrent lui annoncer leur succès au certificat, Julia se dit que, décidément, avec le printemps nouveau tout lui souriait.

Elle félicita ses élèves, admira leur diplôme, demanda enfin :

« Et Pierre ?

– Il a échoué », répondit Antoine, un peu gêné.

Julia ne fit pas de commentaires.

« Maintenant, l'école est finie pour vous deux, mais j'espère bien que vous ne m'oublierez pas ! Toi, Antoine, tu habites tout près, je te reverrai souvent, d'autant que tu ne veux pas quitter la ferme. Mais toi, Ernest, ne passe pas devant la maison d'école sans venir me dire bonjour, n'est-ce pas ?

– Je viendrai, M'zelle, c'est promis.

– Et pour ton avenir, tu n'as pas changé d'avis ?

– Non, j'ai toujours envie de rentrer à la poste, si je peux devenir facteur ça sera bien. Mon frère aîné, lui, gardera la ferme. Moi, j'ai envie de bouger. »

Julia les regarda tour à tour. Elle pensait : « Leur vie d'adultes va commencer... » Cette idée l'émouvait un peu. Pour se présenter à l'examen, les deux garçons avaient endossé leurs vêtements du dimanche, une veste d'homme, une chemise blanche à col rapporté. Ils étaient également grands et larges d'épaules. Ernest, très brun, affichait une certaine assurance, un regard volontaire. Antoine, plus timide, triturait son béret entre ses doigts.

« Vous n'avez pas oublié de me rapporter vos brouillons, au moins ? »

Longuement, Julia interrogea les garçons : Quelles questions avait-on posées à l'oral ? Avaient-ils récité une fable ou chanté ? Quel était le sujet du dessin ? Les examinateurs s'étaient-ils montrés indulgents ?

« Je garderai vos brouillons quelque temps, je les rendrai à vos petits frères. Je donnerai bientôt ces épreuves à vos camarades, ce sera un bon entraînement pour l'examen de juillet.

– M'zelle, dit soudain Antoine en rougissant, on voulait vous remercier pour tout le travail…

– Oui, ajouta Ernest, vous vous êtes donné bien du mal pour nous, M'zelle, merci beaucoup.

– Mais c'est à votre travail surtout, à vos efforts que vous devez votre succès ! À bientôt, et n'oubliez pas votre dernière institutrice, surtout ! »

Julia riait de contentement. Comme s'ils étaient soudain devenus des hommes, elle serra cérémonieusement la main des deux garçons, pleins de fierté.

Pour fêter l'événement, elle s'offrit ce soir-là un bol de semoule au lait sucré, qu'elle partagea avec Feu-Follet, complice de toutes les gourmandises.

Elle s'endormit en pensant à Étienne, au bonheur de le revoir bientôt. Au seuil du sommeil, elle retrouvait avec délice le contact de ses lèvres chaudes, l'éclat doré de ses yeux qui disait si bien son amour.

Le dimanche tant attendu arriva enfin. Une carte de Mme Duffaud, reçue au milieu de la semaine, conviait Julia à se rendre à l'école avant le déjeuner à l'auberge. Dans cette lettre brève, aucune allusion aux relations d'Étienne et de sa jeune collègue.

« Nous verrons bien », se dit Julia. Sa confiance était totale, les Duffaud s'étaient toujours montrés des amis sûrs.

Le temps, légèrement nuageux, était doux. Julia avait décidé d'abandonner son grand deuil. La veille, elle avait soigneusement repassé un corsage blanc rayé de noir, sa jaquette anthracite et sa jupe de faille gris clair.

En nouant d'un ruban étroit les épaisses boucles de cheveux sur sa nuque, elle fixa un instant son image dans la petite glace surmontant la table à toilette. C'est à peine si elle reconnaissait ce visage animé aux yeux brillants. Un petit chapeau de tissu tourterelle à voilette courte acheva sa transformation.

L'air admiratif de la famille Besson au grand complet lui confirma que, tel le miroir de Blanche-Neige, le sien ne l'avait pas trompée. Pour la première fois de son existence, elle se sentait belle, et c'était délicieux.

« Voilà l'effet du bonheur ! », pensa-t-elle. Et elle se souvint tout à coup combien l'avaient frappée, lors de leur première rencontre, les visages rayonnants d'Hélène et de Ludwig.

« Ce que vous êtes jolie aujourd'hui, M'zelle ! », dit la petite Suzanne en grimpant dans le cabriolet près de ses frères. Assise devant, à côté d'Augustine Besson et de son mari, Julia sourit à la fillette. Posé sur elle, le regard d'Antoine paraissait subjugué par la nouvelle apparence de son institutrice.

Les Duffaud félicitèrent chaleureusement Julia pour le succès de ses deux grands élèves.

« Comme vous avez bien fait de ne pas présenter Pierre Arfeuil, dit Mme Duffaud.

– Sans doute, mais à présent ses parents m'en veulent, et je n'aime pas avoir des ennemis… »

Elle s'était un peu assombrie en songeant aux différends qui l'opposaient au père de Pierre, à celui de Paul Barbat.

« Allons, allons, dit M. Duffaud, rien n'est jamais parfait, vous le savez bien. En cinq mois d'école à peine, vous ne pouviez réellement pas faire d'un médiocre un bon élève. N'y pensez plus ! »

Puis les trois enseignants bavardèrent de leur métier, du certificat, encore, fixé au 10 juillet. Julia en profita pour quêter quelques conseils.

« Parmi mes trois candidats, deux manquent par trop de vivacité. Je crains qu'ils ne puissent, dans le temps requis, achever la composition française, ni même le dernier problème, pourvu de quatre questions. Il me faut à tout prix leur apprendre à se défaire de leur lenteur, parfois décourageante, je l'avoue.

– Le moment venu, dit M. Duffaud, recommandez-leur, au cas où ils n'auraient pas tout recopié au propre, de joindre leur brouillon à la feuille d'examen. Si le travail est bon, les résultats justes, le jury se montrera indulgent et rajoutera des points.

– Et vos lectures personnelles, demanda Mme Duffaud, trouvez-vous encore du temps à leur accorder ? Avec les beaux jours, sans doute sortez-vous davantage ?

– En effet, j'ai un peu moins lu ces derniers temps. »

Julia n'osait pas demander si Étienne Maurin, dont le nom n'avait pas été prononcé, avait rendu les livres prêtés par son collègue. Celui-ci la devança :

« Lorsque le docteur Maurin est venu nous inviter, il m'a rapporté les livres que vous lui aviez confiés. »

Julia ne trouva rien à répondre ; elle s'irritait de sentir le rouge envahir ses pommettes. Mme Duffaud, certainement pas dupe, vint à son secours :

« Vous ignorez sans doute que M. Maurin père et mon mari sont natifs du même village, Picherande, pas très loin d'ici ?

– En effet, je l'ignorais, dit Julia, heureuse de saisir la perche tendue. Ainsi, M. Duffaud connaît le docteur Maurin de longue date ?

– Je l'ai rencontré maintes fois quand il venait, avec ses parents, rendre visite à son grand-père, notre voisin. Mais Étienne a, je crois bien, quinze ou seize ans de moins que moi. Par contre, j'ai bien connu son père, avant son mariage. Tout comme les miens, ses parents ont fait des sacrifices pour qu'il ne vivote pas dans une petite ferme. Les études, plus encore qu'aujourd'hui, revenaient cher !

– J'ai demandé au docteur Maurin, intervint Mme Duffaud, que nous venions tous ici prendre le café. J'ai pensé que ce serait moins bruyant qu'à l'auberge, et sans doute plus agréable. Mais l'heure tourne, il est grand temps de gagner l'hôtel de la Poste. »

Étienne attendait ses invités sur le seuil de la salle de restaurant. Lui aussi avait fait toilette. Dans son costume sombre, il était splendide. Le regard dont il enveloppa Julia en lui serrant la main disait explicitement sa surprise et son admiration.

Parmi de nombreux clients, les quatre convives s'installèrent près d'une fenêtre. Par crainte de se trahir, Julia osait à peine lever les yeux sur le jeune homme, assis en face d'elle. Et si le coq au vin était délicieux, manger lui demandait un effort surhumain. La conversation passait d'un sujet à l'autre, et elle devait se faire violence pour y participer. Enfin, après les œufs à la neige et la brioche, on reprit le chemin de l'école.

Le café bu, les messieurs dégustèrent un cognac, et Mme Duffaud offrit à Julia son cassis maison. Le vin avait rougi les joues de la jeune fille. Elle se sentait si bien, près d'Étienne. Elle se disait qu'elle aurait pu facilement rester des heures, des jours même, à le voir et à l'écouter. Il se tourna soudain vers elle, interrompant sa rêverie :

« Si je ne suis pas indiscret, les amis pour qui vous paraissiez si soucieuse sont venus à bout de leurs ennuis ? »

Julia hésita à peine. Ses collègues connaissaient l'histoire d'Hélène et de Ludwig. À présent, elle ne trahirait pas un secret, ils seraient bientôt mari et femme au vu de tout le monde.

« Oui, dit-elle avec un sourire qui bouleversa le jeune homme, pour eux, tout s'arrange enfin. »

Rapidement, elle dit l'amour réciproque des jeunes gens, la future naissance de leur enfant et, ce qu'ignoraient encore les Duffaud, le mariage proche.

« Comme vous plaidez bien leur cause ! », s'exclama Étienne.

Elle avait craint qu'il ne fasse pas montre du même enthousiasme. Une idylle entre une jeune femme du pays et un prisonnier allemand serait peut-être, pour lui, un amour infâme, dégradant…

« Malheureusement, reprit Julia, j'ai bien peur que, dans l'ensemble, l'opinion ne leur soit guère favorable.

– Si ce Ludwig est un homme loyal, prêt à s'intégrer, les animosités s'estomperont peu à peu, dit Étienne. Mais, pour cela, il va falloir du temps. On ne peut exiger des gens d'oublier si vite, même si ce garçon n'est pour rien, et c'est certainement le cas, dans les malheurs de notre pays.

– J'ai dit à Mlle Freynial, conclut Antoine Duffaud, que certains ne réussiront peut-être pas à pardonner. Étrangement, ce ne sont pas les plus touchés par les conséquences de la guerre qui se montrent les plus virulents. »

Julia se résolut, à contre cœur, à prendre congé. Il lui fallait regagner Granges-Vieilles à pied, le chemin serait long.

« Si vous voulez bien, s'empressa de dire Étienne, je peux vous reconduire avec le cabriolet du docteur Lachaux. »

Julia ne fit aucune façon pour accepter, se réjouissant d'avance d'un tête-à-tête avec lui. Étienne eut alors un grand rire heureux, et les Duffaud sourirent avec connivence en regardant tour à tour les deux jeunes gens.

« Baron, ajouta Étienne, toujours rieur, attend impatiemment l'occasion d'une promenade… »

Si le trajet parut court à Julia, assise près d'Étienne qui menait l'attelage, leur conversation fut quasi inexistante. Ils se contentaient de se sourire de temps à autre, heureux de se retrouver.

Il était encore tôt lorsqu'ils atteignirent la maison d'école, sans avoir fait aucune rencontre.

« Et quand bien même nous aurions croisé quelqu'un, pensait Julia… Le médecin peut avoir à se rendre auprès d'un malade. Prendre des passagers est ici une pratique courante, une règle de savoir-vivre. »

« Nous pourrions continuer la promenade, si vous voulez bien ? »

Le regard d'Étienne promettait des instants merveilleux, et Julia ne songea pas du tout à refuser. Plus haut, Baron s'arrêta à la lisière du bois où, l'automne passé, Janoune avait conduit la jeune fille pour admirer la cascade. Un tronc d'arbre couché offrit un siège aux jeunes gens.

« Vous ne m'en avez pas voulu l'autre jour ? demanda d'abord Étienne. J'ai craint d'avoir été trop… disons, direct, pressé… »

Il avait pris la main de sa compagne et la dévisageait tendrement. Elle ne répondit rien, mais dans ses yeux, dans son sourire, il lut la réponse qu'il souhaitait plus que tout.

« Je vous aime tellement, tellement, dit-il avec fougue, depuis notre première rencontre vous occupez toutes mes pensées ! »

Il avait enlacé Julia et commençait à l'embrasser. Pour elle, bientôt, plus rien n'eût d'importance. Étienne l'aimait et elle, oh ! comme elle le lui rendait bien ! Ce fut alors un échange de serments, de baisers passionnés, de confidences, de silences aussi, pleins d'une entente si parfaite que les mots devenaient inutiles pour les jeunes gens étroitement serrés l'un contre l'autre.

Soudain, derrière eux, un froissement de branches tout proche fit sursauter Julia.

« Il y a quelqu'un ! », souffla-t-elle.

Étienne se retourna vers la première rangée de hêtres. Rien ne bougeait.

« Ce n'est rien, dit-il en souriant, un oiseau sans doute, un geai peut-être bien… »

Tout comme Julia, il aurait dû se méfier. Mais comment l'un et l'autre auraient-ils pu deviner que, dès cet instant, quelque chose de terrible était en marche ?

Étienne éloigna un peu de lui la jeune fille pour demander :

« Julia, je ne veux rien précipiter, mais je sais votre Administration terriblement intransigeante sur la morale. Très vite, nos relations n'échapperont à personne, vous vous en doutez. Le mieux serait de nous fiancer, ne croyez-vous pas ? Des fiançailles officielles feront taire les commérages, et nous serons alors libres de nous voir. Qu'en dites-vous ? »

Julia pensait que rien ne pourrait la combler davantage. Pourtant, elle voulut taquiner son compagnon :

« Des fiançailles... mais après ?

– Après ? Le mariage, bien sûr ! »

Étienne s'enflammait, la serrait soudain à lui faire mal.

« N'avez-vous pas compris que je vous veux pour femme ? Julia, je veux faire ma vie avec vous, toute ma vie !

– Et moi, je ne veux rien d'autre. Depuis cette nuit de tourmente, dès que je me retrouve seule, je pense à vous ! »

Dans la campagne paisible, ces aveux partagés avaient pour témoins l'herbe nouvelle, les petites feuilles encore prisonnières des bourgeons à demi éclatés, le vent printanier descendu des montagnes, un vol de ramiers au-dessus du bois. Mais pas seulement. Quelqu'un épiait le jeune couple. Trop préoccupés d'eux-mêmes, ni Julia ni Étienne, tout à leur bonheur, ne remarquèrent l'ombre furtive qui se coulait silencieusement entre les fayards, et dont l'épais tapis de feuilles pourrissantes étouffait les pas.

XXIV

Projets d'avenir

Lorsque, les vacances de Pâques données, Julia se retrouva à Saint-Benoît avec le petit Pierre-Damien et sa mère, sa mine resplendissante fit aussitôt s'exclamer Pauline :

« Toi, tu es amoureuse ! Ne nie pas ! Et je vais même te dire : celui que tu aimes t'aime aussi ! Mieux encore : il s'agit du jeune médecin, le bel Étienne. Alors, est-ce que je suis un bon devin ? »

Julia éclata de rire et raconta son bonheur à sa meilleure amie.

« Fiancée, tu es fiancée, et tu ne me l'as pas écrit ! Mais je t'en veux, je t'en veux terriblement ! »

Pour démentir cette affirmation, Pauline embrassa affectueusement Julia, toute rose d'émotion.

« Étienne veut que nous puissions nous voir librement, il a donc annoncé nos fiançailles. Aux vacances d'été, il m'emmènera chez ses parents, à

Clermont. Je ne te l'ai pas écrit, notre rencontre était si proche, de vive voix c'est tellement mieux. Regarde ! »

Julia montrait la bague qui ornait sa main droite.

« Ainsi, les mauvaises langues, il y en a dans tous les villages, tu sais bien, pourront ravaler leurs médisances. »

Si Julia ne parvenait pas à cacher sa joie, elle culpabilisait aussi. Pauline était si seule… La jeune fille éprouvait un peu de honte à étaler ainsi son bonheur d'aimer et d'être aimée.

Avant de regagner Granges-Vieilles, elle passa deux jours à Issoire, chez la tante Marceline. À l'annonce des fiançailles de Julia, la vieille femme, maladroitement, fit allusion à Maurice.

« J'espère que ton médecin n'est pas un hypocrite coureur de jupons comme ton ancien collègue, rappelle-toi ! Enfin, ma fille, tu as la bague au doigt, c'est une garantie. L'été prochain, tu viendras me présenter ton fiancé, je serai contente de le connaître. »

Julia promit de s'arrêter avec le jeune homme au retour de Clermont. La présentation aux parents d'Étienne était fixée au début du mois d'août. D'ici là, un long trimestre l'attendait avec, au bout, l'incontournable angoisse du certificat d'études.

Avec les beaux jours, les enfants avaient repris leurs jeux devant la maison d'école. Les filles organisaient des rondes. Elles sautaient à la corde, jouaient aux fagots ou à la chandelle avec les plus jeunes des garçons. À l'aide d'un bâton, elles traçaient sur le sol de terre battue une marelle où, en progressant à cloche-pied de case en case, on amenait le palet de bois jusqu'au paradis. Les plus grandes s'exerçaient à jongler avec des petites balles de tissu qu'elles fabriquaient elles-mêmes.

Les garçons, sauf les plus petits, disputaient d'âpres parties de billes de terre. Alphonse Levet, qui avait presque quatorze ans, se contentait d'arbitrer les tournois et d'apaiser les fréquentes querelles. Généralement, Paul Barbat provoquait les chicanes. Posément, Alphonse lui démontrait ses torts, tandis que Denis Mouret ou Louis Estrade s'exclamaient :

« Si ça te va pas, tu joues pas, c'est tout ! »

L'idée d'être exclu du jeu de billes déplaisait si fort à Paul qu'il s'inclinait en maugréant.

Du seuil de la classe, Julia avait tout son petit monde à l'œil. L'après-midi, la récréation terminée, elle sentait bien que les enfants répugnaient à regagner leur salle de classe. Il faisait si bon sous le soleil qui redonnait vie aux pacages alentour.

Chaque matin, les fillettes arrivaient avec un gros bouquet. Primevères, violettes, anémones, pulmonaires, toutes les petites fleurs du printemps égayaient la classe. Julia eut alors l'idée de montrer à ses élèves son herbier, conservé depuis l'École normale.

Le lendemain, Janoune demanda :

« S'il vous plaît, M'zelle, on pourrait pas faire un herbier, nous aussi ? Pas si beau et si gros que le vôtre, mais tout de même, on aimerait bien ! »

La fillette secouait énergiquement ses nattes, sans doute pour paraître plus convaincante.

« Qui serait d'accord ? », interrogea Julia.

Les cinq plus grandes filles et Célestin Brandelis levèrent aussitôt le doigt. Puis, peu à peu, quatre autres garçons approuvèrent cette idée.

« Bon, dit Julia, je veux bien, mais il ne faut pas que nous perdions trop de temps, à cause de ceux du certificat. Voilà donc ce que je vous propose : nous trierons et préparerons les plantes à la récréation de midi, et aussi à celle de trois heures. »

Pour limiter le travail, il fut décidé de s'en tenir aux fleurs les plus connues. De mois en mois, aux abords du hameau, d'autres espèces apparaîtraient. Julia apprit aux enfants à les faire sécher, bien à plat entre deux buvards, sous une pile de vieux almanachs. On les classa par familles : les renonculacées, comme l'anémone blanche des bois, les primulacées, comme la primevère que les enfants appellent coucou, les papilionacées, comme la gesse tubéreuse, dont les fleurs semblent d'étonnants papillons roses, arrêtés un instant au sommet de la tige…

Après la fleur, on étudia les feuilles : feuilles opposées, à deux ou quatre folioles, à vrille, lancéolées…

Un matin, Louis Estrade, du hameau des Mortes, apporta d'étranges petites plantes à la tête ronde et charnue, hérissée de minuscules piquants rouges.

« C'est pas des fleurs, hein, M'zelle ! affirma Geneviève Fargeix.

– Si, dit Julia en riant, mais j'avoue qu'elles sont singulières. Où les as-tu trouvées, Louis ?

– Au bord des tourbières, M'zelle, mon grand-père les appelle gobe-mouches.

– Et tu sais pourquoi ? »

Louis avança les lèvres en secouant la tête : non, il n'en avait aucune idée. La classe entière dut avouer son ignorance. Alors, montrant les petits filets rouges et collants de la plante mystérieuse, Julia expliqua que les moucherons venaient s'y engluer les pattes. Ensuite, ces plantes, dites carnivores, les digéraient.

« Comme nous la viande ? demanda Célestin, les yeux écarquillés. C'est pas possible !

– C'est tout à fait possible, si.

– Est-ce que, dit Fernand Martin, fortement impressionné, est-ce que, si on y met le bout du doigt, elles nous le mangeraient aussi ?

– Je ne pense pas, répondit Julia, amusée, mais dans le doute nous ne toucherons que la tige. Leur nom réel est rossolis. »

Elle s'interrompit pour gronder Paul qui se moquait de Fernand :

« Si tu tombes dans un champ de ces trucs-là, tu te feras manger tout cru ! »

Paul, qui ne voulait pas participer à l'élaboration des herbiers, vexé, se désintéressa des rossolis comme des autres fleurs, avec un regard en dessous à son institutrice.

« Moi, dit fermement Janoune, je veux pas en mettre dans mon herbier. Elles sont trop laides ! »

Elle affichait une répugnance partagée par les autres filles qui l'approuvèrent sans réserve, alors que les garçons haussaient les épaules, dédaigneux.

Pendant que les grands s'affairaient autour des fleurs à classer et à dessiner avant qu'elles ne soient flétries, les plus petits s'appliquaient à des frises, au bas de la page de leur travail du jour. Maladroits, vivement coloriés, leurs dessins retenaient toute leur attention. Pour ne pas être en reste, ils y mêlaient la pensée sauvage et la feuille de renoncule, la pervenche et la jacinthe des bois, assez difficilement reconnaissable à vrai dire. Aucun, jamais, ne voulut reproduire le rossolis.

Les frises de Rose-Marie, seulement, étaient des petites merveilles. Chaque soir, en corrigeant son cahier, Julia se réjouissait. La petite était douée, d'une intelligence vive. Nul doute, si on lui en donnait les moyens, elle poursuivrait de longues études.

Étienne et Julia se retrouvaient chaque dimanche. Parfois, ils déjeunaient à l'école de Rochessagne ou chez le docteur Lachaux.

La femme du vieux médecin avait pris Julia en affection. Si l'assistant de son mari logeait à l'auberge, elle le recevait souvent à sa table. Tout naturellement, elle conviait aussi sa « petite fiancée », comme elle se plaisait à appeler Julia.

Édith Lachaux, une petite femme menue aux cheveux tout blancs, avait toujours regretté de n'avoir pas eu d'enfant. Le métier de son mari, appelé à n'importe quelle heure du jour et de la nuit, en avait fait une solitaire. La seule compagnie de sa bonne, aussi âgée qu'elle, n'avait rien de très gai. Alors, elle se faisait la confidente de beaucoup de patientes de son mari.

À soixante-douze ans, le docteur Lachaux se félicitait de la présence d'Étienne à ses côtés. Les visites dans les fermes reculées, l'hiver surtout, étaient devenues pour lui une épreuve redoutable.

« Dans trois ans, disait-il, je céderai ma clientèle à mon assistant, si toutefois la vie de nos campagnes lui convient toujours. »

Marié à Julia, déciderait-il de prendre un cabinet en ville, d'autant que sa famille habitait Clermont ? La jeune institutrice aimait visiblement son école et ses petits montagnards. Elle avait assuré aux Lachaux se trouver mille fois mieux ici qu'à Issoire, où elle avait fait ses débuts.

De son côté, Étienne, impatient de l'amener au mariage, avait compris qu'il ne devait rien précipiter. Questionnée sur la date éventuelle de leur union, Julia était restée très évasive. Le jeune homme s'en inquiétait un peu, pour se dire aussitôt :

« Elle est si jeune encore, la vie de couple lui fait sans doute un peu peur. C'est de ma faute, sûrement. Je lui ai brossé un tableau peu engageant de la vie d'une épouse de médecin : pas de congés, pas d'horaires, des appels urgents la nuit, loin parfois, par tous les temps… »

Avant que la jeune fille ne s'engage définitivement, il avait tenu à ne rien lui cacher des contraintes de sa profession.

« Si cela vous paraît insurmontable, une fois mariés, nous pourrons nous installer en ville. Là, je n'aurai pas à partir des heures, parfois une journée ou une nuit entière, auprès d'un malade isolé. »

Julia l'avait fixé avec le plus grand sérieux avant de répondre :

« Aucun obstacle ne pourra m'empêcher de vivre auprès de vous. Vous en doutiez donc ? »

Étienne alors l'avait étreinte et embrassée. Il savait que les grands yeux noirs ne lui mentaient pas, et il lisait en eux comme dans un livre. Julia, qu'il continuait à appeler avec tendresse, en plaisantant, « sa petite magicienne des neiges », lui était destinée depuis toujours, il en était certain.

Mme Duffaud annonça aux fiancés qu'un poste serait libre à l'école de Rochessagne à la rentrée d'octobre 1921.

« Ma collègue va prendre sa retraite. Si vous étiez mariée, Julia, il vous serait facile de vous faire nommer ici. Ainsi, Étienne n'aurait pas à vous rejoindre dans votre repaire de montagnes. Avouez que, pour les clients, consulter le médecin ne serait pas chose aisée si vous viviez là-haut tous les deux. »

Lorsque les jeunes gens se retrouvèrent seuls, Étienne, enthousiaste, déclara :

« Quelle chance pour nous, ce poste qui va se libérer dans le bourg ! Je vais me mettre en quête d'un logement. Acheter une maison n'est pas encore dans mes moyens, je l'avoue. Il me faudra quelques années de pratique pour gonfler mes économies ! »

Il dévisageait Julia, souriant, et s'aperçut de sa réticence. Il lui prit les mains, l'obligea à le regarder.

« Qu'y a-t-il ? Vous semblez indécise, je vous ai déçue ?

– Non, répondit doucement sa fiancée, non, rassurez-vous. Il faut simplement que je m'habitue… Quand je connaîtrai votre famille, tout sera plus facile, j'en suis certaine. »

Elle s'irritait de ses propres hésitations. Elle aimait Étienne, de cela elle était sûre. Le voir, se blottir dans ses bras, était son vœu le plus cher. Pourquoi, alors, repousser l'idée du mariage ? Elle l'ignorait. Tout au fond de son être, enfoui par des années de non-dit, de silence inexplicable, quelque chose persistait à l'angoisser. Mais quoi ?

Fin avril, Ludwig avait enfin réuni tous les papiers nécessaires, et il avait épousé Hélène Laget. Julia avait accepté d'être le témoin de la jeune femme, Antoine Duffaud, l'instituteur, celui du marié.

La grossesse avancée d'Hélène lui interdisait l'aller et retour à pied à Rochessagne. Il lui avait donc fallu payer Martial Brugière. Sans doute pour montrer sa désapprobation, le roulier n'avait pas desserré les dents de tout le trajet.

Louise, sa femme, que Julia visitait de temps à autre quand elle faisait ses courses dans le village, lui avait confié :

« Mon mari peut pas refuser un client, mais il dit que ce Boche aurait mieux fait de repartir chez lui avec les autres. Remarquez, celui des Souchal de Combe-Sourde n'est pas rentré en Allemagne, lui non plus. Il a dit au maire que, là-bas, il n'avait plus aucune famille. Comme vous le savez sans doute, il fait bien besoin à la ferme, alors les Souchal l'ont gardé. Ça leur coûte seulement la nourriture. Mais c'est moins gênant que celui d'Hélène Laget, il est trop vieux pour semer des petits Boches dans tout le canton ! »

Julia, indignée, avait préféré ne pas entamer une vaine discussion avec la femme du roulier. Les Duffaud l'avaient mise en garde. À son grand regret, sa position d'enseignante lui imposait la plus grande prudence.

Au retour du mariage, un peu avant midi, Irène Rigaud, la sauvageonne de Combe-Noire, regardait passer la carriole. Aussi ébouriffée que le jour où Julia l'avait aperçue, elle serrait contre elle une corbeille d'où débordaient quantité d'herbes sauvages.

Dressée au bord du chemin, elle fit d'abord mine de se sauver. Puis, se ravisant, elle tourna la tête en direction des voyageurs et, avec une grimace haineuse, cracha ostensiblement sur le sol.

Étonnée, Julia eut le temps de constater que le regard vert, extraordinairement brillant et plein de malveillance, la fixait, elle, et non Ludwig ou Hélène.

« Si Ernestine Foury l'avait vue faire, elle aurait juré qu'Irène venait de me jeter un sort ! », se dit Julia avec amusement.

Étienne avait dit en soupirant, apitoyé :

« Elle n'a pas toute sa tête, la malheureuse ! »

Il avait sûrement raison. Très vite, Julia n'y pensa plus.

Le 22 mai, en début d'après-midi, on frappa à la porte de la classe. Malgré l'invitation de Julia à entrer, le visiteur resta dehors. Elle ouvrit donc elle-même et se trouva nez à nez avec Ludwig, embarrassé et très ému.

« Pardon, je dérange, dit-il tout bas... C'est Hélène... le bébé... bientôt il vient ! »

Depuis quelques semaines, Julia avait pensé à ce moment. Qui assisterait Hélène, alors ? Elle-même n'avait aucune expérience. Et puis, si la naissance se produisait un jour de classe, elle ne pouvait ni renvoyer les enfants ni les laisser seuls...

Elle s'en était ouverte à Marthe Rouvel, se fiant à son bon cœur, à sa sympathie pour Hélène et sa fille.

« Quand la petite Rose-Marie s'est annoncée, expliqua Marthe, le père Laget était comme fou ! Je l'ai mis dehors de chez lui, figurez-vous. C'est la femme de Sylvestre Besson, elle est bien brave, vous savez, qui est venue m'assister. Par chance, on n'a pas eu besoin du docteur Lachaux. Pour un premier, ce bébé-là est arrivé tout d'un coup, après seulement une demi-journée de douleurs pour la mère. Alors, que le père soit allemand ou chinois, pour Hélène je veux bien le refaire. J'en toucherai un mot à Augustine Besson un de ces jours, mais je crois pouvoir vous dire qu'elle refusera pas. C'est une bonne chrétienne, la charité, elle la pratique, pas comme d'autres, enfin ! Et, de plus, elle s'en vante pas. »

Devant Ludwig désemparé, Julia n'hésita pas longtemps :

« Retournez vite auprès d'Hélène, je vais aller chercher Marthe Rouvel. »

Et comme le futur père semblait indécis, un peu égaré, elle ajouta :

« Rassurez-vous, tout ira bien ! »

En le disant, elle l'espérait de tout son cœur.

« Cécile, demanda-t-elle alors que Ludwig repartait en courant, surveille la classe quelques minutes, s'il te plaît, je reviendrai vite. »

Marthe Rouvel avertie, Julia entra chez Hélène pour l'embrasser.

« L'école finie, je serai là, dit-elle. Je dirai à Janoune d'emmener Rose-Marie, ne vous souciez pas. Allons, courage, Hélène, à tout à l'heure ! »

XXV

L'enfant d'Hélène

QUAND ELLE REVINT auprès d'Hélène, ses élèves partis, Julia trouva Marthe et sa voisine bien soucieuses.

« Augustine est de mon avis, dit la mère de Janoune, on va avoir besoin du docteur. Hélène dit que les douleurs l'ont prise à l'aube et, depuis midi, plus rien. C'est bizarre, d'habitude, pour un deuxième enfant, tout va beaucoup plus vite. »

Devant l'inquiétude des deux fermières, Julia s'alarma :

« Le médecin, dit-elle, mais comment l'avertir ?

– Sylvestre veut bien descendre à Rochessagne, dit Augustine, il est en train d'atteler. D'abord, il était pas décidé mais, comme il m'a dit : "S'il arrivait malheur à Hélène, je m'en voudrais trop !"

– Maintenant que vous êtes là, dit Marthe à Julia, je me sauve mettre la soupe au feu. La Janoune est bien capable de s'occuper de Rose-Marie, vous en faites donc pas ! Je serai pas longue à revenir. »

Julia s'approcha d'Hélène, lui caressa la main.

« Vous êtes là ? Merci. Je suis inquiète, je ne sens plus rien. Et si le petit était… »

La jeune femme se mit à pleurer en s'accrochant à la main de Julia. Malheureux, Ludwig restait muet, tête basse, au chevet d'Hélène. Dans la cuisine, Augustine avait mis de l'eau à bouillir dans tous les récipients qu'elle avait pu trouver. Sur la table, du linge de toilette, des draps propres attendaient.

« Il faudrait je aller traire, dit Ludwig, sans bouger pourtant.

– Mais oui, fit Julia, allez-y, et soyez tranquille, nous nous occuperons d'Hélène. Le médecin ne tardera pas, il saura quoi faire… »

Elle cherchait ses mots pour se montrer rassurante. Courageusement, Hélène sourit et il partit à son travail. Julia s'irritait de sa propre impuissance à aider la jeune femme. Celle-ci, les deux mains posées sur son ventre distendu qui gonflait le drap, murmura une fois encore :

« Le petit, je ne le sens plus, pourquoi mon Dieu, pourquoi ? »

Des mèches de cheveux blonds restaient collées sur son front moite. Son anxiété faisait mal à Julia. Aussi vit-elle revenir Marthe avec soulagement. À son tour, Augustine Besson rentra chez elle pour préparer le souper de sa famille.

À l'idée qu'Étienne allait arriver bientôt, Julia se sentait à la fois rassurée et pleine d'un trouble hors de propos : tout le monde les savait fiancés. Lorsque le bruit des roues du cabriolet tiré par Baron retentit devant la ferme, une impulsion la jeta dehors. Dès que le jeune médecin lui sourit en lui prenant la main, elle oublia ses appréhensions.

« Comment va la future maman ? demanda-t-il en pénétrant dans la maison.

– Elle n'a plus de douleurs depuis longtemps, répondit Marthe, ça nous inquiète, la voisine et moi. Qu'est-ce que vous en pensez, docteur ? »

Dans la salle commune, les trois femmes attendirent que l'examen médical soit terminé. Ludwig entra, les traits tirés. Il se dirigea vers l'évier, se lava soigneusement les mains. Julia aurait voulu lui dire des paroles amicales, elle n'en trouva pas et se contenta de lui sourire. Enfin, Étienne ressortit de la chambre, le visage serein.

« Tout va bien, dit-il, le cœur du bébé bat normalement. Il arrive parfois que les contractions s'arrêtent quelques heures. Je viens de faire une piqûre pour activer le travail, maintenant, il n'y a plus qu'à attendre. »

Son sourire tranquille rassura les femmes. Dans les yeux bleus de Ludwig, qui avait compris l'essentiel, Julia vit une lueur d'espoir, de reconnaissance aussi. Et, comme il hésitait sur le seuil de la chambre ;

« Mais oui, allez la voir, allez ! »

Ludwig s'empressa de rejoindre sa femme. Dans la salle commune régnait un silence qu'Étienne interrompit pour demander :

« Vous n'auriez pas un peu de café, par hasard ?

– J'en fais tout de suite », dit Julia avec empressement.

Elle était heureuse d'avoir à bouger, à faire des gestes simples qui l'apaisaient. Marthe avait rapporté une casserole de soupe ; réchauffée au coin du poêle, elle commençait à embaumer.

Après, tout se précipita. Ludwig, pâle comme un linge, apparut au seuil de la petite chambre :

« Hélène a mal, vite ! »

Julia laissa les deux fermières assister Étienne. Fébrile, elle marchait de long en large, ne sachant comment s'occuper. Enfin retentirent des cris de douleur intolérables. Cela parut durer une éternité. Après quelques instants de répit, les gémissements reprenaient, de plus en plus aigus. Brusquement éclatèrent des vagissements énergiques. L'enfant était là, il vivait ! Julia voulait rire de bonheur, de soulagement, et elle s'aperçut qu'elle pleurait.

Marthe Rouvel, toute rouge, vint se saisir vivement d'une cuvette d'eau chaude.

« C'est un beau garçon, dit-elle, venez le voir ! »

Ensemble, Hélène et Ludwig sourirent à Julia, qui n'osait pas avancer jusqu'au lit. Suivant leur regard, Étienne se tourna vers elle :

« Je crois que vous allez devoir refaire du café, dit-il joyeusement, nous allons trinquer à la santé de ce gaillard-là ! »

Tandis que Marthe rangeait les ustensiles qui avaient servi à la toilette du nouveau-né, Augustine entreprit de le langer ; ensuite, elle le donna à sa mère. Encore rouge et épuisée, Hélène serra tendrement son fils contre elle. Timidement, Ludwig prit dans sa main les petits doigts qui, aussitôt, s'accrochèrent à lui. Étienne se rapprocha de Julia. Du menton, il lui désigna le jeune couple et le bébé et, la prenant aux épaules, il dit doucement, comme pour lui-même :

« C'est beau, n'est-ce pas ? Chaque fois que j'aide un enfant à venir au monde, j'oublie toutes les laideurs, toutes les bassesses… Je me dis que la vie triomphe toujours, et je suis heureux. »

Bouleversée, Julia ne répondit rien, mais elle s'appuya très fort contre le jeune homme. Ludwig, soudain, les regarda :

« Notre fils sera Mathias, le nom comme mon frère… Hélène veut bien. »

La jeune mère souriait. Alors, dans un élan irréfléchi, Julia s'éloigna d'Étienne, prit dans ses mains celles d'Hélène et de Ludwig.

« Je suis heureuse pour vous, très heureuse, dit-elle, émue, et je souhaite beaucoup de bonheur à votre petit Mathias. »

Ludwig remercia, se rembrunit aussitôt :

« Comment sera accueilli, par le village, le fils du… prisonnier allemand ?

– Vous n'êtes plus prisonnier, dit Étienne. Comme vous, votre fils sera un homme libre, l'un des premiers jalons d'une entente qui, je l'espère, durera longtemps, toujours. Fasse le ciel qu'il ne connaisse jamais la guerre ! »

Marthe vint annoncer qu'elle avait trempé la soupe. On laissa Hélène se reposer. Julia avait couché le petit Mathias dans le berceau de bois, tout près du lit de sa mère. Ses petits poings serrés sous son menton, il dormait comme un ange.

Augustine et Julia se chargèrent de la vaisselle. Marthe, une grande corbeille sous le bras, s'adressa à Ludwig qui rechargeait le petit poêle :

« J'emmène la lessive, je la ferai demain. Surtout, si vous avez besoin, n'ayez pas peur de venir frapper chez moi cette nuit. Rose-Marie dormira avec ma fille. »

Ludwig se confondit en remerciements, interrogea le médecin du regard.

« Je vais rester quelques heures encore, dit Étienne. Il n'y a aucune raison pour que votre femme fasse une hémorragie, mais tout de même, c'est plus prudent. »

Il entreprit ensuite de nettoyer son matériel médical, le rangea dans sa trousse.

« Je dois rentrer préparer ma classe, dit Julia, et j'ai aussi toutes les corrections qui m'attendent. Si vous voulez bien me faire signe quand vous partirez, je reviendrai veiller un peu Hélène. »

Étienne acquiesça en lui souriant. La clarté bleue de la lune accompagna la jeune fille, baignant le talus de douce lumière à reflets d'argent.

Lorsque Étienne vint frapper à la porte de la maison d'école, il n'était pas loin de minuit.

« Je crois que vous pouvez aller dormir, dit-il, tout va bien. La mère se repose, le petit a pris sa première tétée, à présent il dort.

– Je vais tout de même descendre un moment, pour Ludwig, comprenez-vous ?

– Oui, vous avez raison, il n'est déjà que trop exclu dans ce village. Alors à dimanche. »

Avant de repartir, il lui vola quelques baisers et lui souffla à l'oreille :

« Il me tarde tellement que nous formions une famille, nous aussi. Julia, ma Julia, je ne dirai jamais assez combien je vous aime ! »

Le petit Mathias avait une quinzaine de jours lorsque Julia, bien contre son gré, se trouva un soir face à Ambroise Barbat. Les rares fois où leurs chemins s'étaient croisés, elle avait réussi à l'éviter. Là, il était trop près, et elle se refusa à faire demi-tour. Surtout, que le premier adjoint n'aille pas s'imaginer qu'il lui faisait peur... Sans la saluer, sans même toucher du doigt son chapeau de feutre, il jeta :

« Tiens, ça m'évitera d'aller vous voir ! Je voulais vous dire qu'à l'automne Paul ira à l'école à Rochessagne. »

Le ton suffisant, plein de défi, disait assez combien il savourait la surprise de l'institutrice.

« Comme vous voudrez ! jeta Julia en continuant sa route.

– Hé, pas si vite ! Attendez donc un peu ! Vous faites la fière parce qu'Émile Blanchet est un vieil homme qui ne veut pas d'histoires. Un maire qui se respecte aurait tout fait pour jeter dehors ce Boche, au lieu de le laisser s'installer ici, sur sa commune ! Et d'abord, il vous aurait remise à votre place, pour commencer. Mais portez pas peine, dans deux ans, il l'aura pas la mairie ! J'y travaille, croyez-moi, et je gagnerai !

– Je ne pense pas que les gens de Rochessagne aient intérêt à vous avoir comme maire, monsieur Barbat, et j'espère qu'ils en seront conscients le moment venu !

– C'est ça, moquez-vous bien. Vous et votre docteur Maurin, vous ferez bien de déguerpir d'ici là ! Parce que moi, je saurai vous faire filer droit, sûr !

– Vos menaces ne m'impressionnent pas, je n'ai rien à me reprocher ! »

Pressant le pas, Julia s'enferma dans la maison d'école, saluant à peine Anselme, qui sortait le fumier à grands coups de fourche. La colère lui faisait battre le cœur. Elle ne pouvait oublier l'éclat des yeux jaunes du premier adjoint, et cette vision la mettait mal à l'aise. Où avait-elle vu, il y avait bien longtemps, une lueur aussi vile et inquiétante dans un regard semblable ? Elle ne savait plus, mais son trouble persistait.

Ainsi, Ambroise Barbat avait bien tenté de lui nuire, et aussi à Hélène. Par chance, le maire n'avait pas suivi ses conseils perfides, ses avertissements pleins de fiel. Il enlevait son fils de l'école de Granges-Vieilles à la prochaine rentrée. Pour Julia, c'était un soulagement. Paul n'étant plus son élève, elle n'aurait pas à subir les visites du père. Cette pensée la réconforta.

Un moment, elle caressa Feu-Follet qui ronronnait dans ses bras. À présent, songeait-elle, il lui tardait d'être la femme d'Étienne. Alors, elle ne craindrait plus rien. Elle se promit de le lui dire au plus tôt.

Avec le mois de juin, une chaleur lourde, même en altitude, pesait sur la campagne. L'herbe mûre, qu'on allait faucher bientôt, laissait entrer par la fenêtre de la classe une odeur entêtante de miel chaud et de fleurs desséchées.

Si les plus petits des élèves continuaient leur travail à un rythme régulier, les trois candidats et les cours moyens deuxième année s'acharnaient à satisfaire l'exigence de leur institutrice.

Julia avait organisé ses répartitions mensuelles de manière à terminer le programme de l'examen vers le 20 juin. Il resterait ainsi une bonne quinzaine pour les ultimes révisions avec, chaque matin, une épreuve de français et une autre de calcul.

Les fin d'études s'étaient tirés honorablement de la série de problèmes donnée à l'examen de mars. Cécile Servol totalisait dix-sept points, Annie Fargeix quatorze et Alphonse Levet onze et demi.

Ce dernier avait étourdiment perdu des points sur le problème le plus facile :

« Pour payer une dette de 1 460 francs, une personne rembourse d'abord 385 F puis deux fois 200 F. Elle finit de s'acquitter de sa dette en fournissant du vin à 45 F l'hectolitre. Quelle quantité de vin devra-t-elle fournir ? »

Alphonse n'avait déduit les 200 F qu'une seule fois et, naturellement, sa réponse était fausse. Au lieu de 15 hectolitres, il en trouvait 19,4444…

« Je t'en prie, Alphonse, l'avait tancé Julia, lis plusieurs fois de suite l'énoncé du problème et réfléchis ! Les cours moyen première année auraient facilement trouvé la solution, alors ? »

Penaud, Alphonse avait promis de raisonner plus longuement à l'avenir.

À l'interclasse de midi, les trois candidats s'interrogeaient l'un l'autre sur les matières d'oral :

« Défaite de Waterloo ? 18 juin 1815.

Mort de Napoléon Ier ? 1821, à Sainte-Hélène ou, à l'inverse.

1610 ? Henri IV est assassiné par Ravaillac.

1685 ? Révocation de l'édit de Nantes.

De quelles rivières est formée la Maine ?

De la Mayenne, la Sarthe et le Loir.

Dans quelle mer se jette le Rhône ?

La Méditerranée, par un delta.

À quoi sert un baromètre ?

À mesurer la pression atmosphérique. »

La nuit précédant le certificat d'études, Julia ne put dormir un seul instant. Le départ pour Rochessagne, où l'on retrouverait les candidats de M. et Mme Duffaud pour rejoindre le chef-lieu de canton, était prévu à cinq heures et demie. Bien avant cinq heures, Julia était prête. C'est à peine si elle avait pu avaler une tasse de café noir.

Depuis quelque temps, Étienne se moquait gentiment, à chaque rencontre :

« Enfin, ce n'est pas vous qui allez passer l'examen, voyons ! Pourquoi être aussi angoissée ? Que vos élèves appréhendent de se trouver face aux examinateurs, je le comprends. Mais vous, que craignez-vous donc ? Vous avez fait le maximum, maintenant aux candidats de faire leurs preuves.

– À l'idée qu'ils puissent échouer, je ne vis plus ! C'est mon baptême du feu, n'oubliez pas ! Il est sûr que, dans quelques années, je serai devenue plus confiante, du moins je l'espère. »

En riant, Étienne l'embrassait, la berçait contre lui comme une petite fille qui a besoin d'être rassurée.

« C'est mon honneur qui est en jeu ! », assurait-elle.

Son fiancé, alors, riait de plus belle, en posant sa bouche sur la tempe de Julia, là où la peau était si fine, si tiède, si douce…

XXVI

Une nouvelle famille

Sous les tilleuls, dans la cour de l'école où venait de se dérouler le certificat, Julia et Cécile Servol consolaient de leur mieux Annie Fargeix. Contre toute attente, elle venait d'échouer et pleurait à chaudes larmes. Timide, émotive, la fillette avait, comme on dit, perdu tous ses moyens.

Je savais plus rien, M'zelle, plus rien du tout ! J'avais beau chercher, dans ma tête c'était tout vide. »

Ses pleurs redoublaient. Cécile la tenait par le cou ; l'échec de son amie gâchait sa joie à elle. Alphonse Levet, dont Julia était loin d'être sûre, avait réussi. Il jubilait, se dandinait d'un pied sur l'autre, incapable de contenir son agitation.

Grâce à des connaissances dans le jury, M. Duffaud obtint les notes des candidats de Granges-Vieilles. Une bonne composition française, une dictée sans fautes et d'excellentes réponses à l'oral avaient sauvé Alphonse, dont la note en calcul atteignait à peine la moyenne. Pour Annie, il ne manquait que trois points au total, mais le repêchage n'avait pas dépassé un point.

Julia cachait sa déception. Elle aurait tellement voulu que tous aient réussi. Mais Annie montrait un si grand chagrin…

« Trois points, ce n'est pas très grave, la rassura-t-elle. Et puis tu es jeune, tu n'auras pas tes quatorze ans avant le mois de novembre. L'année prochaine, en mars, je suis certaine que tu seras reçue. Allons, sèche tes larmes ! »

Des groupes formés autour des candidats de chaque école fusaient des rires, des compliments. On lisait la joie sur beaucoup de visages. Certains, tête basse, ne parvenaient pas à cacher leurs larmes ; ils se désolaient et enviaient leurs camarades plus chanceux. Maîtres et maîtresses examinaient des brouillons, les commentaient parfois avec des reproches, ou des éloges mérités.

Julia aperçut Émile Blanchet près des Duffaud et de leurs élèves. Il venait d'offrir un prix au candidat de Rochessagne qui avait totalisé le plus de points. La jeune fille s'approcha pour le saluer.

« Vos résultats vous font honneur, mademoiselle Freynial, dit le maire. Quatre lauréats sur cinq présentés, voilà qui est bien.

– J'aurais préféré que tous mes élèves soient reçus, monsieur le Maire. D'ailleurs, des candidats, j'en avais six. En mars, Pierre Arfeuil a échoué, souvenez-vous.

– Oh ! mais là c'est différent. Vous ne l'aviez pas présenté, n'est-ce pas ? Son père a voulu passer outre, vous n'étiez plus en cause. J'ai appris que vous resteriez à Granges-Vieilles, en octobre. C'est une bonne chose, là-haut on vous estime, croyez-moi.

– Je ne fais certainement pas l'unanimité, monsieur le Maire. Vous êtes au courant, je suppose ?

– Oui, dit simplement Émile Blanchet. Mais vous savez ce que l'on dit : on ne peut pas plaire à tout le monde ! Vous avez votre métier à cœur, c'est ce qui compte. Des gens malveillants, il y en a partout. »

En prenant congé, il ajouta :

« Je suis vieux, c'est vrai. On me reproche parfois trop d'indulgence, si vous voyez ce que je veux dire. Au lieu d'envenimer les querelles, j'essaie de les calmer, et cela déplaît à certains… Tant que je serai maire, il en sera ainsi. Mon successeur fera à son idée, mais, moi, je ne changerai pas. »

Julia comprit fort bien l'allusion à ses démêlés avec Ambroise Barbat. Le maire ne l'avait pas nommé, ni Ludwig et Hélène Laget, qui s'appelait maintenant Hélène Klein. Elle se félicita de sa bonne entente avec le premier magistrat de la commune et, en le quittant, le remercia.

Le père de Cécile Servol ramena les candidats jusqu'au hameau. Julia et Annie descendirent du cabriolet, tandis qu'Alphonse regagnait Combe-Sourde avec ses voisins.

« Je t'accompagne, dit l'institutrice à la candidate malchanceuse, tu veux bien ?

– Oh ! oui, M'zelle. Je sais pas ce que mon père va dire, mais j'ai peur qu'il se fâche. »

Annie regardait Julia avec reconnaissance ; visiblement, annoncer elle-même son échec à ses parents lui coûtait. Ses yeux étaient encore rouges, ses doigts tripotaient le petit ruban bleu noué au bout de sa longue natte blonde, qu'elle enroulait et déroulait nerveusement autour de son cou.

La jeune institutrice sut si bien plaider en sa faveur que les parents d'Annie ne lui firent aucun reproche.

« En classe, votre fille a toujours fait de son mieux, c'est le principal. Elle a appris et retenu quantité de choses, même si, aujourd'hui, l'émotion a été la plus forte. Et puis elle est née fin novembre, bien plus jeune que ses camarades. Alphonse et Cécile ont eu quatorze ans en février, cela fait une grande différence… Annie sera reçue en mars prochain, n'est-ce pas ? »

Julia souriait à son élève, un peu rassérénée par ce discours. Annie hocha la tête pour approuver cette affirmation qui lui redonnait espoir.

« Oui, M'zelle, c'est promis ! »

Assis l'un près de l'autre dans la diligence qui les emportait vers Issoire, Étienne et Julia se taisaient. Il était dix heures à peine, mais, en ce début août, malgré une vitre grande ouverte, la chaleur était accablante.

Trois voyageurs seulement avaient pris place en face des jeunes gens : un vieux couple et une femme entre deux âges dont la mine pincée donnait à Étienne une furieuse envie de rire.

« Heureusement que, d'Issoire à Clermont, nous prendrons le train », dit-il pour encourager Julia.

En cette saison, avec les escarbilles et la fumée, ce ne serait guère mieux. Mais ils n'allaient pas au bout du monde, le trajet serait supportable... Depuis peu, quelques autobus desservaient les petites villes autour de Clermont, mais aucun encore n'arrivait jusqu'à Rochessagne.

Lorsque Étienne avait annoncé à Julia que le docteur Lachaux le libérait pour une dizaine de jours, il ne cachait pas sa joie. Ses parents allaient enfin connaître celle qui, bientôt, serait sa femme. Tout naturellement, il demanda :

« Vous allez prévenir votre mère, n'est-ce pas ? Nous profiterons de ce séjour pour lui rendre visite. J'espère que son futur gendre ne la décevra pas... »

Il souriait, mais la mine fermée de Julia lui fit retrouver son sérieux.

« Qu'y a-t-il ? J'ai dit une énormité ?

– Non, non, bien sûr. Étienne… Je ne vous ai jamais dit… Depuis la disparition de mon père, ma mère et moi sommes brouillées. Mais notre mésentente remonte à beaucoup plus loin, à mon enfance, je dois avouer. »

Le jeune homme comprit qu'il y avait là une blessure terriblement douloureuse, mal refermée. Il attira sa fiancée contre lui :

« Pardon, dit-il, je n'avais pas deviné. Si vous le désirez, nous n'en parlerons plus.

– Oui, je préfère. Elle et moi sommes deux étrangères l'une pour l'autre. Je ne souhaite plus la voir, plus jamais ! »

En l'affirmant, Julia avait un regard farouche qu'Étienne ne lui connaissait pas. Il s'empressa d'écrire à sa mère pour lui demander de ne faire aucune allusion aux parents de sa fiancée, pendant leur séjour à Clermont.

Julia fut accueillie comme une fille par Georges et Virginie Maurin. Les grands-parents ne se lassaient pas de l'entendre parler de Granges-Vieilles, de Combe-Noire où ils avaient été fermiers si longtemps.

Le petit pavillon des Maurin possédait un jardin potager et une cour où l'on déjeunait, à l'ombre d'un bouquet de lilas. Le centre-ville, ses bruits, son agitation, à deux pas, semblaient bien loin de cet endroit plein de quiétude.

Étienne et Julia aidaient les deux vieillards à s'installer pour la sieste dans leur fauteuil, sous l'unique cerisier, énorme, feuillu, qui dispensait une fraîcheur appréciable.

« Que cette petite est mignonne, confiait la grand-mère à sa fille. Elle pense à tout : le coussin sous la tête, le petit banc sous les pieds, mon fichu si le vent se lève… C'est une perle.

– Certes, oui, renchérissait le grand-père. Étienne a déniché l'oiseau rare, espérons qu'il saura le garder ! »

Leur petit-fils avait un peu appréhendé la présentation de sa fiancée aux siens. À présent, il se réjouissait : Julia faisait l'unanimité et elle semblait heureuse.

Elle avait admiré le potager de son père, les travaux de broderie de sa mère. Avec sa simplicité naturelle, son charme que, d'ailleurs, elle paraissait ignorer, elle était aussi à l'aise dans cette famille que si elle l'avait toujours connue.

Le matin, avant que la chaleur estivale n'envahisse les rues et les places, les jeunes gens aimaient flâner en ville. Ils s'asseyaient sur un banc à l'ombre de la cathédrale, faisaient quelques achats au marché Saint-Pierre. Julia avait voulu revoir l'École normale. Il lui semblait l'avoir quittée des lustres auparavant, alors qu'elle en était partie depuis tout juste deux années.

Elle évitait soigneusement les abords de la rue Fontgiève, où habitait Henriette. Un matin, au marché, une silhouette arrêtée devant un étal de fruits lui fit battre le cœur. La femme se retourna. Soulagée, Julia se trouvait en face d'une parfaite inconnue. Mais elle avait pâli, fermé un instant les yeux.

« Que se passe-t-il ? s'inquiéta Étienne.

– Rien, la chaleur sans doute… »

Elle parvint à lui sourire, prit son bras. Mais son cœur, encore, tapait sourdement.

Un jour où Georges Maurin montrait des boutures à sa future belle-fille, Étienne prit sa mère à part. Virginie et son mari savaient le père de Julia mort à la guerre, en août 1918. En quelques mots, Étienne dit la brouille entre la jeune fille et Henriette, sa mère.

« S'il te plaît, dit-il pour conclure, explique à mon père, et surtout n'en parlez jamais ! »

La réponse de Virginie lui fit ouvrir de grands yeux arrondis de surprise :

« Ne te soucie pas, mon petit, Julia m'en a parlé l'autre soir.

– Elle t'en a parlé, vraiment ?

– Oui, et cette preuve de confiance m'a beaucoup touchée. Ta fiancée a énormément souffert, elle souffre encore de cette mésentente, d'autant plus que la perte de son père est toujours une plaie vive. Aime-la, elle le mérite, et sois patient, elle est si seule, si jeune encore… »

L'avant-veille du départ, Georges Maurin demanda :

« Et la noce, c'est pour bientôt ? Vous n'en avez pas parlé, mes enfants. »

Étienne s'apprêtait à donner une réponse évasive lorsque Julia dit avec un petit sourire :

« Si Étienne le veut bien, je pense que nous pourrions l'envisager pour le début de l'année prochaine. »

Malicieuse, elle regardait son fiancé, visiblement surpris, mais si heureux.

« Si vous le dites, je n'ai qu'à m'incliner ! », affirma-t-il en l'embrassant pudiquement sur la joue.

Virginie et Georges voulurent accompagner les jeunes gens jusqu'à la gare. Julia les embrassa tour à tour avec affection, leur promit d'écrire rapidement. Étienne la savait sincère, aussi voyait-il avec une joie sans bornes ces embrassades chaleureuses. Julia était adoptée, et elle aussi avait adopté ses parents. Ils remplaceraient bientôt la famille perdue de sa fiancée. Étienne ne pouvait que s'en réjouir.

Les fiancés se quittèrent à Issoire, après une visite à la tante Marceline. Étienne rentrait à Rochessagne et Julia s'en allait vers Saint-Benoît.

Pauline et son petit garçon l'y rejoindraient bientôt. Avant le départ, les jeunes gens déjeunèrent dans un petit restaurant du centre-ville, sous une tonnelle où grimpait une vieille vigne au feuillage dru.

« Je reviendrai à Granges-Vieilles vers le 8 septembre, dit Julia, ensuite il me faudra préparer la rentrée.

– Un mois sans vous voir ! reprocha Étienne. Qu'est-ce qui vous attire tellement à Saint-Benoît ?

– Rien ne m'y attire, en effet, répondit Julia, soudain pensive. Si le logement de la maison d'école le permettait, je recevrais Pauline et mon filleul à Granges-Vieilles. Mais vous le connaissez, il est bien trop exigu. Pauline n'a personne, absolument personne, comprenez-vous ? Nous sommes un peu sœurs, je ne peux et ne veux pas la délaisser.

– Vous avez entièrement raison, je suis un égoïste ! »

Étienne, prenait un air confus d'enfant puni qui fit sourire Julia. Par-dessus la table, il saisit sa main où brillait la bague de fiançailles :

« Après notre mariage, nous recevrons votre amie et Pierre-Damien dans notre maison, à Rochessagne. Promettez-moi de m'écrire souvent, je vous en prie ! »

Julia promit. Cette semaine passée auprès d'Étienne lui avait prouvé, s'il en était besoin, que son amour pour lui serait infini, unique. Sa confiance en la vie renaissait. Un avenir de bonheur partagé s'ouvrait devant elle, et elle osait enfin s'en réjouir.

Lentement, les fiancés se dirigèrent vers les écuries d'où partaient les diligences. Julia s'appuyait sur le bras qu'Étienne lui avait offert. À la dérobée, il contemplait le fin visage auréolé de boucles brunes, échappées d'un canotier de paille noué d'un ruban bleu marine. Chemisier blanc tout boutonné de nacre, jupe bleu foncé, souliers de cuir gris, la tenue d'été de Julia était charmante. Le jeune homme se dit que, décidément, tout en elle le ravissait. La chaleur rosissait ses joues et l'éclat de ses yeux d'un noir profond lui révélait toute sa tendresse.

« Étienne, je voulais vous dire… vous avez des parents merveilleux. Près d'eux, je me sens si bien ! J'ai retrouvé une famille aimante. En si peu de jours, cela peut paraître extraordinaire, je sais. Mais je me suis attachée à votre mère, à vos grands-parents, et j'ai pour votre père une estime illimitée. Merci, Étienne. »

Elle approcha son visage tout près, si près que leurs lèvres se joignirent spontanément. Les rares passants ne troublaient aucunement ce baiser qui, pour l'un comme pour l'autre, scellait définitivement leur amour.

XXVII

Irène Rigaud

En cours de route, Julia s'arrêta une demi-journée pour aller embrasser la vieille Gaby. Elle lui gardait une grande affection et beaucoup de reconnaissance. La servante de son père avait si bien pris soin d'elle, dans son enfance… Lors de cette visite, elle constata avec plaisir que, dans la maison de sa nièce, Gaby était traitée avec égards et vivait une retraite heureuse.

À l'annonce de son mariage proche, les yeux de la vieille femme se mouillèrent, trahissant son émoi.

« Ah ! ma petiote, que la vie te donne du bonheur, c'est tout ce que je te souhaite. Tu as eu ta part de mauvaises choses, c'est bien naturel que le sort te soit bienfaisant désormais ! »

À Saint-Benoît, pendant les deux jours précédant l'arrivée de Pauline, Julia s'empressa d'aérer la maison, de chasser la poussière, de préparer les lits.

Après quelques achats chez les fermiers, ses voisins, elle gagna le bourg afin de se procurer quelques denrées indispensables. Elle s'arrêta au cimetière, parla intimement à Guillaume, lui faisant un peu puérilement partager son bonheur en l'entretenant de son fiancé.

« Vous vous seriez si bien entendus ! soupira-t-elle. Tu l'aurais aimé, papa, et lui aussi. Il aurait un peu été ton fils… »

Cette visite, pourtant douloureuse, ne lui laissa pas, contrairement aux précédentes, cette horrible douleur intolérable, mais une sérénité nouvelle.

Au village, les commerçants la questionnèrent sans fin sur sa nouvelle vie dans son école de montagne. Elle resta assez évasive et ne mentionna pas ses fiançailles. Elle repartit vers la ferme avec soulagement.

Comme toujours, les retrouvailles des deux amies furent un réel bonheur. Le petit Pierre-Damien, âgé de dix-huit mois, se montrait un bambin délicieux. Il trottait un peu partout et demandait une surveillance incessante. Mais il était adorable, blond comme sa mère, plein de vie, et si affectueux.

Le petit couché arriva l'heure des confidences. Pauline voulut tout savoir de la visite aux parents d'Étienne. Au ton employé, elle comprit aussitôt que Julia avait été accueillie à bras ouverts. Elle décrivait le père de son fiancé, sa mère, dont

Étienne possédait le regard brun doré, si plein de générosité bienveillante, les grands-parents, touchants de gentillesse, si vulnérables aussi.

« C'est merveilleux, et je m'en réjouis sincèrement pour toi. La noce, tu dis, se fera aux prochaines Pâques ?... »

Pauline s'interrompit, son regard s'assombrissait :

« Je vais te perdre, ma Julia, mais ton bonheur m'importe plus que tout !

– Me perdre ? Non, Pauline, non ! Sais-tu ce que m'a dit Étienne, spontanément ? Votre filleul et votre amie Pauline, nous les recevrons dans notre maison, à Rochessagne... Alors, tu vois ! »

Un éclair de triomphe dans les yeux, Julia dévisageait affectueusement sa meilleure amie. Plus mince, plus sérieuse qu'au temps de leur adolescence insouciante, la jeune femme n'en était pas moins belle, au contraire.

« Pauline, dit doucement Julia, ne songes-tu pas, toi aussi, à t'appuyer sur quelqu'un qui t'aimerait, que tu aimerais aussi ? »

Et comme Pauline secouait la tête :

« Ne t'indigne pas, je t'en prie. Tu as tout juste vingt et un ans... Je comprends que tu veuilles rester fidèle à Damien, mais pour toi, pour ton fils, une vraie famille est nécessaire, crois-moi ! Il m'approuverait, j'en suis certaine, pour ton bonheur et celui du petit. »

Pauline, la jeune fille le sentait, hésitait à se confier. Après un long silence, enfin, elle s'épancha :

« Je ne voulais rien te dire avant d'avoir pris une décision, mais… Voilà : il y a un an déjà, Gilbert Duchemin, l'un de mes collègues de Saint-Clément, m'a proposé le mariage. Il a trente ans à peine, je l'estime beaucoup. À mon arrivée à Chavassol, il a été l'un des premiers à me tendre la main. Le directeur et sa femme sont loin d'être complaisants comme les Duffaud de Rochessagne. Gilbert et une adjointe m'ont considérablement aidée et conseillée. J'étais débutante, n'oublie pas. Cette collègue, dont le mari est menuisier, m'a visitée souvent, m'a accueillie chez elle. Pour Gilbert, c'était difficile, impossible même : un célibataire et une veuve auraient fait jaser, tu sais bien !

En septembre dernier, il a jugé qu'il pouvait sans me heurter me déclarer ses sentiments. Depuis, patiemment, il attend une réponse. Bientôt, je lui dirai que c'est impossible… »

Le visage de Pauline prit une expression si désolée que Julia eut un élan vers elle et la prit par le cou :

« Non, ne dis rien, se défendit la jeune femme. Je sais ce que tu vas me demander : est-ce que tu l'aimes, toi ? J'ai bien réfléchi, je n'ai pas pour lui le même élan qui m'avait portée vers Damien, c'est tout différent. Mais il a de telles qualités de cœur…

Je l'aime autrement, comprends-tu, mais assez, j'en suis certaine, pour m'engager et être heureuse auprès de lui. Mais il me croit veuve, Julia, veuve ! Imagine sa réaction quand je lui dirai que mon fils porte mon nom et pas celui de son père, que je n'ai jamais été mariée, que je suis fille mère, enfin ! »

Pauline s'emportait, les pommettes rouges, les yeux brillants de larmes contenues :

« Ma vie est gâchée, Julia, définitivement. Et pourtant je ne regrette rien !

– Tout n'est pas perdu ! Si Gilbert t'aime vraiment, cette révélation ne changera rien. »

La jeune femme haussa les épaules, accablée.

« J'en doute, dit-elle lentement. Quoi qu'il en soit, dès mon retour à Chavassol, je lui parlerai. Si j'ai tant tardé, vois-tu, c'est que je redoute de perdre l'un des rares amis que j'ai là-bas. Mais cela ne peut s'éterniser…

– Écoute, dit Julia, au cas où Gilbert se rétracterait, ce que je ne crois pas, tu demanderas à l'inspection académique ta rentrée en grâce. Après trois ans d'exil, on pourra sans doute t'accorder un poste plus près d'ici. À Rochessagne, tu n'es pas connue, ce n'est pas chez toi. Ainsi, tu seras près de moi si Gilbert te rejette. »

Tout en parlant, Julia se disait que cette éventualité offrait sans doute à Pauline une piètre consolation. Mais il fallait la tenter. Au bout du département, dans la montagne d'Ambert, Pauline se sentait exclue. Sa note pédagogique était plus qu'honorable. Si la hiérarchie lui accordait son changement pour un poste de la région où exerçait Julia, la jeune femme revivrait un peu. Elle se promit de demander conseil aux Duffaud, une fois encore. Leur expérience lui avait toujours été précieuse. Elle trouverait en eux des alliés qui sauraient la guider utilement, pour le bien de Pauline.

Début septembre, Julia retrouva Étienne avec joie. Il lui parut plus épris que jamais, et elle prit conscience, après cette longue séparation, d'avoir un besoin aussi impérieux de cet amour que de l'air qu'elle respirait.

La semaine suivante, elle se rendit à pied à Rochessagne, heureuse de marcher dans la campagne paisible, en cette belle fin d'été. Sa liste d'élèves en poche, elle s'attarda longuement à l'école pour bavarder avec ses collègues. Comme l'année précédente, Mme Duffaud confierait les fournitures scolaires à l'une des familles de Granges-Vieilles. Julia lui avait parlé longuement de son amie Pauline.

Au retour, en fin d'après-midi, la jeune institutrice venait à peine de dépasser Combe-Noire lorsqu'une femme se jeta devant elle, bras écartés, en travers du chemin.

« Voleuse, voleuse d'homme ! cria-t-elle d'une voix aiguë, hystérique, Étienne il est à moi, à moi ! »

Le visage déformé par la colère, Irène Rigaud barrait le passage à Julia, interdite. Les yeux brillants de haine, les cheveux en broussaille, effrayante dans sa longue robe noire aux manches déchirées, elle se rapprocha encore :

« Vous l'aurez pas, vous entendez, vous l'aurez pas, il est à moi ! Je vous ai vus le printemps dernier, au bois de la Roche, je vous ai vus ! Mais vous l'aurez pas, jamais ! »

Elle hurlait si fort, la bouche tordue par un rictus hargneux, qu'Ernestine Foury sortit précipitamment de chez elle. À sa vue, bondissant comme un animal pourchassé, Irène s'enfuit vers sa maison.

La fermière accourut auprès de Julia, immobile :

« Ça va, mademoiselle, ça va ? Cette folle, elle vous a fait peur, pas vrai ? Venez vous asseoir un moment, allons, venez ! »

Une main crispée sur la poitrine, Julia était livide. Cette apparition soudaine, les paroles qu'elle lui avait jetées au visage, la déconcertaient.

« Ça va ? répéta Ernestine, inquiète.

– Oui, oui, merci, madame Foury, ce n'est rien.

– Cette sauvage ! jeta la fermière indignée. Qu'est-ce qu'il lui a pris ? Elle peut pas laisser le monde tranquille ! Mais qu'est-ce qu'elle voulait donc ? »

Julia répondit seulement par un petit sourire contraint, avec une moue d'ignorance. Peu à peu, les battements de son cœur se calmaient, le sang revenait à ses joues. Elle salua la fermière et reprit la montée vers la maison d'école.

« Étienne, il est à moi ! », avait crié la sauvageonne. Julia se souvenait : enfant, Étienne jouait avec Irène, qui lui avait appris à pêcher à la main dans les petits ruisseaux. Quand le jeune médecin était revenu à Rochessagne, qu'avait imaginé son esprit simple ? Ainsi, en juillet, au retour du certificat d'études, c'était bien à Julia que s'adressait le crachat méprisant.

La jeune fille haussa les épaules.

« Elle est plus à plaindre qu'à blâmer », se dit-elle. Sa frayeur envolée, Irène lui inspirait davantage de compassion que de ressentiment.

Les jours suivants, prise par ses préparatifs de rentrée, elle oublia vite l'incident. Elle avait préféré n'en rien dire à Étienne, c'était sans importance, croyait-elle.

La dernière semaine de septembre, Julia rendit quelques visites à des familles proches. Elle passa un long moment auprès du père de Célestin ; elle lui fit part des progrès du garçon. Il avait perdu de sa timidité et semblait plus heureux, surtout depuis qu'il s'était rapproché de son père.

Julia s'attarda chez Hélène. L'été durant, Rose-Marie avait veillé avec le plus grand sérieux sur son petit frère. Tandis que leur mère et Ludwig rentraient les foins, le petit Mathias dormait dans sa bercelonnette sous la garde de la fillette, très fière de se le voir ainsi confier.

Enfin, Julia monta jusqu'à Combe-Sourde, chez les Souchal. Par deux fois déjà, elle leur avait rendu visite. L'intérieur de la petite ferme, mal entretenu, était presque misérable. Julia n'avait pas osé refuser le café offert par la grand-mère, mais elle l'avait bu à contrecœur tant l'état de la vaisselle était peu engageant.

Petite et maigre, la mère de Jean et de Marien était presque muette, contrairement à sa mère qui étourdissait Julia d'incessantes jérémiades. Le père, malgré son infirmité, paraissait moins accablé que sa femme.

« C'est pas facile, avait-il dit en montrant à Julia sa manche vide, fixée dans le bas par une épingle double à sa veste de travail toute décolorée. Mais j'ai de la chance, vous savez, mademoiselle. Hans, notre Allemand, n'a pas voulu rentrer chez lui où personne l'attend. Il est plus très jeune, mais encore solide, et pas difficile avec ça. Je le nourris, et c'est suffisant. Alors, comme je dis à ma femme : la guerre m'a pris un bras, mais elle m'en a rendu deux ! »

En disant ces mots, il avait un sourire un peu amer. Julia se dit qu'il fanfaronnait sûrement, mais elle admira sa force d'âme.

Lors de sa première visite, elle avait croisé sur le chemin, en arrivant, un homme dont les vêtements usagés montraient une saleté peu commune, même dans ces fermes isolées. Ses cheveux gris couverts d'un feutre déformé, il tenait par la main deux petites filles au pas hésitant. Il avait souhaité le bonjour à la jeune fille ; son accent laissait deviner qui il était. Les jumelles, au tablier maculé de taches, étaient certainement les petites sœurs de Jean et de Marien.

Lors de cette troisième visite, Julia tenta vainement de faire parler Jean et son petit frère. Tous deux baissaient farouchement la tête vers la pointe de leurs sabots. De temps à autre, Marien jetait à son institutrice des regards en dessous. Alors, elle tira de son sac deux petits sachets de pastilles à la réglisse et les leur mit dans la main. Après un « Merci, M'zelle ! » à peine audible, ils retombèrent dans leur mutisme.

« Vous les gâtez trop, dit leur mère, c'est bien gentil à vous… En classe, il faudra vous fâcher s'ils apprennent pas bien. Nous, vous comprenez, on n'a guère le temps de s'en occuper. Quand même, mon mari leur fait réciter les leçons tous les soirs. C'est qu'on voudrait bien qu'ils aient le certificat. Après, peut-être, ils pourraient être cantonniers, ou garde champêtres, ou quelque chose d'approchant. Avec la ferme, on gagne tout juste de quoi vivoter. Alors, les garçons, on aimerait mieux qu'ils se fassent pas paysans, plus tard. »

C'était la première fois que Mme Souchal tenait à Julia un aussi long discours.

« Elle s'apprivoise, elle aussi ! », pensa la jeune fille.

Les jumelles entrèrent alors dans la salle commune. À la vue de Julia, elles se jetèrent ensemble sur leur grand-mère, pour dissimuler leur visage dans les pans de son tablier.

L'institutrice se leva, posa sur la table un paquet de biscuits pour les petites, et prit congé en assurant que Jean et Marien feraient une bonne année scolaire.

Ce soir-là, elle reprit la liste des élèves. Pour cette nouvelle rentrée, cinq petits, trois garçons et deux filles, étaient inscrits au cours préparatoire. Pour le certificat, il y aurait seulement Annie Fargeix, redoublante. Les autres grands n'abordaient que la première année de fin d'études. Julia s'en réjouissait. La préparation de l'examen ne prendrait pas beaucoup de temps, et elle pourrait se consacrer davantage aux plus jeunes élèves.

Marthe Rouvel proposa à nouveau Simon pour fendre le bois, dès que le char attelé de bœufs eut été déchargé devant la maison d'école.

Janoune vint, elle aussi, offrir ses services. Elle aida Julia au grand ménage de la salle de classe. Passablement grandie, la fillette était presque une adolescente. Elle n'avait rien perdu de son franc-parler qui amusait tellement Julia.

Janoune frottait énergiquement les vitres avec des boulettes de papier journal imbibées d'alcool à brûler.

« Pouah, M'zelle, ça sent vraiment pas bon ! Mais ma mère dit qu'il y a rien de mieux pour faire briller les carreaux, alors bon… »

Passant sans transition d'un sujet à l'autre, elle lança tout à coup :

« La mère de Paul Barbat nous a dit qu'il reviendrait plus à l'école ici. Il est inscrit à Rochessagne. Ma mère a demandé où il logerait l'hiver. Elle a répondu : "Chez le quincaillier." Faut vous dire, c'est un cousin à elle. En tout cas, moi je suis bien contente que le Paul parte d'ici, et tous les autres penseront comme moi, sûr ! »

Comme Julia ne répondait rien, Janoune changea encore de propos.

« Il paraît que l'Irène Rigaud, elle perd de plus en plus la tête. Figurez-vous, M'zelle, y a pas longtemps, sa mère l'a trouvée couchée toute habillée dans la rivière, au sortir du bois de la Roche. Elle chantait à tue-tête, et l'Angèle a eu toutes les peines du monde à la sortir de là. Vous voyez pas qu'elle se soit noyée ? »

Au nom d'Irène, Julia avait revu la scène pénible au cours de laquelle la sauvageonne l'avait interpellée. Au souvenir de son regard hostile, elle était toujours en proie au même malaise confus. La jeune fille détestait avoir des ennemis, fût-ce une simple d'esprit sans doute inoffensive. Puis elle pensa à Étienne, à l'après-midi qu'ils passeraient ensemble, le lendemain, et elle sourit à Janoune. Auprès d'Étienne, tout devenait simple. Cela seul comptait.

XXVIII

Le secret d'enfance

À Granges-Vieilles commençait une nouvelle année scolaire. À part Denis Mouret, qui rentrerait seulement après la Toussaint, Julia se réjouissait de pouvoir accueillir régulièrement tous ses autres élèves.

Si le mois d'octobre s'annonçait moins chaud que l'automne précédent, on profitait encore de belles journées.

Ce jeudi-là, corrections et préparations achevées, Julia avait préparé tout le nécessaire à la fabrication de l'encre. Tandis que Simon, dans l'appentis, achevait de ranger les bûches fendues le matin même, elle installa dehors la vieille bassine où macéraient les baies de sureau mûres à point. La veille, après la classe, Janoune et Annie étaient venues l'aider pour la cueillette. Restait à écraser les grains d'un beau bleu-noir, à l'aide d'une écumoire un peu rouillée. Ensuite, elle filtrerait le liquide violet avant de le verser dans les bouteilles, tellement culottées qu'elles en étaient opaques, depuis bien longtemps sans doute.

Chaussée de socques de bois, Julia avait revêtu une blouse défraîchie destinée aux travaux les plus salissants. Elle enfilait de vieux gants lorsque, brusquement, Irène Rigaud fut devant elle.

Malgré sa surprise, elle interpella vivement la sauvageonne, avant même que celle-ci n'ait ouvert la bouche.

« Si vous venez encore pour des menaces, allez-vous-en ! Je ne vous ai rien fait, alors laissez-moi ! Partez !

– Vous m'avez rien fait ? ricana Irène, les poings aux hanches. Vous m'avez pris Étienne, ça vous suffit pas ? »

Julia se dit qu'il valait mieux se montrer conciliante. Ainsi la pauvre fille se découragerait peut-être.

« Écoutez, dit-elle calmement, le docteur Maurin et moi nous sommes fiancés, vous le savez, n'est-ce pas ? Alors, une fois pour toutes, cessez de m'ennuyer, cela ne sert à rien. Je vous propose d'être votre amie, qu'en dites-vous ?

– Votre amie ? Jamais ! jeta Irène en haussant le ton. Et je vous embêterai jusqu'à ce que vous arrêtiez de le voir. Sinon, méfiez-vous, ma mère vous jettera des sorts, elle peut vous savez, elle connaît les charmes ! Et moi, je vous maudis, je vous maudis ! »

Là-dessus, elle cracha avec rage et se détourna pour partir. Abasourdie par cette nouvelle scène, Julia rentra dans la salle de classe, le cœur battant. L'odieux défi qu'elle avait lu dans le regard farouche de la fille l'alarmait, cette fois. De quoi serait-elle capable ?

La jeune fille reprenait peu à peu ses esprits lorsque des hurlements la firent se précipiter au dehors. Devant l'étable, près du tas de fumier, Simon maintenait à terre la sauvageonne, qui se débattait comme une furie en criant des insultes. Lui la plaquait au sol, en appuyant de tout son poids sur ses épaules.

Sans se soucier des injures et des crachats, rouge et hors de lui, Simon grondait :

« Tu vas laisser la mameselle tranquille, t'entends, saloperie ! Arrête de l'embêter, ordure, ou bien moi je serre, je serre et je t'étrangle, t'entends, dis, t'entends, saleté, vipère ! »

Julia arrivait quand Simon, déjà, portait ses larges mains rougeaudes au cou d'Irène terrorisée. Affolée, elle le saisit par la veste, tira en arrière de toutes ses forces.

« Simon, arrête, arrête, je t'en prie ! Laisse-la, elle ne m'a rien fait, arrête, ce n'est rien ! »

Sans qu'elle l'ait vue venir, Janoune était là qui, elle aussi, tiraillait son frère pour lui faire lâcher prise.

« Va chercher ta mère, vite ! »

La gamine dévala la pente, et les cailloux volèrent sous ses sabots. Elle hurlait :

« Maman, vite, viens vite, Simon va tuer l'Irène ! »

Marthe Rouvel, qui avait commencé à traire dans l'étable, arriva tout essoufflée, alors que sa fille et Julia continuaient à s'agripper à Simon. Janoune tentait de l'empoigner par les cheveux, mais ceux-ci, trop courts, lui glissaient dans les doigts. La fermière, elle, toucha seulement l'épaule de son colosse de fils :

« Ça suffit, Simon, laisse-la ! La demoiselle n'a rien, l'Irène lui a pas fait de mal. Allons, lève-toi ! »

Comme dégrisé, de la colère encore plein les yeux, le garçon ouvrit les mains, se releva. La sauvageonne reprit longuement son souffle, puis, d'une détente, se mit sur ses pieds et détala vers le hameau. Après quelques mètres pourtant, elle se retourna pour crier :

« Maudite, vous êtes maudite ! »

Puis, ses sabots à la main pour fuir plus vite, elle reprit sa course vers le sentier de Combe-Noire.

Un matin de la mi-octobre, sur les dix heures, le bruit d'un piétinement inhabituel fit dresser la tête à tous les élèves. La craie en suspens, Julia écouta, elle aussi. Un troupeau considérable, bien plus nombreux que tous ceux du hameau réunis, semblait approcher de Granges-Vieilles. Des tintements de sonnailles, des meuglements, des aboiements aussi, accompagnaient le heurt continu d'une multitude de sabots sur les pierres du chemin.

« Les bêtes descendent, les bêtes descendent ! », chuchotèrent quelques gamins.

C'était bien, en effet, le retour des estives[1]. Julia se souvenait de la montée, au printemps, de centaines de bêtes encadrées par les vachers armés de leur aiguillade[2]. Les chiens, affairés, remettaient dans le droit chemin les récalcitrantes.

« Allons, dit-elle, sortons une minute pour voir passer le troupeau. »

Sans bousculade malgré leur impatience, les enfants passèrent devant elle pour s'aligner sur le terre-plein, au-dessus du chemin où arrivaient les premières bêtes.

La vieille vache qui menait le troupeau avait, selon la tradition, les cornes enguirlandées de feuillage où l'on avait piqué des brins de bruyère et quelques épervières. Le rose-mauve et le jaune vif des fleurs tranchaient joliment sur le vert des rameaux. Sans hâte, la bête, qui portait au cou une

1. *Pâturages d'altitude où l'on conduit le bétail durant l'été.*
2. *Bâton ferré, destiné à mener les bêtes.*

énorme cloche de bronze, avançait d'un pas régulier. Derrière elle, un flot de robes fauves, rouge sombre, noires, tavelées, de cornes dressées, de mufles tendus. Ensuite venaient les veaux nés dans la montagne, effarés, craintifs, qui allaient connaître bientôt la tiédeur des étables. Enfin, quelques ânes, chargés de sacs, de bidons de lait, de paniers. Le dernier fermait la marche en tirant une carriole, où les vachers avaient entassé tout le matériel qu'ils ne voulaient pas abandonner dans les burons[1] durant l'hiver.

Le troupeau s'éloignait, Julia fit rentrer ses élèves et chacun reprit ses occupations. L'avant-veille, on avait eu la visite de l'inspecteur primaire.

À son entrée, les enfants avaient tourné la tête et lancé un timide :

« Bonjour, m'sieur ! »

Dans l'ensemble, l'inspection s'était bien passée. Julia, pourtant, avait eu du mal à faire parler les élèves intimidés, muets souvent. Heureusement, l'inspecteur connaissait de longue date le tempérament craintif, renfermé, des petits montagnards. Il s'était fié davantage à l'examen des cahiers, qu'il avait trouvés propres et bien tenus. Seule, Janoune s'était enhardie à déclamer une fable de La Fontaine : « Le Héron ».

---

1. Petits bâtiments construits en altitude, servant à abriter les vachers pendant la durée de l'estive.

Julia se félicitait d'avoir, avec les plus grandes filles, égayé sa classe par de gros bouquets de feuilles d'automne dont les couleurs flamboyantes illuminaient les murs trop sombres. Autour de son encrier de porcelaine blanche, chacun avait placé une collerette de papier. Décorés d'oiseaux, de fleurs ou de dessins géométriques, ces disques protégeaient les tables des taches violettes, lorsque les plumes d'acier se chargeaient d'une trop grosse goutte d'encre.

Dès la rentrée, Mme Duffaud avait prévenu sa jeune collègue :

« Notre inspecteur ne veut pas s'exposer au mauvais temps. Aussi, dans nos villages, ses visites se font soit avant la Toussaint, soit à partir du mois d'avril. Alors, tenez-vous prête ! »

L'inspecteur reparti, Julia se félicitait d'être déchargée de cette préoccupation. Au printemps suivant, un autre souci, tellement plus agréable, accaparerait tout son temps libre : il lui faudrait songer aux préparatifs de son mariage.

Avant d'entreprendre la correction des constructions de phrases du cours moyen, elle se surprit à sourire à cette perspective. L'hiver, elle le savait, allait lui paraître interminable…

La veille de la Toussaint, Julia partit seule à Saint-Benoît. Étienne avait prévu de l'y accompagner, mais il n'avait pu laisser seul le docteur

Lachaux. Perclus de rhumatismes, le vieux médecin se déplaçait difficilement ; il avait définitivement renoncé aux visites dans les fermes trop éloignées du bourg.

Si la jeune fille se félicita de ne pas rencontrer sa mère sur la tombe de la famille Freynial, elle en conçut une grande amertume. Comme son père était vite oublié !… Elle se recueillit longuement, puis, évitant d'éventuelles rencontres avec des connaissances, gagna en hâte sa petite maison où elle s'enferma.

Sans toucher au repas qu'elle avait apporté, elle se coucha, en proie à des idées sombres. Le vieux Germain, Gaby, lui manquaient. Avec eux, elle aurait pu évoquer Guillaume, et tous les bons moments passés là, près de lui. Le sommeil la fuyait. Elle songea à Irène Rigaud, à sa haine tenace et troublante. Elle s'efforçait de ramener ses pensées à Étienne, à leurs retrouvailles toutes proches, mais son souvenir ne suffisait pas à l'apaiser. Enfin, elle plongea dans un mauvais sommeil agité, bientôt peuplé de cauchemars.

D'abord, elle se vit allongée dans un froid sarcophage de pierre. Petite fille, autour de ses six ans, elle avait exceptionnellement suivi son père au village de Saint-Floret. Guillaume s'y était rendu pour ses affaires, une vente ou un achat de bétail, et il avait emmené Julia.

Ensemble, ils avaient gravi le mamelon couronné par une très vieille église. Autour du bâtiment, d'étranges cavités, étroites et longues, étaient creusées dans le sol rocheux. Un villageois leur avait expliqué qu'autrefois, vers l'an 500, les Mérovingiens y déposaient leurs morts. Des restes de couvercles de pierre s'alignaient contre les murs de la petite église. Nul ne pouvait expliquer l'origine de ces rites funéraires. Plus tard, les ossements étaient déposés dans l'ossuaire qui, au faîte du mamelon, jouxtait le bâtiment religieux.

Par jeu, la fillette s'était allongée dans l'une de ces cavités, envahies d'herbes folles et de lichens roux.

« Papa, avait crié la petite, celui-là est trop grand pour moi, mais celui d'à côté serait bien trop petit ! »

Elle n'avait pas compris le regard préoccupé de son père, ni la façon brusque, et qui lui ressemblait si peu, de lui ordonner de sortir de là.

Dans son rêve, Julia se retrouvait couchée dans ce sarcophage de pierre grise et, peu à peu, on la recouvrait de terre. Elle voulait crier qu'elle était vivante, qu'elle allait étouffer, qu'il fallait arrêter de l'ensevelir… Mais sa gorge paralysée n'émettait aucun son. Le poids de la terre, dont elle percevait l'odeur de feuilles et de moisi, pesait de plus en plus sur ses jambes, son ventre, sa poitrine. Soudain, penché sur elle, un regard jaune, un regard de fauve la glaça tout entière. Était-ce le père de Paul Barbat ? Non, à présent elle le reconnaissait : Richard, l'ami de son oncle Jérôme, c'était lui, elle en était certaine ! Le regard lui interdisait tout mouvement. Et puis elle eut mal, quelque chose d'atroce la déchirait…

Épouvantée, baignée de sueur, Julia se dressa sur son lit. Maintenant, elle se souvenait. Le regard, le poids, la douleur… Elle suffoquait. Le drame de son enfance, plus de quatorze ans après, ce rêve horrible le lui faisait revivre. Et elle aurait voulu mourir.

Ce jour-là, dans le soleil d'un été radieux, tandis que Jérôme et son ami Richard se baignaient, Julia pirouettait dans l'herbe. Elle venait d'avoir sept ans. Longtemps, elle avait contemplé une petite libellule bleue, précieuse comme un bijou miroitant. Les cris joyeux des deux garçons lui parvenaient de temps à autre, parfois aussi le glouglou rafraîchissant de la rivière lorsque les nageurs s'éloignaient. Et puis Richard, ruisselant, s'était dressé devant elle :

« Tu vas prendre une insolation, avait-il dit de sa voix douce. Tu as donc oublié ton chapeau ? »

Et, sans attendre de réponse, il avait saisi la main de la fillette.

« Viens un peu à l'ombre, il fait trop chaud, ici ! »

Assis près d'elle dans le bosquet, il la fixait de ses yeux jaunes et luisants, avec un petit sourire indéfinissable. Ses cheveux roux brillaient sous le feuillage sombre. D'abord, il avait touché la cuisse de l'enfant, sous la robe légère un peu retroussée.

Après, c'était l'horreur indicible. Une main fermait la bouche de Julia qui tentait en vain de se débattre. Le temps semblait s'être arrêté. Pour la fillette, plus rien n'existait que ce visage au-dessus d'elle, que cette douleur insupportable, cette terreur inexprimée.

Brusquement, elle s'était sentie libérée. Jérôme, son oncle, tirait Richard en arrière en l'insultant, et les deux garçons roulaient dans l'herbe, se rouant de coups de pied, de coups de poing…

Julia s'était enfuie, cachée plus bas dans les arbres de la rive. Longtemps, elle avait entendu Jérôme l'appeler en vain. Puis, dans une petite crique nappée de sable de rivière, elle était entrée dans l'eau pour laver, sur ses jambes, de longues coulures rouges qui l'affolaient.

Plus tard, beaucoup plus tard, tremblante, elle s'était réfugiée à la ferme, dans l'étable près de Germain. Choquée, elle n'avait rien pu dire, ni au domestique, ni à Gaby, ni à personne. Jamais. Plusieurs jours, plusieurs nuits de suite, elle avait été malade. Ensuite, elle avait tout oublié, tout. Son seul souvenir, c'était la libellule, si belle, si légère… Puis le noir.

Grelottante, Julia sortit du lit, s'enveloppa de son châle, ranima le feu. Atterrée, elle s'interrogeait encore. Jérôme avait-il tout raconté à Henriette ? C'était certain, sinon pourquoi adjurer Julia, en menaçant, de ne pas parler ? Ainsi, sa mère savait ! Guillaume, lui, n'avait jamais appris, et Julia s'en réjouissait. La souffrance de son père aurait été pire que la sienne. Mais lui, elle en était certaine, aurait su la guérir alors que sa mère… Elle ne pouvait pardonner à Henriette. De sa part, ni consolation, ni réconfort, ni amour. Seule lui importait la rumeur. Personne ne devait savoir, il fallait que Julia se taise à jamais. Pas de scandale, à aucun prix. Que sa malheureuse fillette soit marquée pour toujours par ce drame, que sa future vie de femme en soit ruinée, anéantie, Henriette ne s'en était pas souciée.

Et pourtant, sa petite fille meurtrie aurait eu un tel besoin de tendresse maternelle, cette tendresse qu'elle lui avait toujours refusée… Avait-elle seulement perçu la détresse de Julia ? Devant un tel manque de cœur, la jeune fille restait prostrée ; en même temps, elle se sentait submergée par un effroyable dégoût. Tremblante, glacée, elle se recoucha.

Elle comprenait maintenant sa perte de connaissance après le geste déplacé de Maurice, à Issoire. Et aussi cette réticence, ce recul involontaire qui, parfois, la faisaient se crisper dans les bras d'Étienne. Sans nul doute, il avait senti cette gêne passagère inexpliquée. Qu'avait-il bien pu imaginer alors ?

Il faudrait tout lui avouer, et son passé lui ferait horreur. Allait-elle le perdre ?

Des larmes intarissables commencèrent à couler sur ses joues et elle gémit tout bas :

« Étienne, je t'en supplie, ne me rejette pas ! Je n'ai que toi, je t'aime ! »

XXIX

La révélation

Assis près de Julia, Étienne la dévisageait anxieusement. Au retour de Saint-Benoît, comme il la raccompagnait dans le cabriolet du docteur Lachaux, le jeune homme avait mis son mutisme sur le compte d'une peine ravivée par un séjour où tout lui rappelait son père disparu.

Mais, la porte de la maison d'école à peine refermée, Julia s'était effondrée en larmes contre lui. À présent, la soirée s'avançait, et le jeune médecin devait songer à repartir. Les jours, déjà, avaient raccourci.

Pourtant, les traits tirés, la mine affreuse de sa fiancée, fallait-il les imputer à une maladie que la jeune fille ignorait encore ? Inquiet, Étienne faillit lui conseiller d'aller consulter le docteur Lachaux. Il n'en fit rien. Julia, il l'espérait, se reprendrait vite au contact de ses élèves. À Saint-Benoît, le manque de son père s'était fait plus cruel, le dissentiment entre elle et sa mère plus douloureux.

En réponse aux questions insistantes d'Étienne, elle avait d'abord invoqué le chagrin, une grande fatigue aussi. Puis, pour la première fois, elle avait cru opportun de lui confier l'étrange comportement d'Irène Rigaud.

« La malheureuse ! s'exclama Étienne. Pourquoi s'est-elle mis en tête de faire de moi son mari ? C'est une pauvre folle, il ne faut pas prêter attention à ce qu'elle raconte. »

Prenant Julia contre lui, il caressait doucement ses cheveux, la rassurait comme une enfant.

« Je comprends que de telles scènes soient pénibles, mais, malgré ses propos méchants, Irène est sûrement incapable d'aller plus loin. Voulez-vous que j'en parle à sa mère ?

– Non, non, protesta Julia, c'est inutile. Vous avez raison, j'attache trop d'importance aux paroles d'une simple d'esprit. Je vous promets de ne plus y penser. »

Elle se forçait à lui sourire, mais il s'interrogeait sur sa pâleur, les cernes sous ses yeux. Il partit à regret, persuadé qu'elle n'avait pas tout dit du tourment qui l'habitait. Peut-être avait-elle rencontré sa mère, à Saint-Benoît, peut-être les deux femmes s'étaient-elles querellées ? C'était possible…

« À dimanche, dit-il en lui donnant un dernier baiser. Trois jours à peine et nous nous retrouverons. Allons, courage, à bientôt ma Julia. »

Les jeunes gens étaient invités à déjeuner chez les Duffaud, à Rochessagne, le dimanche suivant. Julia s'en était réjouie. Et voilà qu'elle appréhendait presque ce repas. Elle aurait voulu se cacher, rester terrée chez elle, avec son effroyable secret.

Étienne parti, elle nourrit le chat qui miaulait devant son écuelle vide, s'assit sans pouvoir avaler une goutte de lait chaud. Avant de gagner sa classe, où l'attendait la préparation du tableau de lecture des petits, elle prit Feu-Follet dans ses bras, caressa la douce fourrure blanche et, le visage enfoui dans le cou tiède de l'animal qui ronronnait, elle pleura sans retenue, des larmes amères, désespérées.

Malgré ses résolutions, elle n'avait rien confié à Étienne. Avouer lui coûtait trop. Un jour, pourtant, bientôt, elle devrait le lui dire. Alors, c'était certain, il romprait leurs fiançailles, et elle, Julia, n'aurait plus qu'à se laisser mourir…

« Voyons, mon jeune ami, décrochez-moi la carte… Je connais si bien le pays que je pourrai vous expliquer votre chemin. »

Alors, tous deux, penchés sur la carte, étudièrent le pays… »

L'un après l'autre, les élèves du cours moyen lisaient un extrait du chapitre VI de leur livre de lecture : *Le Tour de France par deux enfants*. À la demande de l'institutrice, Célestin Brandelis venait d'arrêter sa lecture à voix haute.

« Quel est donc ce pays dont parle le garde forestier ?

– Ça s'appelle la Lorraine, M'zelle !

– Oui, mais je dirais plutôt que c'est une région. La France est un pays, l'Auvergne, la Lorraine sont des régions de ce pays. Revenez maintenant à la page 23 et observez bien la carte. Vous pouvez voir que la Lorraine touche une autre région, appelée l'Alsace. Elles sont, sur votre livre, d'un gris plus foncé. Qui se souvient pourquoi ? »

L'année précédente, Julia avait expliqué que le livre datait d'avant la guerre. À présent, une mise à jour de cette carte s'imposait.

« Pendant la guerre, dit gravement Célestin, l'Alsace et la Lorraine appartenaient aux Allemands. Mais, il y a deux ans, la France les a reprises.

– Très bien, dit Julia en souriant au garçon, rouge de fierté. Et maintenant, quel grand nous dira depuis quand la France avait perdu ces deux provinces ? »

Du regard, elle interrogeait ses six plus grands élèves. Annie Fargeix leva le doigt.

« Eh bien, Annie, explique à tes camarades.

– C'est que, en 1871, la France avait perdu une autre guerre, alors les Allemands lui avaient pris ces régions, et c'était bien triste pour les habitants de ne plus être français comme avant.

– Tout à fait, tu as raison, Annie. Heureusement, comme nous l'a dit Célestin, le 11 novembre 1918, après la victoire, ces deux provinces sont redevenues françaises. »

Durant la récréation, Julia observa un moment quelques grandes filles. Assises sur le tronc couché qui servait de banc, elles initiaient les petites au jeu du houx. Il s'agissait de toucher tour à tour, en prenant bien soin de ne pas se piquer le bout du doigt, chaque épine d'une belle feuille vernissée. En même temps, on disait :

« Fille, femme, veuve, nonne… »

Le mot prononcé sur le dernier piquant révélait, soi-disant, le sort futur des fillettes. Soudain, Suzanne Besson se releva en criant :

« Ah ! non, je veux pas être nonne ! »

Les petites se mirent à rire, et Julia envia leur insouciance tout en se disant :

« C'est de leur âge ! Elles auront bien le temps… »

Elle avisa soudain le petit Sylvain Juillard. Assis par terre contre le mur, il pleurnichait. L'institutrice s'approcha :

« Qu'est-ce qui se passe, Sylvain ? »

Le petit renifla, s'essuya le nez d'un revers de manche :

« C'est le Pierrot Gaydier et l'Adrien, on jouait à attrape et eux ils font rien qu'à me darocher ![1]

– On dit : bousculer, Sylvain. »

1. *Mot patois pour bousculer.*

Le gamin faisait la moue. Julia lui prit la main, l'obligea à se lever.

« Viens, nous allons regarder quelques images. »

Sylvain venait d'entrer au cours préparatoire. Il habitait Paillassoux et Félicie Chassard, maintenant en fin d'études, se chargeait de l'accompagner matin et soir. Les parents du petit étaient des gens frustes chez qui l'on ne parlait guère que le patois. Avant son entrée à l'école de Granges-Vieilles, Sylvain, un blondinet aux bonnes joues rouges, n'avait jamais quitté son hameau de Paillassoux, comme la plupart des autres petits écoliers d'ailleurs. Aussi, le plus souvent possible, Julia lui consacrait quelques minutes pour lui faire acquérir, dans un premier temps, un vocabulaire de base.

Assise près du petit à l'un des pupitres noirs, elle se mit à feuilleter un livre de lecture du cours élémentaire.

« Qu'est-ce que tu vois dessiné là ?

– Une madame.

– On dit : une dame. Et que fait-elle ?

– Elle casse des cacaus dans une padelle.

– Non, Sylvain. Elle casse des œufs, et elle fera cuire l'omelette dans une poêle. Allons, répète ! »

Les sourcils froncés, le gamin répétait docilement, en ânonnant un peu :

« Des œufs, une poêle…

– C'est bien ! Et maintenant, dis-moi le nom des objets que tu vois sur la table, sur la cheminée. Voilà, c'est très bien. Va jouer à présent avec Marien et Joseph, eux ne te bousculeront pas. »

Elle tapotait en souriant la joue ronde du petit, tout content des compliments de la maîtresse.

En reprenant sa surveillance, Julia se félicitait de vivre de longues journées de classe, de devoir consacrer tout son temps à son travail de préparations, de corrections. Grâce à ses élèves, elle réussissait à chasser les idées noires. Les jours de congé, elle quittait le moins possible la maison d'école. Mais elle ne pouvait toujours pas se résoudre à confier le drame de son enfance à son fiancé. Souvent, Étienne la dévisageait longuement : il ne posait pas de questions, mais, dans son regard tendre, elle lisait une constante interrogation. Alors, elle se faisait l'effet d'un vil imposteur qui trahissait le meilleur des hommes, pour qui elle comptait plus que tout. Et, pour cela, elle se haïssait.

Julia était impatiente d'ouvrir le courrier reçu le jour même et plié au fond de la poche de sa blouse d'école. La lettre venait de Pauline.

Elle profita donc de la récréation pour lire les feuillets couverts de la belle écriture régulière de son amie. Après quelques banalités et des nouvelles du petit Pierre-Damien, Pauline abordait le sujet qui lui tenait à cœur :

« … Julia, ma seule amie, la vie me sourit enfin ! Depuis peu, j'ai mis Gilbert au courant de ma situation réelle. Et, tu le devines sans doute, il ne m'a pas rejetée, bien au contraire. Il veut m'épouser durant les vacances de Noël et, au plus vite, donner son nom à mon fils. Pour la rentrée prochaine, nous demanderons un poste double, le plus près possible du domicile de ses parents. Il me jure que Pierre-Damien et moi serons bien accueillis, et je souhaite de tout cœur que nous trouvions là une famille, nous les délaissés.

Mes futurs beaux-parents tiennent un commerce à Saint-Nectaire. Tu vois, nous allons bientôt être plus proches l'une de l'autre, et je m'en réjouis. La sœur de Gilbert a épousé un restaurateur de l'endroit, elle a deux petites filles, son frère et elle sont très unis… »

La lettre se terminait par une invitation au mariage, à Saint-Nectaire. La cérémonie compterait seulement la famille de Gilbert, Julia et son fiancé.

Cette lecture laissa Julia dans une sorte d'hébétude pleine d'affliction. Ses propres tourments revenaient l'assaillir, et son cœur saignait à la pensée qu'elle allait perdre irrémédiablement l'amour d'Étienne. Certes, elle partageait le bonheur si mérité de Pauline qu'elle aimait toujours comme une sœur. Hélas ! si son collègue n'avait pas repoussé la jeune femme, qu'en serait-il lorsque le fiancé de Julia connaîtrait l'épreuve honteuse vécue dans son enfance ?

Ainsi, le sort des deux amies s'inversait. C'était au tour de Pauline d'être heureuse auprès d'un fiancé très épris. Julia, elle, verrait sans doute bientôt s'éloigner d'elle celui qui l'avait conquise. Sans lui, son avenir ne serait, lui semblait-il, qu'une immense suite de jours noirs et glacés.

L'hiver revint, porteur de froid, de gel tenace, de chutes de neige interminables qui isolaient le hameau. N'eût été son terrible secret, Julia l'aurait mieux vécu que l'année précédente. Elle savait ce que réservait la mauvaise saison et en prenait son parti.

L'absence de Paul Barbat avait considérablement amélioré l'atmosphère de la classe. Seules, de petites chicanes opposaient parfois les garçons, quelques jalousies dressaient les grandes filles l'une contre l'autre, mais tout rentrait très vite dans l'ordre.

Par mauvais temps, il fallait bien admettre les absences. Plus que d'autres, le petit Sylvain manquait l'école, et son retard s'accentuait. Félicie Chassard et ses deux sœurs arrivaient de Paillassoux ; la petite Adeline n'avait que six ans.

« Et Sylvain ? demandait l'institutrice, contrariée, aux fillettes.

– On l'a pas vu ce matin, M'zelle », répondait Félicie, occupée à débarrasser sa petite sœur d'une impressionnante accumulation de lainages.

Le soir, Julia lui confiait une lettre pour les parents de Sylvain. Et, le lendemain, la gamine disait :

« Le père de Sylvain vous fait dire qu'il reviendra lundi. »

Le lundi, il neigeait à gros flocons, et toujours pas de Sylvain. Julia hésitait à faire intervenir le maire. Elle répugnait à entrer en conflit avec cette famille que les voisins semblaient tenir un peu à l'écart.

Et puis il faisait un peu meilleur, et le gamin réapparaissait en compagnie des petites Chassard. Julia passait alors tout l'inter-classe de midi à le faire lire, à guider sa main pour former les lettres, les chiffres.

« Écoute-moi, Sylvain. Adeline a le même âge que toi. Si elle peut venir de Paillassoux, toi aussi, tu le peux ! Tu as bien envie d'apprendre à lire, n'est-ce pas ? »

Le gamin faisait oui de la tête, mais elle n'en tirait rien de plus.

Étienne et Julia se voyaient très peu, mais ils s'écrivaient. La jeune fille ne s'était pas rendue à Rochessagne depuis trois semaines. De temps à autre, si le temps le permettait, Marthe Rouvel profitait du traîneau des Besson, et elle se chargeait de rapporter les courses de l'institutrice.

À la mi-décembre, il y eut une accalmie de plusieurs jours. Un vendredi, le facteur remit à Julia une lettre de son fiancé. Il annonçait sa visite pour le dimanche suivant.

La bienséance aurait voulu que la rencontre ait lieu dans une famille amie, chez Hélène et Ludwig par exemple. Mais, au fil des mois, les jeunes gens s'inquiétaient de moins en moins de la rumeur. L'annonce de leur mariage proche avait fait taire les bavardages à leur propos depuis longtemps déjà.

Si le temps le permettait, Étienne et Julia faisaient une longue promenade. Sinon, ils passaient l'après-midi en tête à tête dans le petit logement de la maison d'école.

Ce dimanche-là, Julia s'arma de courage. Les vacances de Noël approchaient, et elle s'était juré de se confier à Étienne avant de partir rejoindre Pauline. Le froid mordant retenait les fiancés à l'abri. Ils s'entretinrent d'abord des Duffaud, puis du vieux médecin et de sa femme. La conversation dévia ensuite sur l'avenir de Pauline et de son petit garçon. Enfin, le cœur battant, Julia se dit que le moment était venu.

Installés dans la petite pièce bien chaude, les jeunes gens se tenaient la main. La mort dans l'âme, Julia ne se décidait toujours pas, en proie à d'amères pensées.

« Dès que j'aurai parlé, songeait-elle, c'en sera fait de cette quiétude, de ce bonheur… Pourquoi ne puis-je pas être heureuse ?… »

Après un an, l'amour d'Étienne l'éblouissait toujours. Chaque matin, à son réveil, elle se disait :

« J'ai cette merveilleuse chance, moi, d'aimer et d'être aimée par le meilleur des hommes ! »

Son fiancé l'interrogeait sur ses lectures du moment. Elle avoua que, ces temps derniers, elle lisait moins. Mais elle ne dit pas que son esprit parvenait difficilement à se fixer ; après quelques pages, elle se laissait envahir, encore et encore, par son continuel tourment. Brusquement, comme on se jette à l'eau, elle s'épancha :

« Étienne, il faut que je vous dise… C'est très grave, je ne sais par où commencer… Voilà : quand j'avais sept ans, mon oncle Jérôme, alors étudiant, avait invité un ami durant l'été… »

Les yeux baissés, en se tordant machinalement les mains, elle raconta, et chaque mot prononcé était une souffrance. Stupéfait, Étienne se gardait bien de l'interrompre. Parler, il s'en rendait compte, était vital pour elle.

Au fur et à mesure que se déroulait son récit pitoyable, inconsciemment, elle commença à trembler. Puis ses larmes coulèrent, des sanglots entrecoupèrent les mots si difficiles à exprimer.

Enfin, anéantie, misérable, elle conclut sans oser regarder son fiancé :

« Étienne, je vous rends votre parole… Pardon, j'ai tout gâché, mais je devais vous le dire. Si je ne l'ai pas fait plus tôt, c'est que j'avais tout oublié de cette horreur… »

Il lui prit doucement les mains, l'obligea à se lever, la serra éperdument contre lui. Puis il embrassa ses paupières, ses joues humides, sa bouche enfin qui tremblait encore.

« Julia, ma chérie, n'y pensez plus. Tout cela, persuadez-vous-en, n'est qu'un mauvais rêve très lointain. Ainsi, vous avez douté de moi ! Mais vous n'êtes pas coupable, en rien ! Vous n'étiez alors qu'une petite victime innocente. Je vous aime pour toujours, envers et contre tout. Près de moi, je le jure, vous serez heureuse. Le reste importe peu. »

Incrédule, Julia fixait le visage aimé. Étienne était sincère, son aveu n'avait rien changé. Plus que jamais, ils restaient promis l'un à l'autre, et leur vie serait merveilleuse. Elle exultait en s'accrochant à son cou.

Cette nuit-là, Étienne ne quitta pas la maison d'école, il ne quitta pas Julia. Déployant des trésors d'amour et de tendresse, il l'emporta loin, très loin, dans un monde inconnu, enchanteur, qu'elle découvrit avec délice.

Toutes de douceur, les caresses d'Étienne lui firent enfin comprendre sa terreur lorsque Maurice avait brutalement caressé son ventre. S'il avait été plus patient, s'il l'avait vraiment aimée, le corps de Julia ne se serait pas souvenu qu'on l'avait autrefois forcé, avili.

À présent, la bouche chaude d'Étienne sur sa peau, sur sa poitrine offerte gonflée par l'attente du plaisir, ses mains tout le long de ses hanches impatientes soudain, l'amenaient peu à peu vers l'absolue plénitude, vers l'extase partagée qui les laissa comblés, pantelants.

Au matin, après une dernière étreinte, Étienne repartit vers Rochessagne dans le petit jour rose et glacé. Derrière la fenêtre close, sereine, libérée, Julia regardait glisser le traîneau nimbé de lumière diaphane, sur la neige où l'aurore versait de larges coulées de miel et d'églantine.

Étienne et elle étaient unis pour toujours. Rien ni personne ne pourrait les séparer. Jamais.

XXX

Les sorts d'Irène

LA TOURMENTE AVAIT FAIT RAGE trois jours durant, mais, ce matin, c'était l'accalmie. Au lever de Julia, le ciel, à l'est, se teintait d'abricot et de rose cuivré. Une ligne d'un bleu tendre, à ras du sol, ourlait les rondeurs blanches des montagnes, au-dessus de la maison d'école.

Çà et là émergeaient quelques masses noires, bouquets d'arbres, petites sapinières, faisant naître l'irrésistible envie de caresser cette peau de la terre, fourrure blanche et noire frisottée d'une gigantesque bête endormie.

Ivre de gel cristallin, la nuit avait fleuri magnifiquement toutes les vitres. Janvier était déjà bien entamé. Julia songea que cette année nouvelle serait celle de son mariage, de son départ pour Rochessagne. Plus libre, moins isolée, elle regretterait pourtant la splendeur des matins d'hiver, sous la chaîne de monts étincelants dans la froide lumière.

Durant les fêtes, elle avait vu Pauline heureuse, enfin. Si Étienne n'avait pu se libérer pour assister au mariage, il était venu jusqu'à Saint-Nectaire chercher sa fiancée. À la grande joie des deux jeunes femmes, Gilbert et lui avaient sympathisé et projeté des rencontres chez l'un ou chez l'autre dès le retour du printemps.

Si les jours commençaient sensiblement à rallonger, le hameau restait engourdi par l'hiver. La neige épaisse dissimulait toujours les toits de chaume, comblant tous les creux d'un blanc éclatant qui blessait le regard. De fines fumées grises montaient tout droit dans l'air glacé où, parfois, tournaient de lourds corbeaux en quête d'une hypothétique proie.

La première semaine de février, cinq jours durant, la tempête secoua la campagne. Puis, enfin, le vent tomba brusquement. Les fermiers reprirent les pelles afin de dégager largement les portes des étables ; peu à peu, ils ouvrirent une trace jusqu'aux abreuvoirs.

Julia savait qu'il faudrait un ou deux jours avant que les traîneaux ne puissent ramener les écoliers des fermes d'altitude. Elle décida de consacrer cette journée à des exercices de révision pour ses quelques élèves présents.

Vers une heure de l'après-midi, Marthe Rouvel vint frapper à la porte de la classe. Son air bouleversé alarma la jeune institutrice.

« Simon ? », questionna-t-elle aussitôt.

La fermière fit non de la tête, avant de dire :

« Grâce au ciel, Simon n'est pas en cause ! Mais il s'agit de deux malheureux garçons des Mortes, des voisins de la famille Estrade. On les a trouvés dans la neige en fin de matinée, à quelques centaines de mètres de chez eux. Les pauvres gars étaient partis vendre des fromages à Besse, par une tempête pareille, pensez ! Dix-sept et vingt ans, c'est y Dieu possible ! Les jeunes sont toujours imprudents, ils se croient plus forts, ils n'écoutent aucun conseil, et puis… Leur mère, pauvre femme, et leur père, et la sœur jumelle du plus jeune, quelle épreuve pour eux tous ! C'est un grand malheur, mademoiselle Freynial, ah ! oui, un très grand malheur ! Ces dernières années, la tourmente n'avait pas fait de victime par ici, et maintenant… Personne peut dire depuis combien de temps ils sont restés enfouis dans la congère, c'est le domestique qui a vu un pied dépasser de la neige.

– Mais… comment avez-vous su ? demanda Julia qui compatissait sans connaître cette famille.

– Roland Estrade a pris le risque de sortir son traîneau, il descend chercher le médecin. J'étais à tirer de l'eau quand il est passé, et il m'a tout raconté. Misère de misère !

– Le médecin ? Ils sont donc vivants ?

– Un des deux c'est sûr, bien qu'il soit tout gelé, l'autre, les voisins savent pas trop. Chez Estrade, on essaie de les réchauffer, on les frictionne à l'eau-de-vie, peut-être que ça suffira pas, malheureusement… »

Plus tard, Julia entendit les grelots de deux attelages qui remontaient vers les Mortes, et elle sut qu'Étienne suivait le père des petits Estrade. Il s'arrêterait sans nul doute au retour, à moins qu'il ne soit obligé de passer la nuit là-haut, à tenter l'impossible.

Le soir s'annonçait lorsque le jeune médecin arrêta son traîneau devant la maison d'école. Découragé, la mine sombre, il s'assit près du poêle, accepta un bol de bouillon chaud. Julia n'osait rien demander.

« Je n'ai rien pu faire, dit-il enfin. Le plus jeune était mort bien avant mon arrivée. L'autre luttait encore, mais il était trop tard… J'ai dû donner un calmant à leur mère. C'est une pitié de les voir, elle, son mari et leur fille. »

Étienne leva les yeux vers sa fiancée, debout près de lui.

« Pardon, dit-il doucement, je manque de sang-froid, mais c'est si bête, n'est-ce pas, mourir ainsi, à cet âge-là… »

Julia acquiesça gravement. Quelle horrible tâche que celle du médecin, impuissant à sauver des vies malgré son acharnement, à conjurer le malheur malgré toute sa science ! Elle lui mit affectueusement une main sur l'épaule, et il la recouvrit de la sienne en soupirant.

« Nos montagnes sont si belles, et si cruelles aussi… La vie est trop dure ici, ces pauvres gens sont si loin de tout secours. Si j'avais pu arriver plus tôt, j'aurais peut-être sauvé ces deux garçons, l'aîné au moins. »

Devant l'affreuse réalité, les jeunes gens restèrent un moment sans parler, serrés l'un contre l'autre. Enfin, Étienne se leva pour repartir, embrassa tendrement sa fiancée.

« Je dois redescendre, j'ai un malade à voir à Chamadeil. Julia, j'ai vu mourir tant de jeunes hommes pendant la guerre, et je ne m'habitue toujours pas. Je ne l'avouerai jamais à personne, seulement à toi. »

Il eut un petit sourire d'excuse qui la bouleversa. De toutes ses forces, elle l'étreignit, de toute sa passion, elle l'embrassa. Les mots, elle le savait, étaient inutiles.

Trois jours plus tard, quelques traîneaux descendirent des Mortes, de Paillassoux et de Combe-Sourde. Le premier était recouvert d'un grand drap noir. À leur suite, deux autres attelages partirent de Granges-Vieilles. On conduisait les malheureux jeunes gens à leur dernière demeure.

Le cœur de Julia se serra de compassion. Plus encore qu'à ces garçons inconnus, elle songeait à l'atroce douleur des parents qui perdaient en même temps deux fils.

Peu après, elle vit arriver les premiers de ses élèves avec soulagement. Dans la classe bien chaude, chacun s'installa. Julia demanda à Albert Prugne de lire et de commenter la morale du jour, écrite comme chaque matin au tableau noir.

Bien à l'abri dans la maison d'école, entourée des enfants attentifs, la jeune fille, soudain, remercia en pensée le ciel, ou le sort, elle ne savait pas, de lui donner cette force tranquille, cette absolue sérénité face à ces regards confiants, dès que la classe commençait.

Début mars, des pluies diluviennes s'abattirent sur les campagnes. D'abord tassée, puis spongieuse, la neige ramollie interdit tout passage de bêtes ou de traîneaux. Les montagnards évitaient les sorties ; parfois, on enfonçait plus haut que la taille dans une eau boueuse mêlée de pans de neige sale. La classe de Julia était presque désertée.

Puis un vent tiède se mit à souffler, chassant les gros nuages au ventre gris qui roulaient éperdument d'un bout du ciel à l'autre. Venu du sud, le « grand vent », comme disent les fermiers de la région, accéléra la fonte des neiges sur le massif du Sancy. Bientôt, il vira au sud-est, annonciateur du proche printemps.

Pourtant, dans les creux, dans les bois, de larges flaques blanches prouvaient que la neige résistait encore, refusant sa proche agonie.

Un dimanche matin, Julia fit toilette pour se rendre à Rochessagne. Comme bien souvent, les Besson l'emmèneraient au bourg. Pressée, elle ouvrit la porte, recula aussitôt, une main sur la bouche pour retenir un cri, les yeux agrandis de dégoût. Sur la pierre du seuil, trois énormes crapauds desséchés la fixaient de leurs yeux morts. Violemment, elle referma la porte, courut s'asseoir sur le rebord de son lit.

Peu à peu, les battements de son cœur se calmèrent et elle s'interrogea. Qui pouvait bien être l'auteur de cette mauvaise farce ? Un élève ? C'était peu probable. Pourtant les crapauds n'étaient pas venus là tout seuls. La jeune fille ne savait que penser.

Des coups retentirent soudain à la porte de la classe. En même temps, on appelait :

« Mademoiselle, vous êtes là ? »

Malgré sa répulsion, Julia ouvrit le battant et se trouva nez à nez avec Antoine Besson, son ancien élève. Les yeux du garçon allaient du visage de l'institutrice aux trois crapauds étalés sur le seuil.

« Bonjour, M'zelle ! C'est mon père qui m'envoie… On vous attend.

– Merci, Antoine, je suis prête, je viens. »

Mais elle n'osait pas franchir la pierre en enjambant les trois petits corps inertes. Antoine comprit.

« Attendez, M'zelle, je vais enlever ça. »

Dans l'appentis, il trouva une branchette de genêt et, s'en servant comme d'un balai, poussa les crapauds un peu plus loin.

« Antoine, s'il te plaît, n'en parle pas. Je… j'ai eu peur sottement, la surprise… »

Le garçon fit signe qu'il comprenait et qu'il ne dirait rien. Quand la voiture des Besson arriva en vue de Combe-Noire, Julia aperçut Irène Rigaud ; elle semblait guetter l'attelage, puis elle courut se dissimuler à l'angle de sa maison, confirmant ainsi les doutes de l'institutrice. Trois crapauds desséchés faisaient-ils partie des fameux sorts dont la sauvageonne l'avait menacée, l'automne précédent ?

Julia ne croyait ni aux charmes, ni aux sorcelleries, ni aux envoûtements. Mais la haine opiniâtre d'Irène la perturbait bien plus qu'elle ne voulait se l'avouer. Néanmoins, elle décida de cacher la chose à Étienne, il avait bien d'autres soucis que ces méchancetés, assez puériles à vrai dire.

Ce jour-là, son fiancé lui confirma que, le mercredi suivant, il viendrait la chercher dès la fin de la classe. Aussitôt, grâce à l'automobile récemment acquise par le docteur Lachaux, ils gagneraient Issoire. Après une nuit passée chez la tante

Marceline, ils auraient tout le jeudi pour faire les achats de la noce : vêtements de cérémonie, alliances, dragées…

À la lettre de Julia, la grand-tante avait répondu qu'elle serait heureuse de l'accueillir avec son fiancé, mais elle déclinait l'invitation au mariage. Son grand âge, affirmait-elle, ne lui permettrait pas d'envisager le voyage jusqu'à Rochessagne où, le 24 avril, devait avoir lieu la noce.

Julia et Étienne arrivèrent donc chez Marceline pour le dîner. Le lendemain, le jeune médecin proposa d'inviter ses deux compagnes au restaurant.

« Je me permets d'insister, ma tante, dit Julia au retour. Si vous n'assistez pas à mon mariage, il n'y aura personne de ma famille. S'il vous plaît !

– Tu as donc rompu définitivement avec ta mère ? », s'inquiéta la vieille femme, pas très étonnée cependant.

Gravement, sa petite-nièce fit oui de la tête. Alors Marceline se leva, passa dans sa chambre et revint avec une enveloppe gonflée de papiers.

« Tiens, dit-elle en la posant sur les genoux de Julia. Puisque ta mère ne le fera pas, je t'offre ta robe de mariée.

– Mais c'est trop, ma tante ! »

Les larmes aux yeux, elle embrassa affectueusement la vieille femme qui ne cessait de répéter :

« Non, petite, non, prends, ça me fait tellement plaisir de te le donner. Tu dis que je suis ta seule famille, eh bien, moi aussi je n'ai que toi, ne l'oublie pas ! Henriette m'envoie ses vœux au jour de l'an et elle se sent quitte, alors tu vois !... »

Dans l'après-midi, Marceline accompagna Julia au magasin où elle allait retirer sa robe laissée aux retouches.

Quand, pour un ultime essayage, elle revêtit la longue robe de faille blanche moirée, le dernier cri de la mode alors, que la vendeuse posa le voile immaculé sur ses boucles brunes, la vieille femme joignit les mains d'admiration.

« Dieu, que tu es belle, ma Julia ! Et que je suis heureuse de pouvoir te contempler dans cette toilette ! Ne la montre surtout pas à ton fiancé avant le jour des noces, cela porte malheur, tu sais bien. »

Julia promit en souriant. Émue, elle aussi, elle embrassa Marceline en disant :

« Si je suis belle, c'est grâce à vous ! Merci du fond du cœur. Je vous écrirai très bientôt. »

Curieusement, les élèves des cours moyens et les grands observaient les assiettes creuses alignées sur une étagère. Ils y avaient, depuis peu, déposé de gros haricots blancs dans de la mousse humide. Chaque jour, on vérifiait si l'on devait l'humecter encore ; surtout, on surveillait impatiemment un début de germination. Janoune eut soudain un cri de triomphe :

« Ça y est, M'zelle ! J'ai un haricot qui commence à lever !

– Moi aussi, dit Amélie.

– Et moi, j'en ai trois ! s'exclama Denis Mouret, qui ajouta tout bas en regardant Janoune pour la faire rager : Les filles ont perdu, ce coup-ci ! »

La gamine haussa les épaules avec une moue méprisante ; puis, comme les autres, elle se pencha sur l'assiette. Les enfants découvraient le germe encore timide, dont la petite crosse émergeait au milieu de la graine fendue. Julia montrait les deux cotylédons, les minuscules racines filiformes, l'amorce tout juste ébauchée de la tige.

Après deux coups frappés à la porte, un homme entra, poussant devant lui deux garçons qui baissaient la tête.. L'institutrice s'avança. Elle avait reconnu le père d'Henri et de Louis Estrade. La mine gênée des gamins laissait présager quelque bêtise.

« Bonjour, mademoiselle, dit Roland Estrade, excusez-nous d'arriver à cette heure-là. Allons vous deux, racontez donc à la maîtresse pourquoi vous êtes aussi en retard ! »

Les regards intrigués de la classe entière achevaient l'intimider les gamins. Enfin, Louis se décida :

« Bonjour, M'zelle, dit-il, tout penaud. C'est à cause… on a eu peur des sangliers, voilà !

– Des sangliers ! s'exclama Julia. Mais où donc ?

– Ben, M'zelle, en vrai, c'en était pas... »

Julia leva des yeux interrogateurs vers le père qui, irrité des hésitations de son fils aîné, prit le parti de parler lui-même.

« Figurez-vous, mademoiselle, que l'automne dernier un de mes cousins nous a raconté qu'un troupeau de sangliers ravageait les champs de pommes de terre, à deux pas de chez lui. Ici, de ces bêtes, on n'en voit pas, elles montent pas si haut. Mais les gamins, eux, ils ont pas fait la différence, ces deux simplets. Ce matin, ils étaient partis d'à peu près une demi-heure quand on les a vus revenir tout pleurnichant. Soi-disant qu'en traversant le bois, ils avaient aperçu de loin des sangliers énormes, couchés au milieu des restes de neige. À dix ans, vous voyez comme Louis est bête ! Son petit frère, je dis pas, mais lui ! Enfin, dans le doute, j'ai pris le fusil pour les raccompagner. Et dans le bois, qui sortaient de la neige, vous savez ce que j'ai vu ? Des grosses pierres, mademoiselle, oui, des pierres, grises, arrondies, et c'est tout ! Mes deux gaillards méritent une belle punition ! »

Julia se retenait de sourire de l'anecdote, mais, derrière elle, il y eut des rires étouffés. Louis et Henri, tête basse, gagnèrent leur place, sortirent ardoise et cahier. Leur père parti, la classe continua dans le calme retrouvé.

À la récréation suivante, les plus petits, impressionnés malgré tout, entourèrent Henri pour le questionner. Vexé, le gamin voulut avoir le dernier mot.

« Quand mon père est arrivé, c'était peut-être bien des pierres, je sais pas. Mais nous, avec mon frère, on a vu que ça bougeait. C'était des sangliers, sûr !

– Et, demanda Joseph Foury, toujours naïf, c'est vrai qu'ils grognent comme des cochons ?

– Oui, assura effrontément Henri, qui trouvait là une occasion de se rendre important, ça, pour grogner, ils grognent, mais beaucoup plus fort que les cochons, et ils ont les dents deux fois plus longues ! »

La plupart des petits étaient bien près de le croire, et Joseph se réjouit tout bas de n'avoir pas de bois à traverser pour gagner la maison d'école. Néanmoins, il décida de s'armer désormais d'un bâton. C'était plus sûr.

Partie puiser de l'eau, ses seaux à la main, Julia tourna la clé, poussa la lourde porte et, incrédule, resta immobile, le regard rivé au sol : des gouttelettes de sang frais rougissaient la pierre grise.

Levant les yeux, elle poussa soudain un grand cri. Là, clouée au panneau de bois, une jeune chouette, les ailes écartelées, étalait pitoyablement son petit corps beige et gris clair. De son bec entrouvert coulait encore un filet rouge.

Sans réfléchir, Julia se rua chez Hélène. En proie à une peur irrépressible mêlée de répulsion et de pitié pour l'oiseau, elle demanda à Ludwig de venir lui rendre un service. Elle-même se sentait incapable d'enlever la chouette morte avant l'arrivée des enfants.

Le mari d'Hélène saisit une pince et partit aussitôt, tandis que Julia reprenait souffle, assise à la table de ferme. Cette fois, Irène passait les bornes. Où s'arrêterait sa vengeance ? Car c'était bien de vengeance qu'il s'agissait : faire peur à sa rivale pour la punir de lui avoir volé Étienne, la pousser à bout, lui empoisonner la vie...

« La chouette clouée sur la porte, dit doucement Hélène, c'est une pratique de sorcellerie d'une autre époque. On ne voit plus cela depuis bien longtemps, ou alors ça se fait en secret.

– La sorcellerie, Hélène, je n'y crois pas. Par contre, j'avoue que si cette pauvre fille continue ses manigances, il me faut absolument l'en empêcher. Imaginez qu'elle fasse quelque chose qui nuise aux enfants ? Dans son esprit dérangé, qui sait quelle idée peut germer soudain ? Et cela, je ne le permettrai pas ! »

De retour à la maison d'école, où Ludwig avait lavé la porte et la pierre du seuil, Julia décida de s'en ouvrir à Étienne. Seule, se disait-elle, la mère d'Irène saurait la convaincre de ne plus s'acharner sur l'institutrice de Granges-Vieilles. Son fiancé avait déjà proposé d'aller chez Angèle Rigaud. Elle lui demanderait de le faire au plus vite.

La nuit suivante, elle s'éveilla en sursaut, le corps moite, angoissée. Son cauchemar lui revint aussitôt. Elle avait vu en rêve une large rivière dont l'eau trouble rougissait peu à peu. Du bord, Julia, horrifiée, comprenait qu'il ne s'agissait pas d'eau mais de tourbillons de sang, frangés d'écume rouge. Ils charriaient des pierres qui se transformaient en livres. Ouverts, les pages arrachées, tous ces volumes s'entrechoquaient, entraînés par un courant rapide. Julia aurait voulu les repêcher, mais l'idée de plonger ses mains dans ce flot écarlate l'épouvantait.

« C'est cette misérable chouette qui m'a donné ce rêve stupide… », se dit-elle. Mais le sommeil la fuyait, et ses efforts pour se rassurer restaient vains. Chaque matin, elle hésitait longtemps avant d'ouvrir la porte de la salle de classe, et sa nervosité croissait de jour en jour. Dès qu'elle aurait revu Étienne, sa sérénité reviendrait. Pour la première fois, elle souhaita quitter au plus vite le hameau. La solitude lui pesait chaque jour un peu plus.

XXXI

Le grand jour

AU RETOUR D'UNE VISITE à la mère des malheureux garçons morts récemment dans la neige, Étienne fit halte à Combe-Noire, chez Irène.

« Ma fille est descendue vendre des pissenlits dans les auberges de Rochessagne, dit Angèle Rigaud, mais si on les lui prend pas, elle ira plus loin. Je sais jamais bien ce qu'elle fait, ni où elle est, cette gaillarde-là… »

Elle soupira en repoussant les mèches grises qui lui tombaient sur les yeux.

« C'est dur, docteur, d'avoir une fille comme la mienne. Avec l'âge, elle est de plus en plus dérangée dans sa tête. Mais qu'est-ce que j'y peux, je vous demande ? »

Étienne trouva le moment opportun pour exposer l'objet de sa visite. La mère s'alarma :

« Vous allez pas la faire enfermer, dites, docteur ?

– Il n'est pas question de ça, ma pauvre Angèle. D'abord, faites-moi le plaisir de m'appeler Étienne, comme autrefois. Avez-vous oublié que vous m'avez connu tout gamin, ici, chez mes grands-parents ?

– Oh ! non, j'ai pas oublié, mais un médecin, pensez ! J'ose plus vous donner votre nom de baptême ! Alors, pour Irène, qu'est-ce qu'on peut faire ? »

Le jeune homme avait pitié de cette femme. Presque aussi sale que sa fille, elle menait sûrement une vie bien triste dans sa chaumière qui menaçait ruine. Les ressources des deux femmes devaient être bien maigres, quasi inexistantes. Leurs petits élevages, leur potager, les cueillettes dans la nature leur permettaient seuls de ne pas mourir de faim.

« Ce que vous dites de mon Irène, reprit Angèle, je le crois bien sûr. Mais surtout, allez pas penser que c'est moi qui la pousse à ces manigances. Je sais que par ici je passe pour sorcière. Quelle bêtise ! Tout ça parce que je suis un peu rebouteuse et que je soigne par les plantes. Le reste, la magie, le diable, j'y connais rien, je le jure !

– Je vous crois, Angèle, affirma Étienne. Je suis seulement venu vous demander de persuader Irène que ni ma fiancée ni moi ne lui voulons aucun mal.

– Et vous pensez qu'elle m'écoutera ? Quand elle commence à divaguer, tout ce que je peux dire, ça sert à rien.

– Expliquez-lui que je suis toujours son ami, comme au temps de notre enfance, que Julia, elle aussi, est prête à sympathiser avec elle. Dites-lui que mon mariage avec l'institutrice de Granges-Vieilles ne changera rien à mon affection pour elle. Si vous le jugez utile, je viendrai le lui dire moi-même.

– Bon, fit Angèle, je ferai comme vous voulez. J'espère que ça suffira. Dites bien à votre fiancée de ne pas prendre peur, surtout. Irène est simplette, mais elle n'a jamais nui à personne. Là, elle est jalouse, je l'ai bien compris. Ça lui passera, vous en faites donc pas, vous non plus. Votre future femme ne risque rien. »

Le soir même, Étienne rapporta cette conversation à Julia. Il sut être persuasif et la sentit enfin rassurée. Les jeunes gens passèrent ensuite un long moment à s'entretenir de la noce, à prévoir l'organisation du cortège, du repas. L'approche du grand jour les rendait l'un et l'autre un peu fébriles.

« Mme Julia Maurin, cela ne sonne pas trop mal, n'est-ce pas ? », questionna Étienne, rieur.

Il vit une lueur malicieuse, trop rare à son gré, dans le regard que sa fiancée levait sur lui.

« Pas trop mal, en effet. Il faudra bien que je m'en contente ! », répondit-elle pour le taquiner.

Alors, il se jeta sur elle et, par jeu, fit mine de s'indigner, de vouloir la battre. Julia riait, se défendait mollement, certaine de l'issue de cette lutte feinte, et s'en délectant d'avance. Leur joute, en effet, se termina par un grand fou rire et une pluie de baisers. Enfin, ils s'étreignirent avec une violence inhabituelle, pressés soudain d'être l'un à l'autre, comme si le temps leur était compté.

La leçon de choses proposait ce jour-là l'étude des oiseaux, et plus particulièrement de la poule. Julia avait attendu que la mère de Janoune sacrifie une vieille poule qui ne pondait plus. Sur sa demande, la fillette avait récupéré la tête, quelques plumes des ailes et de la queue, les viscères et le squelette d'une aile, les pattes enfin.

Tandis que la maîtresse achevait de faire lire les plus petits, tous les autres élèves examinaient attentivement les croquis qu'elle avait exécutés pour eux, sur le tableau noir. Enfin commença la leçon proprement dite.

Après une minutieuse observation des restes de la poule vinrent les explications. Julia insista particulièrement sur le rôle du gésier. Fendu en deux, il laissait apparaître des graines à demi broyées, mêlées à de minuscules cailloux.

« Qui va nous expliquer leur rôle ? », demanda la maîtresse, en s'adressant aux plus grands élèves.

Plusieurs doigts se levèrent ; Elle choisit de faire parler Amélie.

« Comme les poules ont pas de dents, M'zelle, les cailloux les remplacent.

– Explique-nous un peu mieux.

– La poule, et c'est pareil pour les oiseaux, pique les cailloux avec son bec, comme elle fait des grains. Tout ça, le manger et les petits cailloux, arrive dans son gésier. Alors, il s'ouvre, se referme, plusieurs fois de suite, et les cailloux durs écrasent le reste du manger.

– Bien, tu as compris l'essentiel, mais il faut dire la nourriture, et non le manger, voyons !

– Oui, M'zelle.

– Maintenant, pendant la dictée des cours élémentaires, faites vos croquis. Surtout, n'oubliez rien, car il faudra ensuite effacer le tableau pour écrire le résumé de cette leçon. »

Les enfants s'appliquèrent donc à dessiner une plume, avec les barbes et les barbules, le duvet, l'axe creux dans sa partie inférieure. Puis ils commencèrent la coupe d'un œuf, notant le jaune et son germe, le blanc et les tortillons, la membrane et la chambre à air. Là s'arrêta le travail des cours moyens.

Pour les élèves de fin d'études restait l'appareil digestif, avec les œufs de l'ovaire et l'oviducte. Enfin, ils reproduisirent les os de l'aile. Julia avait comparé ce squelette avec celui d'un bras.

« Les os, avait-elle dit, sont creux. Ainsi, plus légers, ils facilitent le vol. »

Marien avait alors fait sourire tout le monde en disant :

« Les poules, M'zelle, elles volent pas bien haut, ces feignasses !

– Pardi, fit Suzanne Besson, ma mère leur coupe le bout des ailes pour qu'elles s'en sauvent pas ! »

Patiemment, Julia avait repris les mots incorrects :

« Pour qu'elles ne se sauvent pas, Suzanne ! Répète !... Marien, on ne dit pas : feignasses, mais paresseuses, souviens-t'en. D'ailleurs, ce n'est pas la paresse qui empêche poules et canards de voler. S'il est vrai que bien souvent on leur coupe le bout des ailes, c'est leur poids, surtout, qui les freine lorsqu'ils tentent de s'envoler. »

Pour ne pas être en reste, Joseph leva le doigt, lui aussi :

« Ma mère a mis une poule à couver, M'zelle, et mon petit frère Charles a dit qu'il surveillerait le chat pour qu'il mange pas les poussins, quand ils sortiront de l'œuf !

– Il a tout à fait raison, Joseph. Les chats, malheureusement, s'attaquent aussi bien aux poussins qu'aux oisillons qui apprennent à voler. »

Là-dessus, Célestin, préposé ce jour-là au nettoyage des tableaux, commença à effacer les croquis de sciences. Déjà, le cahier de la maîtresse en main, Janoune s'apprêtait à écrire le début du résumé, en s'efforçant d'imiter la belle écriture de Julia.

Les vacances de Pâques et la noce approchaient. Le printemps régnait en maître sur les campagnes.

Au plus haut des montagnes, la neige, enfin, avait disparu. Égaillé le long des pentes, le bétail du hameau broutait avidement l'herbe neuve encore courte, d'un vert vif, si frais à l'œil, reposant.

Pour ses plus jeunes élèves, Julia choisit une poésie de Victor Hugo, en harmonie avec la saison nouvelle. Elle aimait entendre leurs voix claires, et surtout Rose-Marie. Malgré son jeune âge, la petite mettait tant de charme dans sa récitation.

« Tout est lumière, tout est joie.
L'araignée au pied diligent
Attache aux tulipes de soie
Ses rondes dentelles d'argent.

Tout vit, et se pose avec grâce,
Le rayon sur le seuil ouvert,
L'ombre qui fuit sur l'eau qui passe,
Le ciel bleu sur le coteau vert. »

Au cours du dernier après-midi de classe, la maîtresse rappela que, le 24, tous étaient attendus avec leurs parents pour prendre dessert et café avec les convives de la noce. Les regards brillants lui confirmèrent que cette invitation était la bienvenue.

C'était l'usage de recevoir ainsi voisins et connaissances qui n'assistaient pas au repas de mariage. Le matin, tous ceux-là auraient à cœur, les femmes et les enfants surtout, de faire acte de présence à la messe. Plus tard, vers les dix-sept heures, ils envahiraient l'auberge pour déguster crèmes et brioches avant le bal et les jeux traditionnels. Les distractions, beaucoup trop rares, étaient toujours appréciées.

Très vite, Julia entreprit de faire le ménage à fond dans son logement. Elle aéra longuement pour chasser les miasmes de la mauvaise saison et sortit toute la literie au soleil.

Un peu plus tard, Janoune et Annie vinrent lui prêter la main pour le grand nettoyage de la salle de classe. Au matin de la noce, les garçons et demoiselles d'honneur, les familles du hameau invitées au repas viendraient, selon la coutume, chercher la mariée chez elle. Hélène et Marthe Rouvel s'étaient proposées pour le service : café, vin, biscuits, avant que les cabriolets ne commencent la descente vers la mairie de Rochessagne.

Les cheveux en bataille, le rouge aux joues, Jeanne Rouvel et Annie Fargeix astiquaient vigoureusement les pupitres noirs. Au préalable, tout avait été dépoussiéré avec ardeur, le plancher passé deux fois de suite à l'enduit noir gras.

« M'zelle, demanda soudain Janoune, incapable de rester deux minutes sans bavarder, elle vous a dit, Annie, qu'elle est placée pour l'hiver prochain ? »

À la session de mars, deux semaines plus tôt, Annie avait été reçue au certificat d'études. Elle s'était un peu aguerrie, avait gagné de l'assurance à l'oral, mais elle restait timide et, contrairement à sa jeune voisine, s'épanchait toujours aussi peu.

Après la réponse négative de Julia, qui frottait son bureau, Janoune crut bon d'expliquer :

« En novembre, Annie aura ses quinze ans, et comme l'hiver ses parents ont guère besoin d'elle, elle ira serveuse à l'hôtel de la Poste. C'est pas loin d'ici, elle sera pas dépaysée, pas vrai ? »

Annie approuva, dit qu'elle serait heureuse de travailler à l'auberge pour voir du monde. L'école finie, elle craignait de s'ennuyer. À la mauvaise saison, les journées sont si longues à la ferme, dans ce hameau loin de tout…

Julia applaudit cette initiative qui, de plus, aurait l'avantage de permettre à la jeune fille de gagner un peu d'argent.

« Nous serons voisines, dit-elle encore, tu me rendras visite quand tu auras un peu de liberté.

– Oh ! ça oui, M'zelle, j'en serai bien contente.

– Il faudra plus dire M'zelle, intervint Janoune, mais madame ! Je crois bien que je m'habituerai pas !

– Mais si, affirma Julia en riant, tu t'habitueras très vite, tu verras. D'ailleurs, toi aussi tu viendras me voir à l'école de Rochessagne. Est-ce que tu seras serveuse comme Annie, après ton certificat ? »

Janoune fit la moue.

« J'ose pas trop vous dire, M'zelle, surtout que j'ai bien peur que ça ne marche pas avec la nouvelle maîtresse, ou le nouveau maître, qui prendra votre place ici. Mais, depuis l'année dernière, j'ai changé d'avis. Si mes résultats sont assez bons, je crois que j'aimerais faire l'école, être institutrice, quoi !

– Voilà qui me fait un très grand plaisir, Janoune. Si tu veux vraiment, tu le peux, crois-moi. Et, au besoin, je te ferai travailler aux vacances, si ta mère est d'accord.

– Merci, M'zelle, je crois qu'il faudra, oui, merci encore. »

Et, changeant de sujet, elle ajouta, toute excitée :

« Pour votre noce, M'zelle, avec Cécile et Annie, on vous décorera les genévriers de la porte, et aussi le cabriolet qui vous mènera. Ça sera magnifique ! »

Cécile Servol, Annie, Janoune et Rose-Marie seraient les demoiselles d'honneur de Julia. La jeune fille savait que Jeanne Rouvel enviait Cécile, qui aurait un cavalier, en l'occurrence Antoine Besson. À douze ans et demi, Janoune aurait bien voulu être une vraie demoiselle, elle aussi, d'autant que, pour l'occasion, sa mère venait de lui acheter une robe bleue et un chapeau garni de fleurs, incomparable…

Le ciel était si radieux que Julia, ses préparatifs enfin achevés, décida de s'accorder une demi-journée de flânerie dans la campagne.

Au fur et à mesure qu'elle montait en direction des montagnes, peintes de larges pans de gris et de violet, la brise se faisait plus fraîche. La jeune fille ouvrit sa jaquette, respira longuement l'air vif et léger, chargé de senteurs d'herbes, de mousse nouvelle, de fleurs tout juste écloses le long des petits ruisseaux frétillants.

Elle voulait revoir la cascade du Chevreuil, dans le bois de la Roche. C'était sa promenade favorite. Délivrée de son terrible tourment, transportée à l'idée d'être officiellement, dans si peu de jours, la femme d'Étienne, elle donnait enfin libre cours à sa joie.

Les mauvais jours, les heures d'angoisse s'étaient définitivement éloignés. Julia parvenait même à penser sereinement à son père. Comme il aurait été heureux de partager le bonheur de sa fille, sa « petitoune » tant aimée… Le docteur Lachaux avait offert de mener Julia à l'autel. Mais elle avait la certitude que ce jour-là Guillaume marcherait à ses côtés, attentif, tendre, à tout jamais.

Elle approchait du bois où, mêlés aux grands sapins sombres, les hêtres tendaient au soleil déjà chaud leurs petites feuilles d'un vert acidulé.

Bercée dans la grande main du vent, la forêt avait de longs soupirs, des murmures alanguis, des chuchotis nonchalants. Entre les branches enfin délivrées de l'emprise de l'hiver, la brise glissait ses doigts furtifs et caressants, rebroussait les feuillages délicats, courbait langoureusement les jeunes rameaux.

À l'orée du bois, l'aubépine fleurissait blanc, et les buissons embaumaient. Partout flottait le parfum entêtant du chèvrefeuille sauvage, dont les vrilles étreignaient ronciers et arbustes. Parmi le réseau de feuilles minces, d'un vert profond, se dressaient les fleurs, barques minuscules carénées d'ivoire, gréées de longues étamines jaune d'or.

La cascade chantait avec allégresse, en longs jaillissements argentés giclant sur les pierres moussues. Une multitude de rejets de fayards[1] perçaient, çà et là, l'épais tapis de feuilles sèches. Gagnée par la paix du sous-bois, Julia resta longtemps immobile, à fixer l'eau turbulente. Soudain, elle frissonna. L'ombre était trop fraîche, l'eau glacée toute proche dispensait une humidité pénétrante. La pensée d'Irène, qui s'était couchée là, dans le courant moiré de noir, la fit courir, affolée tout à coup, vers le soleil, vers la lumière.

Rassérénée, des fleurs plein les mains, les cheveux dénoués délicieusement ébouriffés par le

1. *Nom local du hêtre.*

vent des hauteurs, elle redescendit en fredonnant vers Granges-Vieilles.

Deux journées de petites pluies firent craindre que la noce ne soit un peu gâchée ; il n'en fut rien. La veille, sous le soleil revenu, les grandes élèves de Julia s'affairaient au décor de la maison d'école.

Simon et Antoine Besson avaient coupé deux genévriers. Solidement plantés de chaque côté de la porte, on les garnit de fleurs de papier rose et blanc. Quelques branches de sapin également fleuries, fixées sur la façade par les garçons, lui donnaient un air de fête.

Le 24 avril, dès six heures du matin, une activité inhabituelle fit résonner le hameau d'appels et de bruits de roue. Avant de revêtir les toilettes du dimanche, on décorait les attelages. Sylvestre Besson mènerait les mariés. Les jeunes filles rieuses, surexcitées par cet événement tant attendu, ornaient sa voiture de feuillages et de branches d'aubépine. Au harnais, aux brancards, Cécile et Janoune lièrent soigneusement des rameaux de fragiles églantines aux corolles à peine épanouies, d'un rose très doux.

Dans son logement, avant l'arrivée des voisines, Julia prit tendrement Feu-Follet dans ses bras et le couvrit de caresses.

« C'est un grand jour, mon minet blanc, le plus beau de tous les jours ! »

Elle le reposa à terre et, dans sa soucoupe de lait, émietta un peu de brioche.

« Tu as bien droit à ta part de la fête, toi aussi ! », dit-elle en souriant.

Marthe Rouvel et Hélène l'aidèrent à rapprocher quelques pupitres, avant de les recouvrir d'une nappe blanche. Puis elles disposèrent tasses, verres, assiettes de biscuits. Trois cafetières pleines attendaient sur le coin du poêle. Les bouteilles de vin amenées la veille par Étienne s'alignaient le long du mur. Sur le bureau trônait un énorme bouquet de branches de cerisier sauvage d'un blanc éclatant.

Bientôt, il fallut aider la future mariée à revêtir sa longue robe. Quand elle fut coiffée, Hélène fixa la couronne de fleurs d'oranger et le voile de tulle sur les boucles brunes, attachées sur la nuque en chignon bas.

« Je cours me changer et coiffer ma fille ! », dit la jeune femme en embrassant Julia dans un sincère élan d'affection.

De crainte de salir ou de froisser sa toilette, Julia restait immobile. Brusquement, un petit pincement au cœur lui rappela sa mère. La place d'Henriette, en ce beau jour, n'était-elle pas auprès de sa fille ? C'est elle, et non des voisines, qui aurait dû l'aider à se vêtir pour ses noces... Mais, du mariage de Julia, elle ne savait rien, volontairement tenue à l'écart. D'ailleurs, la jeune fille se sentait beaucoup plus proche de Marthe, d'Hélène surtout, que de l'étrangère qui l'avait toujours rejetée.

Désormais, la mère d'Étienne serait aussi celle de Julia. Et puis il y aurait la présence fidèle de Pauline, l'amie loyale et attentive.

Janoune et Annie parurent soudain sur le seuil grand ouvert. Ensemble, elles firent : « Oh ! », et Julia rit de leur admiration si évidente. Puis, ensemble encore, elles crièrent joyeusement :

« Ils arrivent, M'zelle, ils arrivent ! »

Trois attelages, en effet, étaient en vue. Dans le cabriolet du docteur Lachaux, car l'automobile aurait trop souffert du mauvais chemin, Étienne, resplendissant dans son costume noir, accompagné de ses deux cousins que Julia ne connaissait pas encore. Derrière venaient deux amis, témoins du marié, Pauline, son mari et son petit garçon. Enfin, l'accordéoniste et le joueur de vielle. À l'entrée du hameau, ils avaient commencé à jouer un air entraînant, musique traditionnelle en faveur pour les noces auvergnates.

Les parents d'Étienne et les autres invités attendaient devant la mairie de Rochessagne. Émile Blanchet, ceint de son écharpe tricolore, s'entretenait avec M. et Mme Duffaud. Dès que les mariés déboucheraient à l'entrée du bourg, les cloches de l'église seraient mises en branle par le sacristain et ses jeunes aides. Impatients, les deux garçons scrutaient l'extrémité de la place, pressés d'apercevoir le premier des attelages.

À la maison d'école, aux cris de : « Vive la mariée ! », Étienne et Julia, beaucoup plus émus qu'ils ne le montraient, s'étaient embrassés sous les bravos. Le regard admiratif du jeune homme enveloppait sa fiancée comme s'il la découvrait seulement, un peu inconnue et pourtant si proche.

Parmi les rires, on but et on trinqua à leur santé.

« Que tu es belle ! murmura Étienne à l'oreille de Julia. Je t'aime !

– Moi aussi, je t'aime ! dit-elle, les yeux brillants.

En elle se levait une joie indicible, si parfaite qu'elle en était presque douloureuse.

Bientôt, les garçons d'honneur commencèrent à battre le rappel pour le départ. Les futurs mariés prirent place dans le cabriolet qui croulait sous les fleurs. Alors, Sylvestre Besson leva joyeusement son fouet pour donner le signal et la descente commença.

On arrivait à Combe-Noire. Devant leur ferme, prêts eux aussi au départ, les Foury, Joseph et son petit frère Charles attendaient le passage des voitures pour acclamer les mariés. Un peu secouée dans les ornières, Julia riait en s'accrochant à la main d'Étienne.

Soudain, une apparition surgie d'on ne sait où, fantôme noir gesticulant, se jeta en criant à la tête du cheval. Tandis que l'animal se cabrait et que son conducteur tirait désespérément sur les guides en essayant de le calmer de la voix, Irène Rigaud folle de rage hurlait :

« Voleuse ! Je vous déteste, je vous déteste ! »

Quand le cheval effrayé retomba sur ses pattes, le choc faillit déséquilibrer la voiture qui oscilla dangereusement. Arrachée à son siège malgré la poigne d'Étienne, Julia fut jetée à terre.

Déjà, il s'agenouillait près d'elle dans la poussière du chemin. Éperdu, il posa doucement le bout de ses doigts sur la veine du cou. La tête de Julia avait heurté une pierre, de son oreille gauche coulait un mince filet de sang. Elle avait les yeux clos, une pâleur effrayante figeait son visage.

Étienne ne voyait rien de ce qui l'entourait, il ne voyait pas ceux qui, accablés de stupeur incrédule, s'attroupaient silencieusement autour de lui. Désespéré, il fixait la forme allongée, toute blanche, le visage aimé à jamais immobile. L'encolure immaculée de la robe se teintait peu à peu d'un liseré rouge, et les pétales roses des églantines parsemaient le tissu, ornements dérisoires.

Dans un sanglot, il murmura : « Julia ! », et leva les yeux vers les montagnes, si belles tout là-haut sous le soleil qui montait, triomphant.

La vie de Julia venait de basculer loin, très loin, au-delà des monts encore un peu voilés de brume mauve, bien plus loin que le ciel où planait un rapace, les ailes mollement étendues dans l'air bleu.

Table des matières

I Un certain été 11
II Julia grandit 27
III L'École normale 43
IV La guerre, mangeuse d'hommes 57
V Première nomination 71
VI Maurice 85
VII Le hameau sous les montagnes 99
VIII Jour de rentrée 113
IX Les confidences de Janoune 129
X Ludwig 141
XI Journées studieuses 155
XII Les grands du certificat 169
XIII La rébellion de Paul 181
XIV La détresse d'un enfant 195
XV Le premier adjoint 209
XVI Père et fils 223
XVII Le visiteur de l'hiver 237
XVIII Le déclin de l'enfance 253

XIX Le désarroi d'Hélène 267
XX Prémices d'une grande amitié 283
XXI Épreuves et contrariétés 299
XXII Étienne se déclare 313
XXIII Promesse de fiançailles 329
XXIV Projets d'avenir 343
XXV L'enfant d'Hélène 357
XXVI Une nouvelle famille 369
XXVII Irène Rigaud 381
XXVIII Le secret d'enfance 395
XXIX La révélation 409
XXX Les sorts d'Irène 423
XXXI Le grand jour 439

Dans la même collection

Les textes de la collection Terre de poche nourrissent la mémoire collective à travers des histoires fortes, des récits de voyage, des documents historiques ou des chroniques intimes.

AGUILLON Arlette
La Maîtresse du moulin
Le Puits aux frelons

AMOUROUX Henri
La Vie des Français sous l'Occupation

ANGLADE Jean
Le Chien du seigneur

ARNAUT Robert
Les Corneilles blanches

AUBARBIER Jean-Luc
Les Démons de sœur Philomène

AUDIDIER Robert
Les Sentiers de traverse

AUJOULAT Noël
Le Village perdu

BÉLARD Paul
Moissons d'enfance

BESSON André
La Grotte aux loups
Folle Avoine

BOBÈCHE Adrien
La Fille de la meunière

BOUDOU Josette
Les Grillons du fournil
La Maison d'école

BOURRET Johan
Dans la gueule du loup

BOUSSUGE Micheline
La Maison d'Anaïs

BRIAND Charles
Le Seigneur de Farguevieille

CAPPEAU Marie Nicole
La Mule blanche
Chantemerle

CASTELAIN Anne-Marie
Le Loup des marais
Les Amours de Louise

CLÉMENT-MAINARD Michelle
La Foire aux mules

CORNAILLE Didier
Le vent des libertés soulevait la terre

Le Forgeron d'Éden
Le Vol de la buse

COSMOS Jean
La Dictée

DECK Olivier
L'Auberge des Charmilles
Les Rumeurs du Gave
Cancans
Les Chopines

DELPASTRE Marcelle
Les Chemins creux
Cinq heures du soir
Proses pour l'après-midi

DODANE Michel
*Les Herbes noires (Les Enfants de la Vouivre**)*
*La Malédiction des Mouthier (Les Enfants de la Vouivre***)*

DOURIAUX Hugues
La Saison des vendanges (Les Gens de la Paulée)*
*Le Bois des Auriottes (Les Gens de la Paulée**)*
*Les Temps d'orage (Les Gens de la Paulée ***)*
Le Temps des loups

DUBOIS Yvonne
Couleur de terroir
La Vallée des cyclamens

DUFOUR Hortense
La Fille du saulnier
Ce que l'océan ne dit pas
Au vent fou de l'esprit

DUPUY Daniel
Les Quatre Jeudis
Fontcouverte

DUTRONC Robert
La Maison des Chailloux

FRONTENAC Yvette
La Soupe des autres
Les Années châtaignes

GAGNON-THIBAUDEAU Marthe
La Boiteuse

GAMARRA Pierre
Le Maître d'école

GENEVOIX Maurice
Le Jardin dans l'île

GÉRAUD Roger
Le Pré derrière la grange
Les Vaches rouges

GLEIZE Georges-Patrick
Le Sentier des pastelliers
Le Destin de Marthe Rivière
Le Chemin de Peyreblanque
Le Temps en héritage

GRIFFON Robert
Le Bedeau de la République
Au bonheur du pain

JAILLER Isabelle
La Ferme des hautes terres

JEURY Michel
Le Crêt de Fonbelle

JUDENNE Roger
Drôle de moisson
Les Bons Jours

LABORIE Christian
L'Arbre à pain
L'Appel des drailles

LAFAYE Claude
La Maison de l'espoir

LEMAIRE Philippe
Le Chemin de poussière
Les Vendanges de Lison

MALROUX Antonin
La Noisetière

MAMÈRE Noël
*Le Combat des humbles (Gens de Garonne**)*
*La Malédiction des justes (Gens de Garonne ***)*

MAXIMY (DE) Hubert
Le Bâtard du Bois noir

MAZEAU Jacques
Le Pré aux corbeaux
De l'autre côté de la rivière
La Malédiction de Bellary

PALET (DE) Marie
Amandine
Les Terres bleues

PÉLISSIER Patrice
L'Ange et le Loup

PEYRAMAURE Michel
Les Flammes du paradis

POURRAT Henri
et L'OLAGNE Jean
Sur la colline ronde

PINCE Jacques
Les Blouses grises
Tustou et Marie

PLAIT Annie
Les Longues Saisons

PLUCHARD Mireille
Le Petit Bâtard

QUEREILLAHC Jean-Louis
Trois Sillons de terre rouge
Rouge est ma terre

ROSSET Jean
Les Porteurs de terre

ROUANET Marie
Quatre Temps du silence

ROYER Roger
La Colombière

SABOURIN Pierre
La Terre des coteaux

SAND George
Contes d'une grand-mère
Contes d'une grand-mère (suite)

SOURY André
Le Pain blanc

SOYEZ Jean-Marc
Julia

STARASELSKI Valère
Nuit d'hiver

TAMAIN Louis
L'Encre violette
Le Temps de l'école
Médecin de campagne

THIROLLE Jérôme
Les Doigts d'or d'Élise

TOUATI Claude-Rose et Lucien-Guy
Une maison dans les herbes

VERRIER Michel
Le Mystère de Millepertuis
Le chien qui faisait peur au diable

VINCENT Claude
Quatre pieds de terreau

VITTÉ Louis-Olivier
La Vallée des illusions